बग़ैर नक़्शे का मकान

बग़ैर नक़्शे का मकान

मुनव्वर राना

अनुवाद

कैफ़ सिद्दीक़ी सुलतानपुरी

वाणी प्रकाशन

वाणी प्रकाशन

4695, 21-ए, दरियागंज, नयी दिल्ली 110 002

शाखा

अशोक राजपथ, पटना 800 004

फ़ोन: +91 11 23273167 फ़ैक्स: +91 11 23275710

www.vaniprakashan.in

vaniprakashan@gmail.com

BAGHAIR NAQSHE KA MAKAN

by Munavvar Rana

Translated by Kaif Siddiqi Sultanpuri

ISBN : 978-93-5072-548-1

Memoirs

प्रथम संस्करण

मूल्य : ₹ 490/-

न्यू कृष्णा ऑफ़सेट, दिल्ली-110093 में मुद्रित

वाणी प्रकाशन का लोगो मक़बूल फ़िदा हुसेन की कूची से

अपने भाई

श्री दिलीप सूर्यवंशी के नाम

इस शेर के साथ—

वो चाहता है मुझे भी मेरी ग़ज़ल की तरह
नहीं तो उसको भला शायरों से क्या लेना।।

भूमिका

पेश लफ़्ज़

बहुत कम लोगों को मालूम होगा कि शायरी शुरू करने से पहले मैं कहानियाँ, अफ़साने और ड्रामे लिखता रहा। हमारे उस वक्त के साथी एक ड्रामानिगार की हैसियत से ही जानते थे। मेरी बहुत सी कहानियाँ और अफ़साने उस ज़माने में कलकत्ते के अख़बारों और उर्दू रिसालों में छपे भी थे। लेकिन कुछ नौजवान दोस्तों और शायरों की ज़िद पर मैंने गद्य का मैदान छोड़कर शायरी की तरफ़ तवज्जो देना शुरू कर दिया और उम्र का एक बड़ा हिस्सा काफ़िया और रदीफ़ की भूलभुलैया में गुज़ार दिया। लेकिन इसके बावजूद शायद मैं शायरी में बहुत कुछ नहीं कर सका। हालाँकि इसका फ़ैसला भी पचास बरस के बाद होना है क्योंकि शायरी कोई वन-डे क्रिकेट मैच तो होती नहीं है कि सबेरे बोयी जाए और शाम तक फल देने लगे। मुझे ये लिखने में कोई हिचकिचाहट नहीं होगी कि जो इज़्ज़तें और शोहरतें मुझे हासिल हैं ये मेरा नसीब है। मेरी शायरी का मेहनताना हरगिज़ नहीं।

उम्र के आख़िरी पड़ाव पर अचानक मुड़कर देखा तो कहीं एक जानी-पहचानी फाँस मेरी कला की रूह में छिपी हुई दिखाई दी। इसी बेचैनी और उलझन से निजात पाने के लिए मैंने गद्य लिखना शुरू किया। अच्छी और बुरी दोनों तहरीरें एक ही क़लम से लिखी जाती हैं। एक ही लिखने वाला भी होता है लेकिन मज़े की बात तो ये है कि अच्छे लेखन को फनकार अपनी मेहनत मान लेता है। बुरी तहरीरों का ज़िक्र आते ही ख़ामोश हो जाता है या नसीब का ठीकरा फोड़ने लगता है।

मुझे अपने क़द को नापने की अभी तक फ़ुर्सत ही नहीं मिली। अपनी साहित्यिक उपलब्धियाँ गिनवाने का कभी ख़ब्त सवार नहीं हुआ। मैंने न बचपन में लंगड़ मारकर पतंगें हासिल कीं न जवानी से आज तक सोर्स-सिफ़ारिश और ख़ुशामद से कोई ओहदा या इनाम हासिल किया। लेकिन मैं जानता हूँ कि मेरा लिखा हुआ मेरे काम तो नहीं आया लेकिन साहित्य के काम हमेशा आता रहेगा।

—मुनव्वर राना

अनुक्रम

मेरे ख़याल में रिश्वत बहुत ज़रूरी है

अपने हकीम साहब की सबसे बड़ी ख़ूबी यह है कि मौसूफ़ हर मामले मलूमात का बेपायाँ (बेइन्तिहा) ज़ख़ीरा रखते हैं। मैंने अपनी ज़िन्दगी में ऐसे कम लोग देखे हैं जो हर मौजू (Topic) पर बेदरेग़ गुफ़्तगू कर सकें। मसलन, अगर मौसूफ़ नमाज़ पर गुफ़्तगू शुरू कर दें तो नमाज़ का वक़्त निकल जाये, रेल पर तब्सिरा फ़रमायें तो रेलगाड़ी बर्दवान पहुँच जाये लेकिन वह उस वक़्त तक ओवरब्रिज तक ही पहुँचेंगे। अदब (साहित्य) पर गुफ़्तगू करें तो इतनी देर तक कि आने वाली नस्ल बेअदब (बदतमीज़) हो जाये। कलकत्ता कारपोरेशन पर गफ़्तगू करें तो इतनी देर तक कि सूखे हुए नलों से पानी रिसने लगे। ग़ालिबन इसकी वजह यह है कि तिब्ब में बीमारी को जड़ से उखाड़ फेंकने की तरबियत (ट्रेनिंग) दी जाती है। लिहाज़ा हकीम साहब की हिकमते अमली हर जगह पेश-पेश रहती है। मुझे हकीम साहब से मश्विरा करने में बहुत मज़ा आता है। इसकी पहली वजह तो यह है कि हकीम साहब मश्विरे की फ़ीस नहीं लेते वर्ना आजकल हकीम लोग मुफ़्त मश्विरे का इश्तहार देकर फ़ीस तलब करते हैं जैसे फ़ीस न हुई रिश्वत हुई। दूसरी वजह यह है कि हकीम साहब के मश्विरों में बुजुर्गी नहीं सिकन्दरपुरी पन शामिल रहता है लिहाजा उनका मश्विरा माजूने शबाबआवर (यौवन दायक मिक्सचर) की-सी लज़्ज़त रखता है। मैं उनसे हर तरह के मश्विरा लेता रहता हूँ। एक तरह से वह मेरे ग़ैरकानूनी सलाहकार हैं।

अभी पिछले हफ़्ते की बात है मैं उनके दवाखाने की ज़ीनत बना हुआ था। मेरे जैसे हट्टे-कट्टे मरीज़ों को दवाख़ाने में नमूने के तौर पर इस्तेमाल किया जाता है। यही वजह है कि वह जज़्ब आँवलवी से दवाख़ाने के बाहर ही मिलना पसन्द करते हैं। उज़्र (मजबूरी) यह पेश करते हैं कि उनके जैसे लाग़र मरीज़ों को देखकर साख बिगड़ सकती है। अस्ल कहानी यह है कि एक दिन जज़्ब आँवलवी उनके दवाख़ाने में विराजमान थे, एक मरीज़ तेल ख़रीदने आया। हकीम साहब ने हस्बे आदत तेल की तारीफ़ शुरू कर दी। तेल की तारीफ़ी कहानी क्लाइमेक्स पर थी कि जज़्ब आँवलवी ने अपने चिकने सिर पर हाथ फेर दिया। मरीज़ की निगाह जैसे ही जज़्ब साहब पर पड़ी वह चाय पिये बग़ैर ही उठकर चला गया :

काँप उठता हूँ कि मेरा भी ये अंजाम न हो

वह दिन है और आज का दिन हकीम साहब जज़्ब आँवलवी से बहुत ख़ौफ़ खाते हैं लेकिन चूँकि मौसूफ़ बहुत ही मुख़लिस और ख़ुश एख़लाक़ हैं लिहाज़ा जज़्ब साहब को दवाख़ाने में दाखिल होने से तो नहीं रोकते, तब्दीली सिर्फ़ यह हुई है कि वह जज़्ब आँवलवी को उस कुर्सी पर बिठाते हैं जहाँ से गाहक तो दूर की बात है मलकुलमौत (मौत का फ़रिश्ता) भी उन्हें जल्दी से नहीं देख सकता।

अभी कल शाम की बात है कि वह एक मरीज़ को नुस्ख़ा तजवीज़ कर रहे थे। उनके तमाम मुसाहिबीन (दरबारी) ख़ामोश और सहमे हुए बैठे थे। मरीज़ ने हकीम साहब से पूछा कि हज़रत यह फ़रमायें कि कौन-सी चीज़ जल्द हज़्म होती है। हकीम साहब ने फ़रमाया, रिश्वत! मरीज़ बोला, और हकीम साहब देर में हज़्म होने वाली क्या चीज़ है? हकीम साहब ने मुस्कुराते हुए कहा, दूसरे की कामयाबी लेकिन अभी आपका मेदा (पेट के अन्दर खाने की थैली) क़तई इस क़ाबिल नहीं है कि आप जल्द हज़्म होने वाली चीज़ों का इस्तेमाल करें। मरीज़ के चले जाने पर मैंने अर्ज़ किया, हकीम साहब आप रिश्वत के बारे में काफ़ी तजरुबा रखते हैं। हकीम साहब ने आलिमाना हिक़ारत से मेरी तरफ़ देखा और कहने लगे, साहब ज़ादे मैंने अपने बाल ख़िज़ाब से सफ़ेद नहीं किये हैं। मेरा बत्तीस बरस का तजरुबा है। मैं मरीज़ की नब्ज़ देखकर बता सकता हूँ कि वह गोश्तख़ोर है, सब्ज़ीख़ोर है या रिश्वतख़ोर है। फिर कहने लगे मैं मरीज़ की नब्ज़ से उसके मेदे का हाल मालूम करता हूँ यानी रिश्वत खाने वाले का मेदा हमेशा ख़राब रहता है। मैंने पूछा कि जब आप समझ लेते हैं कि फ़लाँ शख़्स रिश्वतख़ोर है तो आपका सुलूक उस मरीज़ के साथ कैसा होता है। कहने लगे मियाँ, एक ड्राइवर भी सड़क से गुज़रते हुए साँप को बचाने की कोशिश करता है और मेरा पेशा तो बहुत ही मुक़द्दस है। यह ख़ूबसूरत जवाब सुनकर मैं ख़ुश हो गया।

मैंने कहा हकीम साहब आपको वाक़ई बहुत तजरुबा है। आप बहुत ही दूर अंदेश हैं। आपको तो यूनानी तिब्ब कौंसिल का चेयरमैन होना चाहिए था। कहने लगे, लेकिन यह कभी नहीं होगा। मैंने पूछा क्यों नहीं होगा। मुस्कुराकर कहने लगे, मुझे न रिश्वत लेना आता है न रिश्वत देना। मैंने दस्तबस्ता अर्ज़ किया कि आपको सीख लेना चाहिए। कहने लगे :

अपना करो ख़याल हमारी तो कट गयी

मौसूफ़ का क़ौल है कि रिश्वत और फ़िरक़ापरस्ती (साम्प्रदायिकता) दो सगी बहनें हैं, बल्कि जुड़वाँ बहनें हैं। यही वजह है कि जहाँ रिश्वत रहती है वहाँ फ़िरक़ा परस्ती की दाल नहीं गलती। यूँ भी दोनों बहनों को एक साथ कोई नहीं रख सकता। इस मुल्क में रिश्वत ने क़त्लो ग़ारतगरी के बाज़ार में ज़्यादा गर्मी नहीं आने दी है। सरकारी दफ़्तरों में जहाँ एक तरफ़ रंगोनस्ल और ज़ातपात के झगड़े चल रहे हैं वहाँ रिश्वतख़ोरी ने अपने आपको पेश करके इस लानत में किसी हद तक कमी कर दी

है। आप किसी भी दफ़्तर में चले जाएँ। न लम्बी दाढ़ी न मर्दाना चोटी, न पगड़ी न तिलक। सिर्फ़ एक पहचान एक निशान 'रुपया'। हरे, पीले, गुलाबी और मुख़्तलिफ़ साइज़ों के...।

हिन्दू धर्म में दो देवियाँ हैं। सरस्वती इल्म की देवी हैं और लक्ष्मी दौलत की देवी। लक्ष्मी की सवारी उल्लू है लेकिन चूँकि यह इक्कीसवीं सदी है लिहाज़ा लक्ष्मी ने अपनी पसन्द की कई तेज़ रफ़्तार सवारियाँ भी हासिल कर ली हैं। इन देवियों के बारे में कहा जाता है कि दोनों एक घर में एक साथ नहीं रह सकतीं हालाँकि यह बात कहीं-कहीं ग़लत भी साबित होती है। ख़ासतौर से रूस के अदीबों को देखकर, जिनके पास अपने हवाई जहाज़ तक हैं। ग़ालिबन यही वजह है कि हिन्दुस्तान के बेशतर अदीब रूस के नक़्शे कदम पर चलते हैं बल्कि कई अदीबों और शायरों का देवता ही रूस है।

इस्लाम में सूद लेना और सूद देना दोनों ही हराम हैं। यही हुक्म ग़ालिबन रिश्वत के लिए भी है लेकिन इसके बावजूद हिन्दुस्तान के हर घर में छिपकली और हर दफ़्तर में रिश्वत ज़रूर मिल जाएगी। छिपकली पतिंगों और कीड़े-मकोड़ों को खाती है और रिश्वत इंसानियत और ईमानदारी का ख़ून पीकर ज़िन्दा है।

कई बरस पहले की बात है। मैंने एक कमेटी बनाई और उसके ज़रिये मुशायरे का एहतमाम किया मेरे एक दोस्त ने जो रिश्वत में पीएच.डी. हैं, मुझसे कहने लगे मुझे पाँच सौ रुपये की ज़रूरत है। मैंने अर्ज़ किया, इत्तिफ़ाक़ से मेरे पास नहीं हैं। कहने लगे, मुशायरे के फ़ण्ड से दे दो। मैंने कहा, कमेटी को क्या जवाब दूँगा। वह फ़ौरन बोले कि अगर तुम मुझे रुपये दे दो और कभी न लेने का वादा करो तो मैं तुम्हें एक कारामद (काम आने वाला) मश्विरा दे सकता हूँ। मैंने मौसूफ़ के हाथ में पाँच सौ रुपये रख दिये बिल्कुल उसी तरह जैसे फ़ाख़्ता कौवे के घोंसले में अण्डे रखती है। रुपये लेकर उन्होंने पूछा, शायरों का नज़राना कितना मुक़र्रर किया हैं। मैंने कहा, फ़ी शायर तक़रीबन उतना ही जितना आपको नज़्र किया है। कहने लगे, यूँ ही नज़्रों नियाज़ पर तवज्जो देते रहो अल्लाह बरकत देगा। मैंने कहा, आप बहक रहे हैं। उन्होंने कहा रिश्वत एक ऐसा नशा है जो इनसान को बहकने नहीं देता, बाहोशो हवास रखता है। लड़ने-झगड़ने नहीं देता, मोअतदिल (सन्तुलित) रखता है। मैंने अर्ज़ किया रिश्वत का कोई ख़राब असर भी पड़ता है, कहने लगे बस चेहरे पर फिटकार बरसती है...बहरहाल...तो मैं यह कह रहा था कि शायरों के नज़राने में कागज़ पर इज़ाफ़ा कर दो। मैंने उनका हुक्म मानते हुए ऐसा ही किया। नतीजा बहुत ख़ुशगवार रहा यानी कमेटी को ग्यारह सौ रुपये का नुक़सान हुआ लेकिन मुझे छः सौ रुपये का फ़ौरी फ़ायदा हो गया। ग्यारह सौ रुपये का ख़सारा पूरा करने के लिए कमेटी के हर रुक्न (सदस्य) को एक सौ दस रुपये की रक़म अपने पास से देनी पेड़ी। मैं भी इस इमदादे बाहमी (आपसी सहयोग) में पूरे तौर पर शरीक था।

अब मेरी जेब में ख़ासी रक़म मौजूद थी। कमेटी के दफ़्तर से घर लौटते हुए मेरी निगाह खादी भण्डार पर पड़ी और ठहर भी गयी। आप यक़ीन करें एक अनजाने से इशारे और एक लतीफ़ सी सरगोशी ने मुझे दुकान में दाख़िल होने पर मजबूर कर दिया और मैंने उस दुकान से सारे रुपयों का खादी कुर्ते का कपड़ा ख़रीद लिया। हालाँकि इससे पहले मैंने कभी खादी का एक रुमाल भी नहीं ख़रीदा था। उस दिन से मैं आज तक सोचता हूँ कि बेईमानी का पैसा जेब में आते ही खादी पहनने का शौक़ क्यों पैदा होता है। मेरे एक क़रीबी दोस्त ने मुझे बताया कि खादी कुर्ते (Raw Silk) में नमाज़ नहीं होती। वजह उन्होंने यह बतायी कि दरअसल रेशम के कीड़ों से यह कपड़ा तैयार होता है लिहाज़ा एक तरह से Raw Silk रेशम के कीड़ों की लाश से बना हुआ कपड़ा होता है, मुमकिन है यह मंतिक़ (सोच) सही न हो लेकिन अच्छी ज़रूर लगी।

हिन्दुस्तान में ऐसे लोग भी हैं जो तनख़्वाह छोड़ सकते हैं लेकिन रिश्वत नहीं छोड़ सकते। एक सूबे में तो रिश्वत दाल में नमक की तरह नहीं बल्कि नमक में नमक की तरह इस्तेमाल होती है। मेरे एक दोस्त जो रिश्वत देने के इल्ज़ाम में कई बार सज़ा से बच गये थे एक दिन कहने लगे कि रिश्वत एक ऐसा फल है जिसका ज़ायक़ा कभी ख़राब नहीं होता और जिसे तोड़ने के लिए बाग़ में नहीं जाना पड़ता बल्कि पेड़ ख़ुद ही आप के पास आता है और आपकी जेब में फल रख जाता है। उनका कहना है कि बहुत से लोग अगर उर्दू से हमदर्दी का इज़हार करें तो समझ लीजिए कि रिश्वत में वोट माँगेंगे। उन्हीं का क़ौल है कि मिठाई की दुकान रिश्वत का नर्सरी स्कूल है। अजीब ज़माना आ गया है, नन्हा बच्चा भी उस वक़्त तक बोसा नहीं देता जब तक उसे चॉकलेट न पेश की जाये।

ज़बान का भी रिश्वत पर बहुत असर पड़ता है। अगर अँग्रेज़ी बोलने वाले को सौ रुपये मिलते हैं तो हिन्दी में मिज़ाज पुर्सी करने वाले को पचास रुपये। उर्दू का इस कारोबार में कोई रेट नहीं है बल्कि उर्दू वाला तो किसी भी जगह और किसी भी रेट पर बिक सकता है। उर्दू एकेडमी की पीतल की तख़्ती के बदले में पट्टी लेकर खा सकता है। दरअसल हम लोग बुनियादी तौर पर रिश्वत के इतने आदी हो गये हैं कि अगर कोई काम रिश्वत दिये बग़ैर हो जाता है तो बुरा लगता है, बस फ़र्क़ यह है कि रिश्वत का नाम महफ़िलों और हालात की मुनासिबत से तब्दील होता रहता है। कहीं तोहफ़ा, कहीं नज़राना, कहीं बख़्शिश और कहीं 'मोहब्बत में' के उनवान (शीर्षक) से यह कारोबार होता है। अभी पिछले दिनों की बात है मैं अपने एक काम के सिलसिले में लखनऊ गया तो वहाँ एक होटल में खाना खाने की ग़रज़ से दाख़िल हुआ। बैरे ने मुझे एक मेज़ पर बैठने का इशारा किया और खाने की फ़ेहरिस्त बताने लगा। मैंने उससे मसूर की दाल लाने को कहा। वह बदतमीज़ मेरे मुँह की तरफ़ देखने लगा। मैंने जेब से दस रुपये का नोट निकालकर उसे सिगरेट

लाने के लिए कहा और बक़िया पैसे उसकी ख़िदमत में पेश कर दिये तो बैरा कहने लगा, साहब आपका चेहरा फ़लाँ-फ़लाँ फ़िल्मी हीरो से बहुत मिलता है बल्कि आप उससे ज़्यादा हसीन मालूम होते हैं। मैं उसकी हाज़िर दिमाग़ी की दिल ही दिल में तारीफ़ करने लगा। शहरे लखनऊ अपने आदाब, सलीक़े और मुहज़्ज़ब (सभ्य) गुफ़्तगू के लिए बहुत मशहूर है। वहाँ के लोग रिश्वत भी इस तरह लेते हैं जिस तरह औरतें बच्चों को गोद में लेती हैं। एक बार मुझे लखनऊ से कलकत्ता आना था। मैं स्टेशन के रिज़र्वेशन काउंटर पर पहुँचा और बुकिंग क्लर्क से कलकत्ता की एक बर्थ के लिए गुज़ारिश की। क्लर्क ने निहायत शुस्ता (शुद्ध) लहजे में मेरा नाम दरयाफ़्त किया और मेरे हाथ से आर्डिनरी टिकट ले लिया। मैंने फ़ौरन जेब से छः रुपये निकालकर काउंटर पर रख दिये। बुकिंग क्लर्क ने रिज़र्वेशन स्लिप बनाते बनाते एक बार रुपयों की तरफ़ देखा और कहने लगा कि रुपयों पर कुछ वज़न रखिये वरना नोट उड़ जायेंगे। मैंने फौरन एक रुपये वाले चार सिक्के रुपयों पर रख दिये। उसने टिकट मेरे हाथ में दे दिया और मुस्कुराकर शुक्रिया भी अदा किया। इस एक वाक़ये से मैं लखनऊ वालों की शाइस्तगी और रिश्वत तलबी का क़ायल हो गया। मेरे एक दोस्त ने एक दिन मुझे बताया कि राना साहब रिश्वत लेते हुए लोग इसलिए पकड़े जाते हैं कि वह अपनी औक़ात से ज़्यादा रिश्वत माँग लेते हैं और रिश्वत देने वाले इसलिए पकड़ लिए जाते हैं कि वह सामने वाले की हैसियत से कम की पेशकश कर देते हैं। उन्होंने कहा कि हुकूमत को मश्विरा देना चाहिए कि रिश्वत लेने और देने की तालीम और तरबियत का मुनासिब इंतिज़ाम बहुत ज़रूरी है। मैंने कहा जनाब अव्वल तो मेरी सुनेगा कौन, मैं ग़रीब उर्दू का आदमी हूँ, दूसरी बात यह है कि अगर ऐसा हो भी जाये तो इसमें मेरा क्या फ़ायदा होगा? मौसूफ़ मुस्कुराते हुए बोले आप किसी एकेडमी के चेयरमैन बनाये जा सकते हैं वरना जिन क़ाग़ज़ों पर आप उर्दू में लिख रहे हैं उनको बनिये भी लिफ़ाफ़ा बनाने के लिए नहीं ख़रीदेंगे।

तेवर हैं क्या हवा के ये मैं देखता नहीं

होश साहब उम्र में मुझसे बहुत बड़े थे, इसका मतलब ये भी नहीं है कि सौ-दो-सौ बरस बड़े थे। हाँ, बड़े थे...कितने बड़े थे ये बताने के लिए हिसाब का आना बहुत ज़रूरी है, जो मुझे बिल्कुल नहीं आता है। अगर आता तो मैं हिसाब में फ़ेल क्यों होता, कारोबार में नुक़सान क्यों होता लेकिन किया भी क्या जा सकता है। भई, नहीं आता तो नहीं आता। आप कहेंगे कि हिसाब नहीं आता तो कारोबार क्यों करते हो। साहब, अच्छी ज़बर्दस्ती है। किसी ने पत्थरों से नहीं पूछा कि तैरना नहीं आता तो तुम दरियाओं में क्या कर रहे हो, उर्दू एकेडमी गवर्निंग बॉडी से कोई नहीं पूछता कि तुम्हें उर्दू नहीं आती तो एकेडमी में क्या कर रहे हो और अगर आती है तो कुछ करते क्यों नहीं। मसनदे सदारत पर बैठे नव दौलतियों और कुर्सी ज़दा हज़रात से पूछिए कि ये अदब की महफ़िल है, यहाँ आपका क्या काम? बाबरी मस्जिद ऐक्शन कमेटी के बाज़ मेम्बरों से पूछिए कि जब आप नमाज़ ही नहीं पढ़ते तो एक ऐक्शन कमेटी में क्यां शामिल हैं? गाव तकिये पर चढ़कर बैठे हुए वज़ीरों से पूछिए कि जब आप सर रखने की जगह पर मुक़ामे मख़सूस रख रहे हैं तो ग़रीबों के सरों पर पैर रखने में कैसे तकल्लुफ़ (संकोच) फ़रमायेंगे?

होश साहब उम्र में मुझसे बड़े थे, अपनी शायरी और बेबाकी (निडरता) के हिसाब से वह बहुत बड़े थे...इतने बड़े कि इस अहद के बहुत-से शायर और सहाफी (पत्रकार) तो उनका क़द देखने में ही अपनी दस्तार (पगड़ी) से हाथ धो बैठेंगे और सहाफ़त में तो उनका और मेरा कोई मुक़ाबला ही नहीं है क्योंकि वह सहाफ़त उर्दू के 'स्वाद' से लिखते थे और मैं हमेशा उर्दू के 'सीन' से लिखता हूँ बल्कि आज कल ज़्यादातर लोग सहाफ़त 'सीन' से ही लिखते हैं। जिस तरह बहुत-से लोग सहाफ़त में बड़ी 'हे' की जगह छोटी 'हे' का इस्तेमाल करके यह बताना चाहते हैं कि हम सिर्फ़ इश्तहारात (विज्ञापन) चाहते हैं, हमें सही ग़लत से कुछ भी लेना-देना नहीं। हम तो छोटी 'हे' से इसलिए लिखते हैं कि अगर सरकारी इश्तहारात मिलते रहें तो हम हिन्दुत्व के भी तरफ़दार हैं। हम ईसा नहीं हैं कि बड़ी 'हे' से हक़ लिखें और

सूली पर चढ़ जायें। हम गाँधी भी नहीं हैं कि हक़ की बात करें और सीने पर गोलियाँ खायें। जैसे बहुत-से लोग कम्युनिस्टों को ख़ुश रखने के लिए सलाम का जवाब नहीं देते, सलाम तो ख़ैर करते ही नहीं हैं कि पार्टी एजेण्डे में शामिल नहीं है।

होश साहब मुसलमान थे लेकिन वो मुसलमान नहीं जो कहीं से मुसलमान होते ही नहीं हैं। होश साहब कम्युनिस्ट थे लेकिन ऐसे कम्युनिस्ट नहीं जिनमें कहीं से कार्ल मार्क्स की ख़ुशबू भी न आती हो। होश साहब शायर थे लेकिन मुशायरों की दुकान कभी अपनी कामयाबियों के बावजूद नहीं खोली। होश साहब बेबाक थे लेकिन कभी किसी छोटे-बड़े से बेहूदगी नहीं की, कभी किसी को कमज़ोर समझकर उसकी बेहुरमती (अपमान) नहीं की। होश साहब सहाफ़ी थे लेकिन ऐसे सहाफ़ी नहीं जो हर सुबह-शाम अपने ज़मीर की चिड़िया हलाल करके खाते हैं। दरअस्ल होश साहब क़लन्दरी का समन्दर थे। इनकी सहाफ़त सर पटकती लहरें थीं। उनकी बेबाकी वह तूफ़ान थी जो दरियाओं का रुख़ बदल देती है। उनका क़लम वह तलवार थी जिससे वह सियासत के बदन का मैल खुरचते थे, जिससे बंजर ज़मीनों की आबयारी (सिंचाई) करते थे और उनकी शायरी वह गुलशन थी जहाँ वह सिर्फ़ फूल ही फूल खिलाते थे...हरे, पीले, नीले, चम्पई, फ़ालसी, गुलाबी, नारंगी और न जाने कितने तरह के!

दरअस्ल वह उसी गुलशन के दीवाने थे, उन फूलों के रखवाले थे, उन रंगों के शैदाई थे, उन ख़ुशबुओं के मुहाफ़िज़ थे लेकिन ज़रूरत अन्धे की वह लाठी है जिसे सब कुछ दिखाई देता है। बच्चों की ज़रूरत उन्हें अख़बार के दफ़्तर लाती थी, अख़बार की भूखी ज़रूरतें उनका ख़ून चूसती थीं, सच्चाई उनके चेहरे पर तनाव और कड़वाहट मल देती थी, समझौते उनके मुँह का मज़ा ख़राब कर देते थे और अपने मुँह का मज़ा बदलने के लिए कभी-कभी वह अपने आप से फ़रार हासिल करने के लिए उस कूचए आवारगी में पहुँच जाते थे जहाँ हर शख़्स ज़िन्दगी से फ़रार मुजरिम की तरह सर झुकाये अपने ख़ाली होते हुए गिलास की तरफ़ देखता रहता था :

सब के सब कहते हैं मुझको तेरा शैदाई है
अब मेरा होश में आना तेरी रुस्वाई है

एक ज़माने तक 'आबशार' शाम का ऐसा अख़बार था कि कलकत्ते वाले जिसका इन्तिज़ार सुबह से ही करते थे। कारिईन (पाठकों) का एक हल्का ऐसा भी था जो चाहे सुबह का अख़बार न पढ़े लेकिन शाम को आबशार ज़रूर पढ़ता था। बल्कि कलकत्ते के अदबी हल्कों में तो आबशार Status symbol माना जाता था। कुछ लोग ब बांगे बुहल (एलानिया) पढ़ते थे, कुछ चोरी छुपे, बक़िया लोग दोस्तों से पढ़वाकर सुनते थे। हरचन्द कि (हालाँकि) इस अख़बार के मालिक हज़रत सालिक लखनवी थे लेकिन इसके हर सफ़े से इब्राहिम होश के ख़ून और पसीने की

ख़ुशबू आती थी। ख़ुशबू भी अजीबो ग़रीब शय है। अच्छे के पास से आये तो ख़ुशबू कहलाती है, बुरा आदमी लगाये तो बदबू बन जाती है। होश साहब ने अपनी सेहत, अपनी बसारत (आँखों की रोशनी) और अपने बच्चों का मुस्तक़बिल तक आबशार के सफ़हात के हवाले कर दिया था। आबशार का दफ़्तर उनका घर-आँगन था। उसके सफ़हात उनके बेटे थे और तहरीरें उनकी बच्चियाँ थीं। शबाब (यौवन) के वह दिन जब ख़्वाब भी आँखों की ख़्वाबगाह में बन-सँवरकर आते हैं, बेगम इब्राहिम होश अपनी मुन्तज़िर आँखें चराग़ की तरह घर की दहलीज़ पर रख देती थीं कि राहदारी में उजाला रहे और होश साहब को दहलीज़ पार करने में कोई परेशानी न हो लेकिन होश साहब तो सहाफ़त की जलती हुई रेत पर चलते हुए अपने ही नक़्शे क़दम (पद चिह्न) की भूल भुलैया में खो जाते थे। यह किसी एक रात का क़िस्सा नहीं था, किसी एक रात की कहानी नहीं थी। ये तो शेरशाह सूरी की बनवायी हुई सड़क से गुज़रने वाले ट्रकों के सिलसिले की तरह था।

'आबशार' सालिक साहब के लिए सफ़ेद शौक़ था लेकिन इब्राहिम होश के लिए रोटी का ज़रिया भी था, बच्चों का मुस्तक़बिल भी था और बेगम के सुहाग की लाली भी...उनका दफ़्तर, उनका बेडरूम भी था और उनकी लाइब्रेरी भी। उर्दू सहाफ़त की बोरिया नशीनी को कभी न तो क़ालीनों पर जगह मिली और न ही उर्दू सहाफ़त में अपने पैरों में चापलूस के घुँघरू बाँधे...सो वही अख़बार के काग़ज़ का बिस्तर और अख़बार के बण्डल का तकिया उनका भी सरमायये हयात (जीवन की पूँजी) रहा :

सो जाते हैं फुटपाथ पर अख़बार बिछाकर
मज़दूर कभी नींद की गोली नहीं खाते

लेकिन कुदरत का यह अजीबो-ग़रीब खेल है कि आम इनसानों की तरह उर्दू अख़बारात की उम्र भी ज़्यादा नहीं होती लेकिन जितनी भी होती है भरपूर और मुकम्मल होती है। उर्दू सहाफ़ का शौक़ कभी पेशा नहीं बन सका और दुनिया का हर शौक़ घाटे का सौदा होता है। नतीजतन आबशार बन्द हो गया। होश साहब के लिए यह सानिहा (हृदय विदारक घटना) ग़रीबों में छप्पर बैठ जाने जैसा था। होश साहब ने अपनी ढलती हुई उम्र और जवान होती ज़रूरतों के पेशे नज़र दूसरे अख़बारात से दिल लगाना चाहा लेकिन दिल का पौधा हर मिट्टी से सरसब्ज़ (हरा भरा) नहीं होता। यूँ भी डोर या शीशा टूट जाये तो फिर टूट ही जाता है। होश साहब ने आबशार के ग़म में अपने आपको बिगाड़ना शुरू कर दिया। उनके मदहोश क़हक़हों ने पहले फेफड़ों को और फेफड़ों पर जमे बलग़म ने उनको खोखला करना शुरू कर दिया। हँसी जब होंठों पर आते-आते कहीं रुक जाती है तो उसकी तकमील के लिए आँसू फुलझड़ियों की तरह छूटने लगते हैं।

कुछ तो होश साहब ज़बान के सख़्त...कुछ ज़िन्दगी की तल्ख़ियों और नामुरादियों ने उन्हें ज़िद्दी और चिड़चिड़ा बना दिया। हर वक़्त क़हक़हे लगाने वाला शख़्स चुप रहने लगे तो दरो दीवार तक उदास हो जाते हैं। होश साहब उर्दू को मस्जिद, अख़बार को मैदाने जंग, सहाफ़त को इबादत और सच को जिहाद समझते थे। उनके हाथों में आते ही क़लम तलवार का रूप धार लेता था। उनकी तहरीर मज़लूम औरत की चादर बन जाती थी। उनके लहजे की काट को बहादुर लोग असलहा समझते थे। उनकी तहरीर ग़रीब अवाम के दिलों की आवाज़ बन जाती थी। उनके अन्दर एक आग थी जिस पर ज़रूरतें पानी डाल दिया करती थीं।

आख़िरी दिनों में वह एक छोटे-से हादसे का शिकार होकर साहबे फ़राश (शय्या ग्रस्त) हो गये थे और ज़्यादा वक़्त अपने घर पर ही गुज़ारते थे। मुझे होश साहब बहुत अच्छे लगते थे। लिहाज़ा मैं उनकी बीमारी के दिनों में जज़्ब आँवलवी के साथ उनके घर जाता था और उनसे उनकी दिलचस्प गुफ़्तगू सुनता था। वह मुझे भी चाहते बहुत थे। मेरी हाज़िर जवाबी के वह बहुत बड़े क़द्रदाँ थे।

जल्वा टोली में एक मुशायरा हो रहा था। होश साहब मसनदे सदारत पर जल्वा अफ़रोज़ थे। अलालत (बीमारी) की वजह से उन्हें बैठने में दुश्वारी हो रही थी। उन्होंने मुझे अपने पास बुलाया और बोले कि मैं घर जा रहा हूँ, सदारत तुम्हें करनी है। कई अहम् शोअरा की मौजूदगी में मुझे होश साहब सदारत का हुक्म दें इससे बड़ा मग़रिबी बंगाल में और कौन-सा एवार्ड हो सकता है लेकिन हस्बे आदत मैंने अर्ज़ किया कि चचा! जिसे हिन्दुस्तान का सद्र बनना हो वह मुशायरों की सदारत नहीं करता। मेरे जुम्ले पर वह बहुत खुलकर हँस पड़े और दुआ दी कि तुम्हें ज़िन्दगी में बहुत उरूज (तरक़्क़ी) हासिल हो। कभी-कभी मुझे लगता है कि मैंने उनके कदमों से लिपटी हुई ज़िन्दा दिली, बेबाक़ी और साफ़गोई की खाक को अपने ज़मीर के चेहरे पर मल लिया है :

रास्तो! क्या हुए वो लोग जो आते जाते
मेरे आदाब पे कहते थे कि जीते रहिए

कलकत्ते में खरी बात कहने वालों का हमेशा फ़िक़्दान (कमी) रहा है। हर शख़्स मसलहत की चादर ओढ़े इक़्तिदार की हवस में मुसाहिबी (ख़ुशामद) की दहलीज़ पर लोटता रहता है। जब तक होश साहब ज़िन्दा रहे अपनी तहरीरों के ज़रिये समाज की दुखती हुई रगों पर उँगली रखते रहे। सहाफ़त से बेपनाह लगाव ने उनकी शायरी के शजर में फल-फूल नहीं आने दिये बल्कि साहफ़त के जुनून ने उन्हें ज़िद्दी, चिड़चिड़ा और बीमार बना दिया लेकिन बड़े लोगों की बीमारी का पता भी उस वक़्त चलता है जब बीमारी भी बड़ी हो चुकी है और यही कुछ इब्राहिम होश साहब के साथ भी हुआ कि वह डॉक्टर से पहले ही अपनी बीमारी को समझ चुके थे।

वह न तो तरक़्क़ीयाफ़्ता थे, न तरक़्क़ी पसन्द...वह तो तरक़्क़ी पज़ीर थे। इसलिए उनकी पज़ीराई (सत्कार/सम्मान) कभी नहीं हुई वर्ना कम अज़ कम उर्दू एकेडमी और आबशार के दफ़्तर की बरहना दीवारों पर उनकी तस्वीर के फ्रेम को लगाकर दीवार की उरयानी (निर्वस्त्रता) को तो कम किया जा सकता था लेकिन कलकत्ते की अदबी बागडोर उन लोगों के हाथों में आ गयी है जो सारी ज़िन्दगी दूसरों की डोर लूटते रहे हैं, ऊँची शख़्सियतों की पतंग पर सियासी लंगड़ मारते रहे हैं :

वो भी मजबूर है एज़ाज़ है लेना उसको
मैं भी मजबूर हूँ सच बात लिखे जाऊँगा

मेरा माज़ी मेरे साथ चलता रहा

ग़ालिबन इमरजेंसी का ज़माना था। वाली भाई की दुकान में किताबें भी ज़्यादा नहीं थीं, न उनको कुतुब फ़रोशी से कभी ज़्यादा दिलचस्पी ही पैदा हो सकी। उनकी दुकान मुद्दतों शायरों और अदीबों का मीटिंग प्वाइंट थी। ख़ास तौर से शाम के वक़्त दुकान शायरों, अदीबों, दानिशवरों (ज्ञानियों) और शागिर्दों से भरी रहती थी। इरफ़ान सिद्दक़ी साहब से मेरी मुलाकात वहीं हुई थी। चूँकि लखनऊ वाले आसानी से किसी को तसलीम नहीं करते हैं लिहाज़ा उन दिनों इरफ़ान भाई मुस्तक़िल तौर से मकतबये दीनो अदब (वाली आसी साहब की किताबों की दुकान) आते-जाते रहते थे... दफ़्तर जाते वक़्त भी पाँच-दस मिनट के लिए इरफ़ान भाई आते थे और शाम को तो मुस्तक़िल वहाँ बैठते थे। हफ़ीज़ नोमानी, अंजुम मलीहाबादी, शम्स फ़र्रुख़ाबादी और कृष्ण बिहारी नूर वग़ैरह से इरफ़ान भाई के तआरुफ़ (परिचय) का सबब वाली भाई बने थे। वाली भाई और इरफ़ान सिद्दीक़ी एक दूसरे की बहुत इज़्ज़त करते थे लेकिन ग़ालिबन यह इज़्ज़त अफ़ज़ाई मोहब्बतों में कभी तब्दील नहीं हो सकी। इसमें कुसूर ज़्यादा वाली भाई का था। वाली भाई इतनी आसानी से खुल जाते थे कि उन्हें खुद भी पता नहीं चल पाता था। इसके अलावा वह किसी की भी कोई बात कहीं और किसी से भी कह देते थे लेकिन मैंने इस बेबाकी (निडरता) को कभी ग़ीबत (पीठ पीछे बुराई) के खाने में नहीं रखा। दुनिया में अच्छे बने रहने के तौर-तरीक़े बदल गये हैं, उन्हें इसकी ख़बर ही नहीं थी। कभी कभार मैं शागिर्दी की बाढ़ फलाँग कर उन्हें टोकता तो वह बड़े पुरसुकून अन्दाज़ में कहते कि मियाँ! चालीस-पैंतालिस बरस की मुद्दत ने मेरे मिज़ाज और तबीयत में जो खाँचे बना दिये हैं वह दूर नहीं हो सकते। इरफ़ान भाई का वह जितना एहतराम करते थे उसका तो छोटा-मोटा मुहक़्क़िक़ (शोध कर्ता) अन्दाज़ा भी नहीं लगा सकता। वाली भाई की दूर अन्देशी और क़लन्दरी का तो यह आलम था कि उन्होंने एक बार अपने देरीना (पुराने) दोस्त प्रोफ़ेसर अबुल हसनात हक़्क़ी से गुफ़्तगू के दौरान यह कह दिया था कि हसनात भाई, मुनव्वर मुझसे अच्छा शायर है। दरअस्ल अबुल हसनात साहब ने किसी मुशायरे के दौरान वाली भाई से हँसते हुए यह कह दिया था कि आपने मुनव्वर को बहुत अच्छी ग़ज़लें कहकर दे दी हैं। वाली भाई ने उनको समझाया कि आप मियाँ आदमी

हैं, ऐसी गुफ़्तगू आप पर तो अच्छी नहीं लगती। मैं अर्ज़ यह करना चाहता हूँ कि जब वह मेरे जैसे तुकबन्दी वाले शायर और अपने मामूली शागिर्द को इस तरह दिल खोलकर नवाज़ते थे तो इरफ़ान भाई को मुतआरिफ़ (परिचित) कराने में उन्होंने कितनी फ़य्याज़ी और दरिया दिल से काम लिया होगा इसका तो शायद कोई अन्दाज़ा भी नहीं लगा सकता।

जब इफ़्तिख़ार आरिफ़ पहली बार हिन्दुस्तान आये थे, ख़ास तौर से अपने पहले वतन लखनऊ में, तो उनसे पहले उनकी शोहरत, उनकी कई ग़ज़लों और उनके पहले मजमूए (काव्य संग्रह) को अदबी और नीम अदबी (अर्द्ध साहित्यिक) हल्क़ों ने सीने से लगा रखा था। इरफ़ान भाई के शेरी लबो लहजे का प्याला भी इन्हीं अलामतों, तल्मीहात (प्रतीकों, इशारों) और वाक़ियात से लबालब था जिसके सबब इफ़्तिख़ार आरिफ़ की तमाम उर्दू हल्क़ों में ज़बर्दस्त पज़ीराई (इज़्ज़त अफ़ज़ाई) हुई थी। उस वक़्त तक इरफ़ान भाई अदब की दुनिया में अपना मुस्तक़िल हिस्सा तलाश कर रहे थे। देहली में ख़ासा वक़्त गुज़ारने और कॉफ़ी हाउस जैसी इंटेलेक्चुअल अदबी पनाहगाहों में रहने के बावजूद उन्हें अपनी शख़्सियत की ग़ज़ल में शिकस्ते ना रवा (नामुनासिब पराजय) का बराबर एहसास रहता था। लखनऊ की अदबी आबो हवा उन्हें रास आने लगी थी। दुनिया का भी अजीब चलन है। इफ़्तिख़ार आरिफ़ को अपनी अदबी शख़्सियत को मुस्तनद (प्रमाणित) करने के लिए कई हिजरतों के कर्ब से गुज़रना पड़ा। जिस शह्रे सुख़न (साहित्य का शहर) से इफ़्तिख़ार आरिफ़ को जुदा होना पड़ा उसी दयारे लखनऊ ने इरफ़ान सिद्दीक़ी को उनके उसलूब (शैली), लबोलहजे की नुदरत (अनोखापन) और लफ़्ज़ों की ख़ूबसूरत तज़ईनकारी (बनाव सिंगार) के एवज़ में बड़ा शायर बना दिया।

वाली भाई बज़ाहिर एक मामूली कुतुब फ़रोश, मीडियम क्लास शेयर और खुले ढले इंसान थे लेकिन इस हक़ीक़त से उनके मुख़ालिफ़ीन (विरोधी) भी इनकार नहीं कर सकते कि वह उस पारस पत्थर की तरह थे जो पीतल को तो सोने में तब्दील कर सकता था लेकिन अपना नसीब नहीं बदल सकता था। इरफ़ान भाई जो तकल्लुफ़ात (संकोचों) की दीवार तोड़ते हुए हिचकिचाते थे उन्हें वाली भाई ने यह दीवार तोड़ने पर मज़बूर किया। लखनऊ की अदबी महफ़िलों में, हिन्दुस्तान के बहुत से मुशायरों में और ऐसे तमाम रसाइल (पत्रिकाओं) में जिनके मुदीरान (सम्पादकों) से वाली भाई के मरासिम थे, इरफ़ान भाई को मुतआरिफ़ कराने में उन्होंने बड़ी ख़ामोशी से लेकिन अहम् रोल अदा किया, यहाँ तक कि दुबई के जिस मुशायरे से इरफ़ान भाई की शख़्सियत पाकिस्तानियों पर मुनकशिफ़ (ज़ाहिर) हुई उस मुशायरे में भी वाली भाई और मलिक मुसीबुर्रहमान की कोशिशों का बड़ा हाथ था। उन्हीं दिनों वाली भाई ने अहमद फ़राज़, रियाज़ मज़ीद, ज़फ़र इक़बाल और शकेब जलाली की किताबें अपने मकतबे से शाया (प्रकाशित) कीं। शकेब जलाली की शाय़री और

शख़्सियत पर इरफ़ान भाई से ज़बर्दस्ती एक पुरमग़्ज़ (बुद्धिमत्तापूर्ण) मज़मून लिखवाया और शकेब जलाली के शेरी मजमूए *'रौशनी! ऐ रौशनी'* में खास तौर से शामिल किया। वह अपनी दुकान पर आने वाले हर साहिबे इल्म को पहले इरफ़ान भाई का मज़मून दिखाते फिर बानगी के तौर पर इरफ़ान भाई के दस-बारह शेर भी सुनाते और साथ में यह भी बताते कि मैं बहुत जल्द इरफ़ान सिद्‌दक़ी का शेरी मजमूआ छाप रहा हूँ। उन दिनों पाकिस्तानी शेरी मजमूए बहुत बिकते थे। हिन्दुस्तानी शायरों में बशीर बद्र की किताब वाली भाई ने छापी थी लेकिन उस किताब को ख़त्म होने में भी छः बरस लग गये थे। यहाँ किताब फ़रोख़्त होने में ज़्यादा वक़्त लगने से मुराद यह बिल्कुल नहीं है कि बशीर बद्र या किसी भी हिन्दुस्तानी शायर की किताबें निकलती नहीं थीं, बल्कि यहाँ यह अर्ज़ करना चाहता हूँ कि वाली भाई शायर तो सरापा (सिर से पैर तक) थे लेकिन कुतुबफ़रोशी उनके बस की बात नहीं थी। यूँ भी मकतबये दीनो अदब दुकान कम थी... बैठक ख़ाना ज़्यादा थी। मुझे याद है कि कर्फ़्यू के ज़माने में जब थोड़ी देर की छूट मिलती थी तो वाली भाई घर से दुकान पर आ जाते थे। फिर उनका सारा दिन पुलिस वालों से लड़ाई में गुज़रता था। वह लोग दुकान बन्द करने को कहते थे और वाली भाई बज़िद रहते कि यहाँ आप लोगों ने क्या कोई गाहक देखा... यह दुकान हर्गिज़ नहीं है... यह तो मेरी बैठक है... आप किसी को उसके घर से नहीं निकाल सकते।

वाली भाई के मिज़ाज में बचकाना ज़िद और क़दरे (थोड़ा-सा) रूखापन था। किसी बात पर मुझसे या मेरे उस्ताद भाई रईस अंसारी से नाराज़ हो जाते थे तो अकसर इरफ़ान भाई ही मुक़दमे का फैसला करते थे बल्कि उस्ताद होने के नाते जब वह किसी लफ़्ज़ या मिसरे को बदलने के लिए कहते और मैं राज़ी न होता तो मेरी नाफ़रमानी पर शाम को मुक़दमा इरफ़ान के कोर्ट में पहुँचता। इरफ़ान भाई उस पर जो फ़ैसला करते उस्ताद बग़ैर किसी चूँ चरा के उसे मान लेते थे। इरफ़ान भाई मेरा बहुत ख़याल करते थे। मैं जब भी कलकत्ता से लखनऊ आता तो वाली भाई की दुकान पर कमोबेश रोज़ाना उनसे मुलाक़ात होती थी। बड़ी मोहब्बत से मुझे शेर सुनाने के लिए कहते थे, जिस शेर में कोई बात पसन्द न आती थी फ़ौरन टोकते थे। उनका शेरी मजमूआ *कैनवस* शाया होने से पहले ही उसका बेश्तर हिस्सा मुझे और वाली भाई को ज़बानी याद हो गया था। कुछ ग़ज़लें तो पढ़कर याद की थीं, बक़िया वाली भाई सुनाते थे और हम अज़बर (कंठस्थ) कर लेते थे। इरफ़ान भाई के कई दर्जन ऐसे शेर अभी तक मुझे याद हैं जो ग़ालिबन किसी शेरी मजमूए में शामिल नहीं हैं।

हाल ज़ालिम शिकारी की सूरत मुझे वक़्त की ज़ीन से बाँधकर ले चला
मेरा माज़ी मेरे साथ चलता रहा दूर तक एक मजबूर माँ की तरह॥

ग़ालिबन यह शेर भी उनके किसी शेरी मजमूए में शामिल नहीं है। लिबास,

गुफ़्तगू, मरासिम और शेर के मामले में वह बहुत मोहतात (सतर्क) रहते थे, मुँह देखे की तारीफ़ से हमेशा गुरेज़ करते थे। वाली भाई सब से घुल-मिल जाते थे बल्कि पूरे तौर पर खुल जाते थे जबकि इरफ़ान भाई के सीने का बटन भी मैंने कभी खुला हुआ नहीं देखा था। उर्दू शायरी में इस ज़माने में तो हर शायर अज़ीम, बैनुलअक़्वामी (अन्तर्राष्ट्रीय) और मुनफ़रिद (अनोखा) पैदा होता है लेकिन इरफ़ान भाई की शख़्सियत और शायरी को इन काफूरी अल्क़ाब (उपाधियों) की क़तई ज़रूरत नहीं थी।

लखनऊ में बहुत-सी ख़राबियाँ भी होंगी लेकिन एक ख़ूबी से हर्गिज़ इनकार नहीं किया जा सकता कि मुर्शिदाबाद से *इंशा* को बुलाया तो उर्द अदब का ताजदार बना दिया, यास यगाना को अज़ीमाबाद से बुलाकर ग़ज़ल के आँचल पर नये गुल बूटे बनवाये, अब्दुल बारी आसी को उल्दन से बुलाकर तहक़ीक़ (शोध) के बहुत से नये बाब (अध्याय) खुलवा दिये, मीर अनीस को बुलाया तो ग़मे हुसैन को रहती दुनिया तक के लिए ताज़ा कर दिया और इरफ़ान सिद्दीक़ी को बदायूँ से बुलाकर ग़ज़ल के चेहरे पर दानिशवराना (बौद्धिक) सोच की लकीरें उभार दीं, नयी अलामतों, तल्मीहात, इस्तआरों और मौज़ूआत के ढेर लगवा दिये। मोआसिरीन (समकालीनों) की अदबी चश्मकों (छेड़-छाड़) और रेशादवानियों (साज़िशों) ने जिसके साथ जो भी सुलूक किया हो लेकिन लखनऊ की मिट्टी ने मीर से लेकर इरफ़ान सिद्दीक़ी तक को अपनी आग़ोश में थपक-थपक कर सुला दिया।

इरफ़ान भाई बज़ाहिर इतने तन्दुरुस्त और चाक़ो चौबन्द (फुर्तीले) थे कि यह अन्दाज़ा भी नहीं लगाया जा सकता था कि वह अपने अन्दर इतनी बड़ी बीमारी भी पाले हुए हैं। इंफ़ार्मेशन डिपार्टमेंट से सुबुक दोश (सेवा निवृत्त) होने के बाद भी वह मुस्तक़िल अपने आप को मसरूफ़ रखते थे। हफ़ीज़ नोमानी की सोहबत में उन्हें अख़बार के आफ़िस का ऐसा चस्का लगा था कि वह आख़िर तक क़ायम रहा। मुआशी (आर्थिक) तौर पर वह बहुत बेफ़िक्र थे लेकिन अपने आपको मसरूफ़ रखने के लिए रोज़नामा *'सहाफ़त'* में बैठने लगे थे। सहाफ़त के दफ़्तर में एकाध बार उनसे मिलने मैं भी गया था। कहा जाता है कि किसी के कदमों की बरकत होती है। सहाफ़त उन दिनों उसी हालत में था जिस हालत में उमूमन उर्दू अख़बारात रहते हैं लेकिन आज सहाफ़त अख़बार को देहली या मुम्बई में उर्दू के बड़े अख़बारात के मुक़ाबले में खड़ा देखता हूँ तो लगता है कि इरफ़ान भाई का लगाया हुआ पेड़ फल फूल रहा है।

शमसुर्रहमान फ़ारूक़ी जिन दिनों लखनऊ में पोस्टमास्टर जनरल बनकर आये थे उन दिनों भी उनका हल्क़ये अहबाब (दोस्तों का दायरा) बड़ा नहीं था, हाँ, कुछ लोगों से कुर्बतें (नज़दीकियाँ) बढ़ गयी थीं और ज़ाहिर है कि नयी रिश्तेदारियों की इतनी देखभाल करनी पड़ती है कि पुराने रिश्तों की दीवारें दरकने लगती हैं। शायद

इसका एक ख़ास सबब और भी रहा होगा। दरअस्ल इफ़्तिख़ार आरिफ़ गोपीचन्द नारंग की दरयाफ़्त (खोज) थे लिहाज़ा शमसुर्रहमान फ़ारूक़ी से उनकी कुर्बत फ़ितरी (स्वाभाविक) थी लेकिन अदब में ये जो तन्क़ीदी बरगद के पेड़ हैं इनमें कोई फल तो होता नहीं है, और एक छोटा-सा जो फल होता भी है तो वह हरियल के लिए भी नाकाफ़ी होता है।

मुआसिरीन शोअरा (समकालीन शायरों) में सफ़बन्दियाँ, रेशादवानियाँ और निचली सतह तक की सियासत के बारे में तो मैंने बहुत कुछ पढ़ा भी है और हज़ारहा क़िस्से सुने भी हैं लेकिन अपने अह्द के दो बड़े नाक़िदीने अदब में जो जूतमपैज़ार इस अह्द के लोगों ने देखी है वह बाइसे इबरत (शिक्षाप्रद) है। वह तो अच्छा हुआ कि मसलके अदब (साहित्य के पन्थ) में मस्जिदें नहीं हैं, वर्ना रोज़ाना गुस्ले मस्जिदे अदब (साहित्य की मस्जिद का शुद्धिकरण) की रिपोर्टें अख़बारात में आतीं। उर्दू के बहुत-से ऐसे एज़ाज़ात (सम्मानों) से इरफ़ान भाई इसी अदबी सफ़बन्दी की वजह से महरूम (वंचित) रह गये जिसका क़लक़ (टीस) उन्हें भी था। कई बार इस सिलसिले में उन्होंने शरीफ़ाना इज़हार भी किया था। एक बेइन्तिहा पढ़े लिखे, बेपनाह अच्छे शायर और एक शरीफ़ आदमी के लिए यह अदबी नाइंसाफ़ियाँ नाक़ाबिले बर्दाश्त होती हैं और कभी-कभी तो ये तर्ज़े अज़ीयत (पीड़ा की शैली) हस्सास (भावुक) आदमी की जान भी ले लेती है। इरफ़ान भाई की नावक़्त मौत का सबब नाइंसाफ़ी और बददियानती के ये चरके भी रहे हों, मुमकिन है कि उनके साथ बेहतर अदबी सुलूक होता तो वह अभी कुछ दिन और जी जाते।

सभी लाशों का तन्हा नौहागर होना क़यामत था
अगर वह शख़्स बच जाता तो पागल हो गया होता

पाकिस्तान के नज़्म के हवाले से अख़्तरुलईमान को और ग़ज़ल के वसीले से इरफ़ान सिद्दीकी को जितनी महबूबियत (लोकप्रियता) हासिल है वह उनके किसी भी मुआसिर का नसीब नहीं बन सकी बल्कि इरफ़ान भाई को तो पाकिस्तान में बहुत दिनों तक वहीं का शायर समझा गया। इफ़्तिख़ार आरिफ़ जब लखनऊ आये तो वाली भाई उन्हें लखनऊ एयरपोर्ट पर ख़ुशआमदीद कहने गये थे। उन दिनों मैं गुलमर्ग होटल में ठहरता था। सुबह-सुबह वाली भाई गुलमर्ग आये, उस वक़्त मैं अपनी गाड़ी धो रहा था। उस्ताद ने मुझसे एयरपोर्ट चलने के लिए कहा। मैंने कहा, इसी हुलिए में चल सकता हूँ। मैं ट्रक वालों की तरह सिर्फ़ लुंगी बाँधे हुए था। उस्ताद तो मेरे बालक हठ से हमेशा ही डरते रहते थे, कहने लगे लुंगी भी न होती तो भी मुझे क्या एतराज़ हो सकता था। एयरपोर्ट पर उस्ताद के साथ मैं भी इफ़्तिख़ार आरिफ़ को ख़ुशआमदीद कहने के लिए खड़ा था। वह एयरपोर्ट से बाहर निकले और लपककर वाली भाई से गले मिले, फिर एक तनक़ीदी निगाह मुझ पर डालते हुए और हँसते हुए बोले कि तुम मुनव्वर राना के अलावा दूसरे कोई हो ही नहीं सकते

क्योंकि वाली भाई ने अक्सर ख़ुतूत में तुम्हारा जैसा ज़िक्र किया है तुम वैसे ही हो। मुमकिन है कि तुम अगर लदे-फँदे आते तो मुझे तुमको पहचानने में दिक़्क़त होती। इफ़्तिख़ार आरिफ़ काफ़ी दिनों तक लखनऊ में रहे। लखनऊ वालों ने भी उनकी पज़ीराई (सत्कार) में कोई कंजूसी नहीं की। तक़रीबन रोज़ाना ही वह वाली भाई की दुकान की तरफ़ आ जाते, शायरी सुनी जाती, ग़ीबतों के जाल बुने जाते, कौन बड़ा शायर, कौन छोटा शायर की बहसें होतीं... ज़ाहिर है कि इरफ़ान सिद्दीकी और इफ़्तिख़ार आरिफ़ दोनों ने ही वाक़ियाते कर्बला को ग़ज़ल का मौज़ू (विषय) बनाकर ग़ज़ल के दामन को वसीअ (विस्तृत) करने की कोशिश की थी। उस वक़्त तक इफ़्तिख़ार आरिफ़ को नाक़िदीने अदब अपने कन्धे पर उठा चुके थे, उन्हें बड़े शायर की सनद दे चुके थे।

वाली भाई एक तो ग़ालिब की तरफ़दार थे दूसरे वह झटके का गोश्त खाने वाले नक़्क़ादों से ज़्यादा तजज़िये और तन्क़ीद (विश्लेषण और विवेचना) की सलाहियत रखते थे। हमेशा बैठक इख़्तलाफ़ात (असहमतियों) पर ख़त्म होती। एक शाम गुफ़्तगू ज़्यादा तल्ख़ (कड़वी) हो गयी थी। वाली भाई की दुकान से जब महफ़िल बर्ख़ास्त होती तो मैं इफ़्तिख़ार आरिफ़ को छोड़ने के लिए मक़बूल लारी साहब की कोठी के आगे छत्ते वाले पुल के पास उनके किसी अज़ीज़ (रिश्तेदार) के यहाँ छोड़ने जाता, एक दिन इफ़्तिख़ार भाई ने रास्ते में मुझसे पूछा कि मुनव्वर मियाँ, आपकी अदबी सूझबूझ और मुतालिए (अध्ययन) के सभी क़ायल हैं... आप बताइए कि इरफ़ान सिद्दीकी अच्छे शायर हैं या मैं! उन्होंने ये सवाल करके बज़ाहिर मुझे तज़बज़ुब (शको शुब्हा) में डाल दिया था लेकिन मैंने अपनी इल्मी हैसियत के मुताबिक़ कह दिया कि देखिए इफ़्तिख़ार भाई, आपकी ग़ज़लों का दायरा महदूद (सीमित) है लेकिन इरफ़ान भाई ने ग़ज़ल में नये मौज़ूआत के ढेर लगा दिये हैं। मुझे नहीं मालूम कि ये बात उन्हें अच्छी लगी या बुरी लगी लेकिन उन्होंने फ़ौरन कहा कि इस लिहाज़ से तुम्हारा तजज़िया ग़ैर जानिब दाराना (पक्षपात रहित) है। और मेरी ये बात शायद इस लिहाज़ से भी दुरुस्त है कि पाकिस्तान में इरफ़ान सिद्दीकी इफ़्तिख़ार आरिफ़ से बड़े शायर माने जाते हैं :

तमाम उम्र हम इक दूसरे से लड़ते रहे
मगर मरे तो बराबर में जाके लेट गये

वही हिकायते हस्ती वही शिकायते ग़म

तन्हाई का रूप इतना भयानक होता है कि उससे बचने के लिए इंसान तोता और मैना पाल लेता है। घरों में बकरियाँ और मुर्ग़ियाँ पालने का सबब कहीं न कहीं तन्हाइयों के आसेब (प्रेत) से छुटकारा पाने के लिए होता है। दरो दीवार से बातें करने का शौक़ ही दरो दीवार पर बारिश के बनाये हुए धब्बों को चेहरा मान लेता है लेकिन तन्हाई वह बीमारी है जो इंसान को क़ब्र में पहुँचाकर ही दम लेती है।

शायर जमाली जो मुझे पूरी अपनाइयत और अख़्तियार के साथ सिर्फ़ मुनव्वर कहते थे, और मैं हमेशा बड़े एहतराम से उन्हें शायर भाई कहता था। वह उम्र में मुझसे तक़रीबन ग्यारह बरस बड़े थे, तजरुबे में एक सौ ग्यारह बरस और इल्म में कितने बड़े थे यह मैं बयान भी नहीं कर सकता। वह मेरे उस्ताद वाली भाई के क़रीबी दोस्त थे...ऐसे दोस्त जिनके रूठने और मनाने का अमल मुस्तक़िल जारी रहता था :

तमाम उम्र हम इक दूसरे से लड़ते रहे
मगर मरे तो बराबर में जा के लेट गये

ज़रूरतों ने मेरी जवानी और लड़कपन को आपस में इतना गड्डमड्ड कर दिया था कि याद ही नहीं आता है कि शायर भाई को सबसे पहले किस रिसाले (पत्रिका) में पढ़ा था और किस मुशायरे में बराहेरास्त (सीधे) उनको सुना था... फिर भी शायद 1970 के आसपास की बात होगी जब उनकी एक ग़ज़ल महमूद अहमद हुनर के रिसाले *शाहकार* में पढ़ी थी जिसके कई शेर मुझे अभी तक याद हैं। उसी के आस-पास शायर भाई कलकत्ता के किसी मुशायरे में आये थे। उनसे मिलकर, उनको सुन कर और उनसे ढेर सारी गुफ़्तगू करके मैं तो वाक़ई मालामाल हो गया था। इसकी सबसे बड़ी वजह तो यही थी कि शायर भाई की शख़्सियत और शायरी में ज़बर्दस्त मुमासिलत (समरूपता) थी :

तुम आसमाँ की बुलन्दी से जल्द लौट आना
हमें ज़मीं के मसायल पे बात करनी है
किसी-किसी को ख़ुदा यूँ ज़वाल देता है
उरूज दे के दिलों से निकाल देता है

इक नये शेर की तख़लीक़ कोई खेल नहीं
यानी बेजान-सी मिट्टी को बशर करना है
ऐ पड़ोसी तेरे नेज़े पे जो ये बच्चा है
तेरा बेटा इसे कल ढूँढ़ के रोयेगा बहुत
ज़माना जिसको सिरों पर उठाये फिरता है
क़सम ख़ुदा की उसे संगसार होना था

ये और ऐसे ही दर्जनों ख़ूबसूरत, अलबेले और अछूते मज़ामीन (विषयों) को अपने दायरे में लाने वाले अश्आर (शेरों) के ख़ालिक़ (रचयिता) थे मेरे शायर भाई। खुशबू से ग़ज़ल, आँसुओं से नौहे और मर्सिये (शोकगीत), पसीने से ज़िन्दगी और अपने दुःखों की रौशनाई से ज़माने का दर्द तहरीर करने का हुनर अपने हमअस्रों (समकालीनों) में शायर भाई से बेहतर किसी को नहीं आता था। मयख़ानये शेरो अदब में उन्होंने खूब पी, उससे ज़्यादा छलकायी और उससे भी ज़्यादा दोस्तों और साथियों में बाँट दी। यह ज़रूरी भी था क्योंकि दरियादिली और सख़ावत (परोपकार) ही आले रसूल (हज़रत मुहम्मद की सन्तान) होने की गवाही है।

हज़रत नूह की उम्मत (क़ौम) के लिए ज़मीन तलाश करते हुए कबूतर को किसी ने अज़राहे अक़ीदत (श्रद्धा के तौर पर) सय्यद कह दिया था। नतीजा यह है कि कबूतरों ने आज तक इंसानों का साथ नहीं छोड़ा। इंसानी जिस्म के बीमार हिस्से पर अपना गर्म ख़ून कुर्बान करने के लिए कबूतर हर घड़ी तैयार मिलता है। शायर भाई ने न कभी कोई ईनाम माँगा न किसी से इमदाद... क्योंकि आदमी एक ही काम बेहतर तरीक़े से कर सकता है, वह या तो माँगता चला जाये या फिर वह बाँटते हुए दुनिया से रुख़सत हो जाये। अच्छे लोगों को याद करने में बड़ी दुश्वारी होती है। धड़कनों के सुरताल पर ध्यान रखना होता है, आँसुओं की तेज़ाबियत को कम करना पड़ता है... बिल्कुल ही कम, वर्ना आँसुओं के एक ही रैले में आँखें तक बह जायें।

साहिबे सरवत (दौलतमन्द) न होते हुए भी उन्होंने अपने दस्तरख़्वान का कोई ठिकाना भी मुड़ने नहीं दिया। उनके छोटे-से घर में आये दिन शायरों की एक बारात ठहरी रहती थी। क़लन्दरी उनका इम्तिहान लेती रही और वह मुस्कुराते हुए हर इम्तिहान देते रहे। वह, उनकी मरहूमा बेगम, उनकी बच्चियाँ और बेटा सब के सब मेहमानों के लिए फ़र्शेराह बने रहते थे। उनकी क़लन्दरी इशारों-इशारों में लोगों को यह बता देती थी कि इस फ़क़ीराना लिबास के पीछे शीराज़े हिन्द (जौनपुर, जो उस समय इल्मो अदब का महान् केन्द्र होने के कारण ईरान के शहर शीराज़ की याद दिलाता था) का एक हिन्दुस्तानी शहज़ादा छुपा हुआ है।

इधर दो-तीन बरसों से मेरे और शायर भाई के दरम्यान कुर्बत (निकटता) बहुत बढ़ गयी थी। अकसर रात गये उनका फ़ोन आ जाता या मैं उन्हें फ़ोन कर लेता था। मुख़्तलिफ़ मौज़ूआत (विभिन्न विषयों) पर देर रात गये तक उनसे बातें होती

थीं। अकसर यह गुफ़्तगू उसी वक्त ख़त्म होती थी जब हम दोनों में से किसी एक के मोबाइल की बैट्री साथ देने से इनकार कर देती थी :

वही हिकायते हस्ती वही शिकायते ग़म
सिनेमा देख के लौटे हुओं की-सी बातें

शायर भाई ने एक दिन गुफ़्तगू के दौरान बड़ी हसरत और खोखली हँसी के साथ बताया कि वह कभी लाल क़िला के मुशायरे में शरीक़ नहीं हुए। बज़ाहिर तो इस दौरे मुनाफ़िकाँ (कपटाचारियों का युग) में यह कोई बड़ी बात नहीं थी लेकिन अगर ग़ौर कीजिए तो अन्दाज़ा होता है कि मुशायरों के नाम पर हम अदब की दुकानों में नक़ली शायरी का कोढ़ बेच रहे हैं लेकिन मुझे इस बात की ख़ुशी है कि राग़िबुद्दीन (डिप्टी सेक्रेटरी, उर्दू एकेडमी दिल्ली) की अदब नवाज़ी के तुफ़ैल में शायर भाई दुनिया छोड़ने से छः महीने पहले लाल क़िला के मुशायरे में मौजूद थे।

ग़ज़ल को मर्सिया न बनाते हुए नयी अलामतों, इस्तआरों और तल्मीहात (प्रतीकों और संकेतों) की मदद से इरफ़ान सिद्दीक़ी और इफ़्तिख़ार आरिफ़ शमसुर्रहमान फ़ारूक़ी और गोपीचन्द नारंग से मुह्रे तौसीफ़ (प्रशंसा की मुहर) हासिल करके बड़े शायरों में शुमार होने लगे हालाँकि इन्हीं तमाम मौज़ूआत को सय्यद नज़रुल हसनैन (शायर जमाली) ने याराने मयकदा के लिए बहुत पहले ही सलायेआम (दावते आम) बना दिया था। हाँ... उनसे यह चूक ज़रूर हो गयी थी कि उन्होंने तौसीफ़ी सनद के लिए कोई ख़ुशामदी फ़ार्म नहीं भरा था। यूँ भी अच्छी तख़लीक़ और सच्चा आलिम दरबारों में सजदा गुज़ारने कभी नहीं जाता बल्कि दरबार ख़ुद उनके पास चलकर आते हैं। लुत्फ़ की बात तो यह है कि कर्बला के मौज़ूआत का अलामत बनाकर शायर जमाली *शायरे अह्ले बैत* (हज़रत मुहम्मद के घराने के गुणगान कर्ता शायर) कहलाने लगे। अकसर लोग उनके शिया होने और न होने की तस्दीक़ (पुष्टि) करते लेकिन हमेशा की तरह जब एज़ाज़ो इकराम (सम्मान एवं महिमा मण्डन) का मौसम आया तो उर्दू तनक़ीद को छः फुट दो इंच के शायर जमाली कभी दिखाई नहीं दिये। तक़दीर अच्छी न हो तो दराज़िये क़द (क़द की लम्बाई) भी गुनाह बनकर रह जाती है और शायद हमारे शायर भाई के साथ यही हुआ।

अकसर मैं ज़िहानत या बेबाकी (निडरता) की बेजा नुमाइश में बड़ी कड़वी कसीली बात कह जाता हूँ। ज़ाहिर है कि ऐसी तमाम बातों का मुझे नुक़सान भी उठाना पड़ता है लेकिन अब इसको क्या किया जाये कि फ़ायदे-नुक़सान का जोड़ घटाव बनिये और बक़्क़ाल करते हैं... शायर को तो निरा शायर होना चाहिए...ख़्वाह अंजाम कुछ भी हो। मिर्ज़ा ग़ालिब के घर का तवाफ़ (परिक्रमा) करते हुए हमेशा उनके कर्ज़ख़्वाह अपनी रक़म की वसूलयाबी के लिए चक्कर लगाते हुए मिल जाते थे लेकिन अब ज़माना बदल चुका है। अब तो शायर अपनी जायज़ और नाजायज़ पूँजी पर बैंक से लाखों रुपये सूद में वसूल करते हैं और इसी सूद की रक़म से अपने

ज़ियाँ (नुक़सान) की भरपाई करते हैं। साइंसदाँ चाँद पर और शायर अमेरिका और लन्दन जाने के लिए हमावक़्त (हमेशा) तैयार रहते हैं। अव्वल तो नमाज़ से शायरों का वास्ता ही नहीं रह गया है लेकिन अगर मारे-बाँधे कुछ शायर नमाज़ पढ़ने चले भी जाते हैं तो उनका मोबाइल खुला रहता है। क़ब्रिस्तान में मिट्टी देते हुए भी कुछ ऐसे हज़रात मिल जायेंगे जो एक हाथ से मरने वाले को मिट्टी देकर रुख़्सत करते हैं और दूसरे हाथों से मोबाइल कान में लगाये मुशायरे के शेयर बाज़ार की पोजीशन पर निगाह रखते हैं।

कई बरस पहले मैंने शायर दोस्तों के दरम्यान बैठकर *अज़राहे तफ़न्नुन* (मज़ाक़ के तौर पर) यह बात कही थी कि शायर भाई की प्रॉब्लम यह है कि वह अपने सतह से इतना ऊपर उठ जाते हैं कि वहाँ ऑक्सीजन दस्तयाब नहीं होती है और मेराज भाई (मेराज फ़ैज़ाबादी) अपनी सतह से इतना नीचे आ जाते हैं कि वहाँ भी ऑक्सीजन नापेद (ग़ायब) होती है। यार लोगों ने इस जुमले का ख़ूब-ख़ूब मज़ा लिया लेकिन कर्ब (पीड़ा) के कुएँ में उतरने की ज़हमत किसी ने नहीं की। अपनी सतह से कटने का मतलब अपनी डार (झुंड) से कटना है, अपने ग़ोल से कटना है और अपनी मिट्टी से कटना है। अबुल फ़ज़्ल दमे का मरीज़ था। अकबर ने एक बहुत अहम् मशविरे के सिलसिले में उसे अकबराबाद (आगरा) तलब किया और अबुल फ़ज़्ल *जलालत मआब जलालुद्दीन मुहम्मद अकबर* का हुक्म मिलते ही ख़ानदोश से तीर की तरह निकला लेकिन उसे धूल और गर्द से अपने आपको बचाने के लिए फ़ौज से एक ख़ास फ़ासला रखकर चलना पड़ रहा था। दरबारी सियासत ने दतिया के राजा को तफ़्सील और ईनाम दोनों से फ़ौरी तौर पर मुत्तेला (सूचित) कर दिया। नतीजे के तौर पर दतिया के राजा ने उन लोगों के रास्ते में पड़ने वाले जंगल में आग लगवा दी। धूल और धुएँ से अपने आपको बचाने के लिए अबुल फ़ज़्ल ने रास्ता बदल दिया... और यही छोटी-सी चूक दतिया के जंगल में अबुल फ़ज़्ल की मौत का सबब बनी। तारीख़दाँ (इतिहासकार) जानते हैं कि अबुल फ़ज़्ल के रास्ता बदलते ही मुगलिया सल्तनत का चाँद हमेशा-हमेशा के लिए गहन (ग्रहण) में आ गया।

अपने हमअस्रों और हमउम्रों में सबसे ज़्यादा जूदगो, बेपनाह तजरुबों की अग्नि परीक्षा से गुज़रने वाले, शेर कहने और शेर की परख में सच्चे जौहरी जैसी महारत रखने वाले शायर जमाली के सतह से ऊपर उठते ही अदब में शतरंजी चाल के माहिर खिलाड़ियों ने मुनाफ़िक़त (कपट) का धुआँ फैलाकर उन्हें मार गिराया। ज़ाहिर है कि एक अच्छे शायर की मौत कहीं न कहीं से बेचारी उर्दू ज़बान से उसका एकाध लायक़ सपूत छीन लेती है। शायर भाई को भी अदब से बाज़ार में तब्दील होता हुआ मुशायरा कैसे छोड़ता क्योंकि इसी बेबाकी और साफ़गोई की बिना पर तो नजीबे अदब (साहित्य के भले मानुस) *इंशा* को अनजब (दासीपुत्र) बनाकर उसे सारी ज़िन्दगी रोने और आँसू बहाने पर मजबूर कर दिया गया था। तक़रीबन तमाम बड़े

शोअरा जो शीराज़े हिन्द जौनपुर में शायर भाई की कुटिया पर दावते शीराज़ खाते थे, वहीं क़याम करते थे... लेकिन अब इसको क्या किया जाये कि नुक़सान सहना और फ़ायदा पहुँचाते रहना आले रसूल के सब्र और सख़ावत की किताब का एक मामूली-सा वरक़ है और इस वरक़ को रहती दुनिया तक सलामत भी रहना है।

अपनी सतह से ज़्यादा ऊपर उठ जाने में जो नुक़सानात होते हैं वो तमाम नुक़सानात शायर भाई के हिस्से में भी आये। ऐसे बहुत-से शोअरा जो शायर भाई से दोस्ताना मशविरा करने से नहीं चूकते थे, वही तमाम हज़रात उनके दुश्मनों को मशविरा और मदद देने लगे। जिन दर्जनों मुशायरों की फ़ेहरिस्त शायर भाई बनाते थे अब उसी फ़ेहरिस्त के आँचल को शायर भाई का नाम टाँके बिना छोड़ दिया जाता था। उम्र और शोहरत का उतार बड़ा जानलेवा होता है। उम्र तो ख़ैर साइकिल के टायर की तरह आहिस्ता-आहिस्ता घिसती है लेकिन शोहरत तो हाथ पकड़कर बुलन्दी के मीनार तक ले जाती है और अचानक हाथ छोड़ देती है। शायर भाई की उम्र तो रफ़्ता-रफ़्ता पुरानी ज़ंग खुर्दा (ज़ंग खायी हुई) साइकिल के टायर की तरह घिस ही रही थी लेकिन शोहरत के उतार ने उनको बिल्कुल तोड़ फोड़कर रख दिया था। अब वह गुफ़्तगू के दौरान बहकने लगे थे, बहकी हुई गुफ़्तगू के बीच में ही वह कहीं-कहीं से एक कमज़ोर पुल की तरह टूट भी जाते थे। अहबाब (दोस्तों) के बेजा सुलूक को याद करके कभी-कभी छलक भी पड़ते थे। उम्र और शोहरत के बीच में घरेलू मसायल (समस्याओं) की एक ख़ारदार (काँटेदार) पगडण्डी भी आ जाती है जहाँ कुछ ऐसे काँटे भी होते हैं जो पाँवों के तलवों के रास्ते दिल और आँखों तक पहुँच जाते हैं। शायर जो इस पगडण्डी से हमेशा गुरेज़ करता है उसे उस अमली रहगुज़ुर पर घसीटकर चलाया जाता है। फिर घरेलू मसायल से जूझने के लिए आख़िरी उम्र में हमसफ़र की बहुत ज़रूरत होती है, ये बारे गराँ (भारी बोझ) अकेले उठाया ही नहीं जा सकता। उम्र की भागती हुई तेज़ रफ़्तार रेलगाड़ी में एक ऐसा डिब्बा भी होता है जहाँ पहुँचकर मियाँ बीवी भी भाइयों की तरह एक दूसरे के लिए परेशान दिखाई देते हैं। मर्द की बायीं पसली से बनायी गयी औरत हमेशा उसके सीने से लगी रहना चाहती है लेकिन जब अचानक एक दिन सीने से लगी रहने वाली यह पसली कहीं गुम हो जाती है तो वह सोते-जागते, उठते-बैठते, यहाँ तक कि तसव्वुर और ख़्वाब में भी अपनी खोई हुई पसली की तलाश में मारा-मारा फिरता है। बच्चों की नाफ़रमानी को माँ तो कलवट की तरह धो-पोंछकर साफ कर लेती है लेकिन बाप इस दुःख की गहराई से तक़रीबन नाआशना (अपरिचित) होता है... और फिर एक ऐसा वक़्त भी आता है जब वह ज़िन्दगी को किसी स्टेशन के प्लेटफ़ार्म पर छोड़कर अपनी खोयी हुई पसली को तलाश करने के लिए कहीं दूर निकल जाता है...दूर बहुत दूर जहाँ से उसकी वापसी की ख़बर भी अख़बार और टेलीफ़ोन के ज़रिये आती है।

मौत ले जा के ख़ुदा जाने कहाँ छोड़ती है

उर्दू मुशायरों की हवेली देखते-देखते ही कैसी वीरान होती जा रही है। हवेली की मुँडेरों पर रखे हुए चिराग़ एक-एक करके बुझते जा रहे हैं। ऐवाने अदब की तरफ़ ले जाती हुई सबसे खूबसूरत, पुरविक़ार और पुरकशिश पगडंडी कितनी सुनसान हो चुकी है। खुदा करे किसी भी ज़बान पर यह बुरा वक्त न आये, कोई कुन्बा ऐसे न बिखरे, किसी ख़ानदान का इतनी तेज़ी से सफ़ाया न हो, किसी क़बीले की यह दुर्दशा न हो। अभी कल की बात है कि मुशायरे का स्टेज भरे पूरे देहात की चौपाल जैसा था, स्टेज पर रौनक़ अफ़रोज़ (शोभायमान) मोहतरम शोअरा किसी देवमालायी कहानी के किरदार मालूम होते थे। इन ज़िन्दा किरदारों की मौजूदगी में तहज़ीब इस तरह फलती-फूलती थी जैसे बरसात के दिनों में इश्क़े पेचाँ ऊँची-ऊँची दीवारों का सफ़र तय करता है।

उर्दू ज़बान और अदब की हिफ़ाज़त, उसकी परवरिश, सलामती और उसकी तरवीज (प्रसार) व तरक़्क़ी के लिए कायस्थों ने हर ज़माने में अहम् रोल अदा किया है। वैसे कहा तो यह भी जाता है कि कायस्थ हमेशा हुकूमत की ज़बान बोलता है लेकिन एक तल्ख़ हक़ीक़त यह भी है कि ज़बान वही मुस्तनद और मक़बूल होती है जो हाकिम की होती है, महकूमों (शासितों) की कोई ज़बान नहीं होती है। इक्तिदार ज़ुल्म और ज़्यादती से नहीं.... हमेशा हिकमते अमली और इल्म से हासिल होता है। अरब के रेगिस्तानों की पेशानी पर पेट्रोल के चन्द बूँदों के फूटते ही सारी दुनिया की यूनिवर्सिटियों में अरबी पढ़ने वालों की क़तारें लग गयीं।

हज़रत कृष्ण बिहारी नूर लखनऊ के एक पढ़े-लिखे कायस्थ घराने में पैदा हुए। उर्दू तहज़ीब उनकी घुट्टी में शामिल थी। वह अपने लखनवी होने पर फ़ख्र करते थे और लखनऊ उन पर नाज़ करता था। आधी से ज़्यादा दुनिया में उन्हें उर्दू और लखनवी तहज़ीब की सच्ची नुमाइन्दगी का शरफ़ (गौरव) हासिल था। वह जहाँ भी गये ज़बानो अदब को सुर्ख़रू और लखनऊ को तहज़ीब की राजधानी साबित करके लौटे।

कहा जाता है कि उस्ताद वही जो शागिर्द को उस्ताद कर दे और शागिर्द वही जो उस्ताद की अज़मत को क़ाबिले-रश्क कर दे। लखनऊ के साहिबे दीवान उस्ताद

शायरु हज़रत फ़ज़्ल नक़वी के रू,ब,रू अदब का सफ़र तय करते ही नूर साहब की शख़्सियत और शायरी के इत्रदान में गूलर के फूल पड़ गये। उन्होंने अपने कलाम की बारिश से हिन्दुस्तान भर के सारे अदबी प्यासों को सैराब (तृप्त) कर दिया। फिर रफ़्ता-रफ़्ता दुनिया के हर उस शहर में जहाँ उर्दू बोली और समझी जाती है वहाँ तक नूर साहब की शराफ़त, तहज़ीबी चाश्नी और शायरी की धूम मच गयी।

जिस तरह एक ज़माने तक ग़ज़ल की शायरी पर यह इल्ज़ाम लगाया जाता था कि यह *नीम वहशी सिन्फ़* (अर्द्ध जंगली विधा) है, इसमें सिर्फ़ हुस्नो इश्क़ और हिज्रो विसाल (विरह और मिलाप) का बखान होता है, उसी तरह मुतरन्निम (सुर वाले) शायरों पर गले बाज़ी का बोहतान (इल्ज़ाम) लगाया जाता था। लेकिन क़ैस बनारसी, फ़िराक़ गोरखपुरी और कृष्ण बिहारी नूर ने तरन्नुम की बिदअत (बेजा रिवाज) को तहत की घन गरज से कुचलकर फेंक दिया। क़ैस बनारसी और फ़िराक़ गोरखपुरी की पाटदार आवाज़ ने अच्छे-अच्छे गलेबाज़ शायरों की दुकानें बन्द कर दीं। यह वह ज़माना था जब हज़रत कृष्ण बिहारी नूर मुशायरों में तरन्नुम से ग़ज़ल सुनाते थे। किसी मुशायरे में फ़िराक़ साहब सदारत कर रहे थे। नूर साहब माइक पर ग़ज़ल पढ़ने के लिए तशरीफ़ लाये। ग़ज़ल सुनाते हुए नूर साहब ने किसी शेर पर फ़िराक़ साहब को मुतवज्जो करना चाहा, फ़िराक़ साहब ने अपने मख़सूस नागवार लहजे में कहा, "गाओ भाई! तुम अच्छा ख़ासा गा-बजा लेते हो।" नूर साहब ने पलटकर फ़िराक़ साहब से बहुत ही मुहज़्ज़ब (सभ्य) लहजे में कहा, "जनाब, आप आख़िरी बार गाते हुए सुन रहे हैं, इंशा अल्लाह अब कभी मुझे गाते हुए नहीं सुनेंगे।" इस वाक़िये के बाद नूर साहब ने सारी ज़िन्दगी तरन्नुम में ग़ज़ल नहीं पढ़ी। आज नूर साहब के तहत में पढ़ने की झलकियाँ तक़रीबन हर तहत में पढ़ने वाले शायर के यहाँ मौजूद हैं। एक ज़माने तक नूर साहब के फ़ौरन बाद पढ़ने के लिए अच्छे से अच्छा मुतरन्निम शायर तैयार नहीं होता था।

नूर साहब ने उर्दू अपनी फूफी से सीखी और फूफी से हासिल इस सरमाये को अपनी बेटियों में मुन्तक़िल (हस्तान्तरित) कर दिया। उनकी एक बेटी कल्पना श्रीवास्तव ने नूर साहब के इन्तिक़ाल के बाद देवनागरी लिपि में 'रौशनी पाँच सौ चिराग़ों की' नाम से एक ख़ूबसूरत किताब शाया (प्रकाशित) की। जिससे कल्पना श्रीवास्तव के ज़ौक और उनके ख़ानदान की इल्मी लियाक़त का पता चलता है।

अगर जम्हूरियत किसी भी मुल्क की तहज़ीब और इल्मी पेड़-पौधों को हरा-भरा रखती है तो शायरी के गुल बूटे उन पेड़-पौधों पर आयी हुई बहार के चश्मदीद गवाह बन जाते हैं। अभी तक यादों की चिलमन से ग़ज़लज़ादी का वह सिंगारदान नज़र आ रहा है जो शायर को इतना बेखुद कर देता था कि वह महबूब को क़ातिल और तिल को दिल कहकर पुकारने लगता था। अभी तक ऐवाने अदब में वह इत्रदान बाक़ी है जो सारी महफ़िल को हिरन का नाफ़ा (खुशबू की थैली) बनाये रखते हैं, अभी तक यादों की हवेली में वह रौशनदान मौजूद है जो सियासत की घुटन को बहुत ज़्यादा पनपने नहीं देते थे।

उर्दू दुनिया की वह ज़बान है जिसकी हिमायत और सरपरस्ती के लिए हिन्दुस्तान की हर क़ौम के क़लम बरदार मैदाने अदब में सीना सिपर हो गये। मुख़्तलिफ़ ज़बानों का फलना-फूलना किसी भी जम्हूरी मुल्क़ के लिए तौसीफ़ी सनद (प्रशंसा का प्रमाण-पत्र) की हैसियत रखता है। अज़ीम हिन्दुस्तान वह आईना ख़ाना है जिसमें दुनिया की मुहज़्ज़ब क़ौमें अपना सरापा देख सकती हैं और उर्दू हिन्दुस्तानी नस्ल की वह लड़की है, जो आज अपने सलोने हुस्न और मिठास भरे लहजे की बदौलत सारी दुनिया में मक़बूल और महबूब है। तक़रीबन चार सौ बरस पुरानी यह दोशीज़ा (सुकन्या) आज भी जब ग़ज़ल का लिबास ज़ेबेतन कर लेती है तो दुनिया की बड़ी से बड़ी ज़बान की दूधिया रंगत मैली हो जाती है। आज भी जब यह भिखारन अपने चेहरे पर हिन्दी ज़बान का नमक, बंगला ज़बान की बिन्दी, पंजाबी ज़बान का अल्हड़पन, संस्कृत की संजीदगी, अवधी का शर्मीलापन, कश्मीर की ताज़गी, मैथिली की मासूमियत, गुजरात की सादा मिज़ाजी, राजस्थान का बाँकपन, रुहेलों की जवाँमर्दी, बुन्देलों का विक़ार और मराठों की बहादुरी के साथ तेलुगू, कन्नड़ और तमिल के फूलों का गजरा बाँधे हुए, क़ौमी यकजहती के रथ पर सवार होकर निकलती है तो हर साहिबे नज़र तस्वीर बनकर रह जाता है :

ये सच है उम्र सभी औरतें छुपाती हैं
मगर शबाबे ग़ज़ल वाक़ई सलामत है।

ख़ाक़सारी वह नेअतम है जो पेशानी पर खुशनसीबी का सूरज उगा देती है। ऐसा सूरज जिसकी किरनें सदियों तक रौशनाई बनकर वरक़ दर वरक़ महफ़ूज़ रहती हैं। ज़िन्दगी की हिद्दत से धड़कता हुआ हर दर्दमन्द दिल रौशनाई की इन बूँदों को आबे हयात समझकर पी जाता है। नूर साहब की शख़्सियत में यह ख़ूबी थी कि वह इत्र कोई भी इस्तेमाल करें लेकिन खुशबू उनके पास से हमेशा ख़स की ही आती थी।

देहली में मदन लाल खुराना की हुकूमत थी और लाल क़िला का मुशायरा था। हर तरफ़ सियासत अपना राग अलाप रही थी। मुशायरागाह के बाहर V.V.I.P. गेट पर मेरी जामा तलाशी ली जा रही थी। वहीं एक कोने में सिगरेट के पैकेटों और माचिसों का अम्बार लगा हुआ था। पुलिसवाले मुझे भी सिगरेट के पैकेटों के साथ अन्दर नहीं जाने दे रहे थे। मैं सिगरेट के साथ अन्दर जाने पर बज़िद था। गेट पर काफ़ी भीड़ जमा हो गयी। मैंने पुलिस ऑफिसर से पूछा, "जब स्टेज पर ऐश्ट्रे रखे हुए हैं, तो आप मुझे सिगरेट का पैकेट क्यों नहीं ले जाने देंगे?" (पिछले दिनों मैंने देहली एयरपोर्ट पर तलाशी लेने वालों को शेविंग ब्लेड देने से इनकार कर दिया था, जब बहस बहुत बढ़ गयी तो मैंने एहतिजाजन उने कहा कि यह सरासर जुल्म है कि आप दाढ़ी भी नहीं रखने देते और ब्लेड भी नहीं रखने देते)। ख़ैर, जब मैं इस बात पर आमादा दिखाई दिया कि मैं कुर्ते के बग़ैर तो अन्दर जा सकता हूँ लेकिन सिगरेट के बग़ैर अन्दर नहीं जा सकता और पुलिसवाले भी मेरी तावीलों और कट

हुज्जती से आजिज़ आ चुके थे लिहाज़ा मुझे मजबूरन मुशायरागाह में जाने के लिए आज़ाद कर दिया गया।

मैं स्टेज पर आया और पिछली सफ़ में जहाँ जगह मिली बैठ गया। थोड़ी देर तक हवास दुरुस्त किये, आसपास का जायज़ा लिया, मरकज़ी, रियासती और शतरंजी वज़ीरों पर निगाह डाली फिर जेब से सिगरेट का पैकेट निकालकर एक सिगरेट सुलगायी। सिगरेट के धुएँ में भी अजीबोग़रीब नशा होता है। कभी किसी रोज़ेदार से अफ़्तार के बाद लगाये गये सिगरेट के पहले कश की कैफ़ियत के बारे में पूछिए! शायद नशा किसी ख़ास कैफ़ियत का नाम है, जिसकी कुर्बत हासिल करने के लिए मुख़्तलिफ़ चीज़ों का सहारा लिया जाता है।

नूर साहब ने सिगरेट के धुएँ की खुशबू महसूस करते हुए मुड़कर मेरी तरफ़ देखा। मैंने सिगरेट छुपाते हुए फ़ौरन उन्हें आदाब किया। उन्होंने मुस्कुराते हुए मेरे सलाम का जवाब दिया फिर हँसते हुए पूछा, कि तुम्हारे पास सिगरेट कहाँ से आयी? मुझसे तो सिक्युरिटी वालों ने मुशायरागाह के गेट पर जेब से निकलवाकर फेंक दी थी। मैंने दस्तबस्ता अर्ज़ किया कि चचा! दुनिया का हर ताला शरीफ़ आदमी के लिए बनाया जाता है और यह कहकर मैंने सिगरेट का एक पैकेट उनके हवाले करके एहतरामन उन्हें आदाम भी किया। नूर साहब ने हस्बेआदत मुझे ढेर सारी दुवाओं से नवाज़ा।

इस वाक़िये के तक़रीबन छः सात बरस बाद जद्दा के सफ़र में नूर साहब के साथ मैं भी शरीक था। इण्डियन एम्बैसी के इस तारीख़साज़ (ऐतिहासिक) मुशायरे की सदारत पं॰ गुलज़ार जुत्शी फ़रमा रहे थे, उनके बराबर में कृष्ण बिहारी नूर साहब तशरीफ़ फ़रमा थे। मैं स्टेज के आख़िरी किनारे पर चरन सिंह बशर के साथ बैठा हुआ था। अव्वल तो मेरे पास सिगरेट नहीं थी दूसरे सरदार चरन सिंह बशर की वजह से भी तकल्लुफ़ हो रहा था क्योंकि वह मुझे गुरुद्वारे की बाउण्ड्री लग रहे थे। अचानक नूर साहब अपनी जगह से उठकर मेरे पास आये, एक गोल्डफ्लेक का पैकेट, एक लाइटर और एक छोटा-सा ऐश्ट्रे मेरे हवाले किया और मुस्कुराते हुए बोले कि, "आज लाल क़िले का हिसाब किताब बराबर हो गया।"

नूर साहब डाक और तार महकमे के एक ऐसे शोबे (सेक्शन) में मुलाज़िम थे जहाँ अधूरे पते लिखे हुए ख़तों को पनाह मिलती थी। यह सेक्शन अपनी ज़िहानत (बुद्धिमत्ता) के बल पर बहुत से खुतूत को उनकी मंज़िल तक पहुँचा देता था। मसलन किसी ख़त में चारबाग़ की जगह Four Garden या किसी ख़त के पते में लाल बाग़ की जगह Red Garden लिखा होता था। ऐसे हज़ारों खुतूत अपने नामुकम्मल पते की वजह से अपनी मंज़िल का पता खो देते थे। नूर साहब ने ऐसे कुछ दिलचस्प खुतूत को एक एलबम में सजा रखा था जिनकी तहरीरों से मासूमियत या ख़ुदा के वजूद की खुशबू आती थी। मसलन उनके एलबम में कुछ ऐसे खुतूत

भी थे जो किसी यतीम बच्चे की तरफ़ से ख़ुदा को लिखे गये थे और ख़ुदा से पूछा गया था कि, "मेरे पापा कब तक घर वापस आयेंगे?" कुछ खुतूत ऐसे भी थे जो बच्चों की तरफ़ से अपनी मरी हुई माँ को शिकायतन लिखे गये थे कि, "जब तक तुम नहीं आओगी मैं स्कूल नहीं जाऊँगा क्योंकि मेरी यूनिफ़ार्म बहुत मैली हो गयी है।" कभी-कभी जी चाहता है, मैं उर्दू का एक नन्हा-सा तालिब इल्म बन जाऊँ और नूर साहब को उनके ऑफिस के पते पर एक ख़त लिखूँ कि तुम जल्दी से आ जाओ क्योंकि तुम्हें उर्दू वाले बहुत याद करते हैं :

मरने वालों को भी मिलते नहीं मरने वाले
मौत ले जा के ख़ुदा जाने कहाँ छोड़ती है।

काजल की लकीर अँधेरे में डूब जाती है

खरे सोने जैसी इस सच्चाई को तस्लीम करने में कोई मुज़ायका (हर्ज) नहीं है कि मैंने डॉक्टर मलिकज़ादा के अहद में आँखें खोलीं, उनकी जूतियाँ बग़ल में दबाकर चलना सीखा, उनकी गुफ़्तगू की कतरनों से अपने लिए जुमले गढ़े और मिसरे तराशे, उनके ख़ाकसाराना (विनम्रतापूर्ण) रवैये से अपने लहजे में मिठास पैदा की, उनकी दो टूक बातों से लबो लहजे को तराशना सीखा, उनके अमीक़ (गहरे) मुताले (अध्ययन) से अपने लिए मुशाहिदे (देखने) की राहें हमवार कीं, उनकी शाने बेनियाज़ी और शौकते अल्फाज़ (शब्दों के गरिमामयी प्रयोग की शैली) से अपनी शख़्सियत की तराश-ख़राश की यानी डॉक्टर साहब ने अपनी इल्मी सरपरस्ती के ज़रिये मुझे कभी किसी अदबी यतीम ख़ाने में दाख़िल होने नहीं दिया।

यूँ भी डॉक्टर साहब ने अपनी उम्र और इल्मी लियाक़त को अपने निजी मामलों में छेड़ छाड़ की कभी इजाज़त नहीं दी। एक क़द्दावर दरख़्त की अस्ल ख़ूबी भी उसी वक़्त नुमायाँ होती है जब वह अपने क़द की लम्बाई को दूसरे दरख़्तों के सामने नुमायाँ होने से बचाता है। डॉक्टर साहब की सबसे बड़ी ख़ूबी यही है और मुमकिन है इसे ख़राबी में भी शुमार किया जाता हो कि वह हर उम्र के अदीबों और शायरों में ऐसे घुल-मिल जाते हैं जैसे काजल की लकीर अँधेरे में डूब जाती है।

ज़ाहिर है कि दुनियावी रख-रखाव और मोल-भाव के एतबार से इस दीवानी के ज्यादा दाम नहीं लगाये जा सकते लेकिन ऐसी बादशाहत से भी क्या फ़ायदा कि क़लन्दरी उसे नापाक समझकर उससे किनारा कशी अख़्तियार करना चाहे।

एक महफ़िल में गुफ़्तगू के दिलचस्प मोड़ पर किसी उर्दू वाले ने मोहतरम अटल बिहारी वाजपेयी से उर्दू और हिन्दी का मुक़ाबला करते हुए कहा था कि हिन्दी तो आधी अधूरी ज़बान है, उसके पास लफ़्ज़ों के सरमाये की बहुत कमी है, आपकी हिन्दी के पास तो लफ़्ज़ *ईमान* भी नहीं है। अटल बिहारी वाजपेयी जो अपनी तबीयत की शोख़ी, साफ़गोयी और बेबाकी के लिए बहुत मशहूर हैं, उन्होंने हँसते हुए उन साहब से कहा कि हिन्दी में अगर ईमान नहीं है तो बेईमान भी तो नहीं है। बज़ाहिर तो यह ज़बान की चाशनी और मुहावरा बन्दी का मुज़ाहिरा था, अदबी छेड़-छाड़ थी,

शायराना हाज़िर जवाबी थी लेकिन इसके पसे पर्दा (पीछे) अगर ग़ौर किया जाये तो दिल के किसी कोने में इस जुमले की सच्चाई पर ईमान लाने को जी चाहता है। इस तल्ख़ हक़ीक़त से इन्कार करना भी कुफ़्र के बराबर होगा।

पिछले दिनों ज्ञानपीठ एवार्ड के सिलसिले में इण्डिया टुडे वालों ने मुझसे मेरी राय जानना चाही थी तो मैंने बड़ी साफ़ गोई से अर्ज़ किया था कि इस बार ज्ञानपीठ एवार्ड का फ़ैसला करने वाले ज्ञान की तरफ़ पीठ करके बैठे हुए थे। ज़ाहिर है कि क़ाज़ी अब्दुल सत्तार और डॉक्टर मलिकज़ादा मंज़ूर अहमद की मौजूदगी में किसी तीसरे शख़्स को इस सम्मान की पगड़ी पहनाना ही अदबी बददियानती में शुमार किया जायेगा लेकिन यह बन्दर बाँट शायद हमेशा से ही उर्दू और उर्दू वालों का मुक़द्दर रही है।

डॉक्टर साहब अदबी मामलात में जितने बाख़बर रहते हैं, सियासी तौर पर उतने ही बेख़बर भी। वह हमेशा 'चलता हूँ थोड़ी दूर हर इक राहरव के साथ' के रोड मैप पर भरोसा करते हैं लेकिन सियासत के पुरख़तर रास्ते पर चलने से ज़्यादा दूसरों को सलीक़े से लँगड़ी मारने के हुनर से वाक़िफ़ होना बहुत ज़रूरी है। अब उनकी इस सादा लौही (भोलापन) को क्या कहा जाये कि डॉक्टर साहब बच्चों की तरह एक ज़ोरदार क़हक़हा लगाते हैं, चेहरे के दाग़ को भी महबूब के गालों के तिल का दर्जा देते हुए नज़र अन्दाज़ कर देते हैं। उम्र और तजुरबात के इस मकान पर पहुँचकर भी डॉक्टर साहब आज तक समझ नहीं पाये कि सय्यद फ़क़ीरी में बहुत नाम पैदा कर सकता है लेकिन बादशाहत उसके मिज़ाज से मेल नहीं खाती। अदब के वही मुफ़क्किर (चिन्तक) कलम को तलवार बनाने की बात कहते हैं जिन्होंने कभी तलवार की सफ़्फ़ाकी (क्रूरता) और रवानी नहीं देखी है।

ग़ौर कीजिए तो मुशायरा भी अदबी सियासत के सतवाँसे बच्चे की तरह है। पैदायशी कमज़ोरी के बावजूद उसे खुशफ़हमी और ख़ुद की तारीफ़ करने की बाल जीवन घुट्टी इतनी ज़्यादा मिक़दार में पिला दी जाती है कि इस अदबी खेल में शरीक हज़रात की एहसासे बरतरी और कमतरी का बुख़ार कभी नहीं उतरता। यूँ भी बड़ी बूढ़ियों से यही सुनता आया हूँ कि सतवाँसे का बच्चा बड़ा शातिर, साज़िशी और ज़िद्दी होता है। मसलन वह अपने से बड़े को दाँत काट लेता है, मुँह चिढ़ाता है, गालियाँ बकता है। बेचारे मलिकज़ादा साहब को भी चौदह सुइयाँ तो नहीं लगीं लेकिन उनकी भी सारी उम्र इस ख़ौफ़नाक तसव्वुर से पीछा छुड़ाने में सर्फ़ हो गयी।

डॉक्टर साहब ने अपनी ज़िन्दगी उस करतब बाज़ नट की तरह गुज़ारी है जिसने अपने शागिर्दों को रस्सी पर चलने, आग के गोले से छलाँग लगाकर निकलने और शीशे के टुकड़ों को चबाकर खाने का हुनर सिखाने में उम्र गुज़ार दी लेकिन थोड़ी-सी हुनरमन्दी हासिल होते ही नटनियाँ तो किसी न किसी तमाशबीन के साथ फ़रार हो गयीं और उनके हमसबक़ (सहपाठी) खुद मदारी बनकर न सिर्फ राजगद्दी पर

विराजमान हो गये बल्कि कई तो शाह मदार की हमसरी (बराबरी) का दावा भी करने लगे।

निज़ामत (मुशायरा संचालन) के दौरान लफ़्ज़ों को ठोंक बजाकर बरतने वाले मलिकज़ादा साहब अपनी तवील उम्री की सज़ा यूँ काट रहे हैं कि उन्हें अदब की सब्ज़ी मण्डी में हीरे की नीलामी का मैनेजर मुक़र्रर कर दिया गया है और यह सज़ा नहीं तो और क्या है कि बैंगन की चोटी को 'कलग़ी' कहना पड़े, गोभी के फूल को आबरूये चमन कहना पड़े और भिंडी को लेडी फिंगर का मर्तबा देना पड़े... लेकिन अदब की सब्ज़ी मण्डी में इस सतह से और भी ज़्यादा नीचे उतरना पड़ता है।

डॉक्टर साहब ने उम्र का ख़ूबसूरत हिस्सा कूचये दिलबराँ और नाज़ बरदारिये गुलरुख़ाँ में गुज़ारा, उम्र ढलान की तरफ़ बढ़ी तो सियासत वालों के क़ौल फेल का इम्तिहान लेने में वक़्त गुज़ार दिया, सियासत जब चकले ख़ाने की तरफ़ मुन्तक़िल (स्थानान्तरित) हो रही थी तो उन्हें अदबी इदारों (संस्थाओं) की सरदारी का शौक़ पैदा हुआ लेकिन तब तक देर हो चुकी थी, ख़च्चर बरदारों की फ़ौज तब तक शहसवारों को पैदल बनाने की सुपारी दे चुकी थी।

डॉक्टर साहब की इल्मी लियाक़त और अदबी कारनामों की फ़ेहरिस्त काफ़ी तवील है। यहाँ यह भी अर्ज़ करता चलूँ कि अदबी कारनामों का ताल्लुक़ किताबों की तादाद से हर्गिज़ नहीं होता क्योंकि तादाद के एतबार से देखा जाये तो छोटे-मोटे रूमानी और जासूसी मुसन्निफ़ीन (लेखकों) ने भी किताबों की इशाआत (प्रकाशन) में सेंचुरी पार कर ली है। कुदरत उल्लाह शहाब की Autobiography के बाद ईमानदारी से तहरीर की जाने वाली सवानेह (जीवन की घटनाओं) में डॉक्टर साहब की किताब *'रक़्से शरर'* उर्दू की अहम् तरीन किताब है। डॉक्टर साहब ने अपनी शायरी के सिलसिले में कभी किसी दावेदारी का एलान नहीं किया बल्कि वह तो बक़ौल सलीम अहमद ख़ुद ही कहते रहते हैं कि शायरी मेरा कमज़ोर बच्चा है। हालाँकि यह हाथी का बच्चा है, चूहे के बच्चों को इस पर ख़ुश होने की इजाज़त नहीं दी जा सकती।

मलिकज़ादा साहब के नामेनामी के साथ डॉक्टर ऐसे चिपक गया है जैसे मिर्ज़ा ग़ालिब के बदन पर लहू से पैराहन (लिबास) चिपक गया था, इसलिए उनकी अज़मत और शोहरत की जेब को रफू कराने की ज़रूरत क़तई नहीं है। हालाँकि ज़माने में मेडिकल से ज्यादा अदब में झोला छाप डॉक्टर हो चुके हैं और अगर ऐसे डॉक्टरों की अदबी जामा तलाशी हो जाये तो मुख़्तलिफ़ उर्दू के महकमों में सौ-डेढ़ सौ नयी मुलाज़िमतों की गुंजाइश निकल सकती है।

लखनऊ यूनिवर्सिटी के आला तरीन ओहदे पर जलवा अफ़रोज़ होने और इल्मो अदब के बड़े लोगों में एहतराम की नज़र से देखे जाने वाले डॉक्टर साहब मुशायरे बाज़ी को अपने कमज़ोर बच्चे की तरह हमेशा सीने से लगाये रहे, माली फ़ायदे के

पेशेनज़र बिल्कुल नहीं क्योंकि उन्हें सारी ज़िन्दगी नुक़सान का सौदा करने में मज़ा आता रहा है। मिसाल के तौर पर माहनामा 'इमकान' को ले लीजिए। हर महीने वह अपने इस रिसाले की नाज़ बरदारी में दस-पन्द्रह हज़ार रुपये ख़र्च करते रहे हैं। ग़रज़ यह कि बुढ़ापे की शादी और उर्दू रिसाला निकालना एक जैसा है और अपने डॉक्टर साहब दोनों ही मुसीबतों से जूझते रहते हैं।

मुग़लिया सल्तनत के ज़वाल (पतन) के साथ लाल क़िला भी अपने शानो शौक़त से महरूम हो गया था लेकिन आज़ादी के फ़ौरन बाद मरकज़ी हुकूमत ने लाल क़िला में एक मुशायरे की बुनियाद रखकर एक शब के लिए ही सही लेकिन उर्दू शेरोअदब को मुख़्तलिफ़ असनाफ़े सुख़न (विभिन्न साहित्यिक विधाओं) का लिबास ज़ेबेतन करने की इजाज़त दे दी। इस मुशायरे की सरबराही के लिए डॉक्टर मलिकज़ादा को चुना गया क्योंकि उनकी शख़्सियत, रखरखाव, सलीक़े और अन्दाज़े बयान की चिलमन (पर्दा) से मुग़लिया सल्तनत और अज़ीम हिन्दुस्तान की साफ़ तस्वीर नज़र आती है। दिल्ली वालों की आला ज़र्फ़ी, इल्म दोस्ती और पारखी नज़रों ने डॉक्टर मलिकज़ादा के सिर पर निज़ामत की पगड़ी ऐसे मढ़ दी कि उसके बोझ से मलिकज़ादा साहब का सिर हमेशा ख़म रहा लेकिन उर्दू का परचम सारे हिन्दुस्तान में लहराता रहा।

मुल्क के वज़ीरे आज़म बदलते रहे। उनके लिबास तब्दील होते रहे लेकिन लाल क़िला की निस्बत से उर्दू के आख़िरी ताजदार मलिकज़ादा मंजूर अहमद की उर्दू नवाज़ी, अदब दोस्ती और बेबाकी ने कभी उर्दू ज़बान और अदब के दामन को मैला नहीं होने दिया। दिल्ली में हुकूमत चाहे जिसकी रही हो लेकिन लाल क़िले में सिक्का मलिकज़ादा मंजूर अहमद के नाम का ही चलता रहा है।

डॉक्टर साहब ने अपनी भारी भरकम शख़्सियत, इल्मी लियाक़त और निज़ामत के हुनर से मुशायरे के शाने (काँधे) से कभी तहज़ीब का आँचल ढलकने नहीं दिया। उनकी देवमालाई अदबी शख़्सियत का दबदबा मुशायरे की फ़ज़ा पर छाया रहता है। हूटिंग, जिसे मुशायरे का ख़ास हिस्सा माना जाता है और जिसके बग़ैर मुशायरा मीलाद शरीफ़ होकर रह जाता है, अपने अह्द के बड़े-बड़े फ़िक़रेबाज़ डॉक्टर साहब के सामने लूज़ बाल नहीं फेंकते थे। अपने तजुरबये फ़न की महारत से मुशायरों को हमेशा संजीदगी की तरफ़ रवाँ रखने का हुनर डॉक्टर साहब के अलावा किसी दूसरे नाज़िमे मुशायरा का नसीब नहीं बन सका।

कानपुर के आलीशान मुशायरे में किसी ख़ुशगुलू (सुरीली) शायरा के कलाम, तरन्नुम और अदाओं ने आने वाले शायर के लिए बड़ी मुश्किलें खड़ी कर दी थीं लेकिन डॉक्टर साहब ने मँझे हुए कोच की तरह ख़ूबसूरत और मुतरन्निम शायर तारिक़ बदायूनी को ग़ज़ल सुनाने की ज़हमत दी। तारिक़ बदायूनी जिनकी अदाओं से थोड़ी-सी निस्वानियत (नारी सौन्दर्य) भी झलकती थी, माइक पर आये और उन्होंने

माइक पर आते ही शिकायत भरे लहजे में फ़रमाया कि डॉक्टर साहब ने मुझे इतनी ख़ूबसूरत शायरा के बाद आवाज़ देकर मेरी इज़्ज़त और आबरू को ख़तरे में डाल दिया है। बेहतर तो यह होता कि वह पहले मुझे बुलाते और मेरे बाद मोहतरमा को ग़ज़ल सुनाने के लिए दावत देते। डॉक्टर साहब ने फ़ौरन अपने माइक से कहा कि तारिक़ साहब यह कानपुर है इसलिए मैंने पहले शायरा को ज़हमत दी, अगर रामपुर होता तो यक़ीनन मैं पहले आप ही को पढ़ाता। सामेईन (श्रोताओं) ने इस भरपूर जुमले का खूब मज़ा लिया।

किसी मुशायरे में शाहजहाँ बानो याद साहिबा जो उन दिनों मुशायरों के स्टेज पर तक़रीबन इकलौती शायरा हुआ करती थीं, बैठकर अपना कलाम सुनाना चाह रही थीं लेकिन मनचले नवजवान बज़िद थे कि वह खड़े होकर अपना कलाम सुनायें। दोनों तरफ़ से बहस और तकरार जारी थी। सामेईन फ़रमाइश करते हुए आवाज़ें लगा रहे थे कि डॉक्टर साहब उन्हें खड़ा कीजिए। डॉक्टर साहब ने निहायत संजीदगी के साथ फ़रमाया कि आप थोड़ी तसल्ली रखें, आप लोगों को ऐसे ही मज़ा आयेगा। यह साफ सुथरा मज़ाक़ और शायराना गुफ़्तगू डॉक्टर साहब का ही हिस्सा है।

लेकिन अब ज़माना बदल गया है, शायद बिल्कुल ही बदल गया है। शायरात और नाज़िम के साथ जो मुलालिमात (संवाद) होते हैं उन्हें सुनकर शहर के शरीफ़ लोग ख़ामोशी से सर झुकाये हुए महफ़िले मुशायरा से उठकर चले जाते हैं और फिर सारी ज़िन्दगी वह मुशायरागाह की जानिब रुख़ नहीं करते हैं।

पढ़ना-लिखना डॉक्टर साहब का ओढ़ना-बिछौना है। डॉक्टर साहब ने निज़ामत के दौरान अँधेरे में कभी कोई तारीफ़ी तीर नहीं चलाया बल्कि कभी-कभी तो निज़ामत के दौरान किसी शायर के बारे में मासूमियत से कह देते हैं कि मैं इन्हें पहली बार सुनूँगा। हालाँकि मुशायरों में तो अब यह आम बात हो गयी है कि नाज़िमे मुशायरा एक म्यूज़िक कैसेट की तरह बजने लगता है। जो तारीफ़ी जुमले वह फ़ैज़ के लिए कहता है वही बेफ़ैज़ के लिए भी। अक्सर तो पता ही नहीं चल पाता कि नाज़िमे मुशायरा फ़िराक़ के बारे में फ़रमा रहे हैं या शबे फ़िराक़ की तवालत पर गुफ़्तगू कर रहे हैं।

वही हुआ कि मैं आँखों में उसकी डूब गया

कहा तो यही जाता है कि औरत और ज़मीन पर जवान आदमी ही क़ाबू पा सकता है। लेकिन अगर इस मुहावरे में बकद्रे अश्के बुलबुल (बुलबुल के आँसू के बराबर) भी इज़ाफ़े की इजाज़त मिल जाये तो यूँ भी कहा जा सकता है कि औरत और ज़मीन को देखकर सबसे ज़्यादा बूढ़े ही बेक़ाबू हो जाते हैं। हालाँकि मेरी इस तरमीम और इस्लाह (संशोधन) को बुज़ुर्ग हज़रात कुबूल नहीं करेंगे क्योंकि वह सिर्फ़ ईजाबो कुबूल (स्वीकारोक्ति) में दिलचस्पी रखते हैं। बुढ़ापा तो वह स्कूल है जहाँ हर घंटी शरफ़े कुबूलियत का रस छलकाती महसूस होती है।

कहने वाले तो यहाँ तक कहते हैं कि जो लुत्फ़ इन्तिज़ार में होता है वह विसाले यार (महबूब से मिलाप) में भी नहीं होता। हालाँकि ज़्यादातर लोग इस मुहावरे से सहमत नहीं होते, जो थोड़े बहुत लोग सहमत होते हैं वह अमल नहीं करते। बहुत से सिगरेटनोश अपने हाथों से सिगरेट बनाकर अपने नशे को दो आतिशा (दो गुना) बनाते हैं। मसलन गुफ़्तगू की भूल भुलय्यों में भटकते हुए जेब से सिगरेट बनाने का काग़ज़ निकालते हैं, कुछ देर इस काग़ज़ से गेसुओ रुख़्सार (जुल्फ़ों और गालों) की तरह खेलते हैं, अपनी उँगलियों के लम्स (स्पर्श) से काग़ज़ को इतना रगड़ते हैं कि काग़ज़ भी हर्राफ़ा (चरित्रहीन औरत) का बदन मालूम होने लगता है, फिर तम्बाकू से छेड़-छाड़ शुरू होती है, तम्बाकू हथेलियों पर हरिजन औरत के जिस्म की तरह मुसलसल मसली और कुचली जाती है ताकि उसका ज़हर और कमज़ोर हो जाये। रौंदी-कुचली तम्बाकू काग़ज़ के सीने पर इस तरह सजायी जाती है जैसे मेले में दुकानों पर अँगिया लटकायी जाती है। सिगरेटनोश इन मरहलों से गुज़रने के बाद अपनी बेचैन उँगलियों से तम्बाकू की नोक पलक दुरुस्त करता है। इस पूरे खेल में गुफ़्तगू का कोई तार भी नहीं टूटता है और तख़ातुब (ध्यान) में रुकावट नहीं आती। आख़िर में सिगरेटनोश काग़ज़ पर लगे हल्के से गोंद पर अपने लब रख देता है और ऐसे बेख़बर हो जाता है जैसे होंठ काग़ज़ पर न हों, रुख़सारे यार पर रखे हुए हों। फिर सिगरेट को इस तरह शोले के हवाले कर देता है जैसे सिगरेट न हो, बेवफ़ा महबूब का पुराना ख़त हो। सिगरेट के साथ-साथ खुद भी सुलगता रहता है। ज़ाहिर है कि आग का पेड़ बहुत देर हरा नहीं रहता, दुनिया की हर आग ठंडी हो जाती है :

तुम भी कुछ देर में थक हार के सो जाओगे
मेरे जज़्बात का दरिया भी उतर जायेगा

दर हक़ीक़त जवानी इन्तिज़ार का नाम है लेकिन बुढ़ापा इन्तिज़ार को मौत के क़दमों की आहट समझता है। दुनिया के हर इश्क़ की कहानी जवानी से मंसूब (जुड़ी) है बल्कि जवानी का दूसरा नाम ही इश्क़ है। बुढ़ापे का इश्क़ तो हमेशा नज़ले का शिकार रहता है। बक़ौल हकीम साहब जवानी में पत्थर भी फुटबाल दिखाई देता है और बुढ़ापे में फुटबाल भी पत्थर महसूस होता है। बुढ़ापा आईना दिखाना चाहता है और जवानी आँखों में देखना चाहती है। चूँकि हकीम साहब भी उम्र की अस्ल पूँजी तो खर्च कर चुके हैं, बोनस में मिली जवानी पर नज़ारा देखने के शौक़ से लुत्फ़अन्दोज़ होना चाहते हैं और मुस्तक़िल सुरअते इंज़ाल (शीघ्र पतन) का शिकार रहते हैं। दरअस्ल इश्क़ जवानी की शान है, वह तोहमत (इल्ज़ाम) है कि हँसकर कुबूल करने को जी चाहता है, वह रुसवाई है जो सुर्ख़रूई बख़्शती है, [illegible] गाली है जो दुआ लगती है, वह ज़हर है जो अमृत लगता है, वह ज़ख़्म है जिसे देखकर जी ख़ुश होता है और बुढ़ापे का इश्क़ वह रोग है जिसका इलाज सिर्फ़ मौत है। बुढ़ापे के इश्क़ पर फब्तियाँ कसने वालों ने बहुत-से लतीफ़े गढ़ लिए, कई कहानियाँ बुन डालीं, बहुत-से क़िस्से तराश लिए लेकिन साइंस कितनी ही तरक़्क़ी क्यों न कर ले फिर भी इश्क़ के रोग से बचने के लिए कोई कंडोम नहीं बना सकती :

वह इश्क़ क्या कि थोड़ी-सी रुसवाई भी न हो

बुढ़ापे का इश्क़ तावीलों (दलीलों) के घोड़े पर सेहरा बाँधकर निकलता है। दुनिया को हक़ीर (तुच्छ) और देखने वालों को अन्धा समझता है। हूटिंग को दाद समझता है लेकिन बक़ौल हकीम साहब कूवते बाह (शक्तिवर्धन) की गोलियों से अगर जवानी पलट सकती तो दुनिया हकीमों के मतब में बैठकर ज़िन्दगी गुज़ार देती। गोली और गाली तो जवानी में ही असर करती हैं, बुढ़ापा तो खुद एक गाली है। ऐसी गाली जो मजबूर औरत बदकार (दुष्कर्मी) महाजन को देती है और शायद आदमी बदकारी के लिए ही महाजन होता है।

एक बुजुर्गवार ने अपनी ज़मींबोस होती जवानी में एक कल्ले-ठल्ले वाली ख़ातून से निकाह फ़रमाते हुए तावील यह पेश की थी कि निकाह की सारी क़ीमत तो उसी वक़्त वसूल हो जाती है जब औरतें एक दूसरे से कहती हैं कि हटो, हटो लड़का आ रहा है।

एक बुजुर्गवार बुढ़ापे की शादी के सिलसिले में यह तावील पेश कर चुके हैं कि शादी शुदा आदमी डबल बेड से एक ही तरफ़ गिरने के ख़तरे में रहता है हालाँकि हकीम साहब ने इस सिलसिले में बहुत भरपूर फ़िलास्फ़ी पेश की है। उनका कहना है कि इस तावील में इतना भी दम नहीं है जितना लाग़रज़दा (जीर्ण-शीर्ण) बुढ़ापे में होता है, बुढ़ापे में उठने से पहले गिरने का ख़तरा हो ही नहीं सकता।

खोयी हुई ताक़त और जवानी हासिल करने के लिए बुढ़ापा कैसे-कैसे टोने

टोटकों का सहारा लेता है, कैसी-कैसी दवाओं की तलाश में सरगर्दां रहता है। जड़ी-बूटियों की तलाश में जंगल-झाड़ी एक कर डालता है लेकिन जवानी तो उस औबाश (चरित्रहीन) महारानी की तरह होती है जो हर रात एक सिपाही को निगल जाती है, वह पतंग है जो उखड़ती है तो अपने साथ डोर की चरख़ी को उड़ा ले जाती है, वह नागिन है जो डसते ही चित होकर लेट जाती है, वह कहानी है जो कई किरदारों को बदकिरदार कर देती है लेकिन बुढ़ापे के इश्क़ की बाज़ी में सब कुछ दाँव पर लग जाता है। इश्क़ तो नंगी तलवार है जिससे जवानी हँसते हुए गुज़र जाती है और यूँ भी तलवार पर बैसाखी नहीं, पैर रखे जाते हैं।

मेरे एक दोस्त जो सचमुच इश्क़ के फ़लसफ़े के प्रोफ़ेसर हैं, ऐसे प्रोफ़ेसर जिनके जिस्म की हिद्दत (तपन) से थर्मामीटर टूट जाते हैं। उनका कहना है कि बुढ़ापे का इश्क़ सुन्नियों का ताज़िया है। न ख़ुशी, न ग़म, न आँसू, न मातम सिर्फ़ एक हवस है जो बुजुर्गों से चली आ रही है और बुजुर्गों के साथ चलती रहती है। बक़ौल हकीम साहब बुढ़ापे के इश्क़ की आँखों में झाँककर देखिए, मातम ही मातम नज़र आयेगा क्योंकि बुढ़ापे का इश्क़ वक़्त गुज़ारने का मशग़ला है और जवानी का इश्क़ एक जंग है। जवानी का इश्क़ बिफरा हुआ तूफ़ान है और बुढ़ापे का इश्क़ बुझे हुए हुक़्क़े की गड़गड़ाहट। जवानी अगर हुक़्क़े का कश लगा दे तो चिलम से अंगारे उबल पड़ें, जैसे बदमस्त जवानी की अँगिया से जोबन... और बुढ़ापे का इश्क़ चिलम को ही देखकर खाँसने और हाँफने लगता है।

नायिकाएँ जब किसी नवख़ेज़ (नवयौवना) तवायफ़ को कोठे के रुमजो नुकात (गुप्त बातों), तालीम, तरबियत और आदाब से आरास्ता करती हैं तो पहले सबक़ के तौर पर यही ताकीद करती हैं कि जवानी नाज़ बरदारी चाहती है, नाज़ बरदारी कर नहीं सकती लिहाज़ा किसी नौजवान पर कभी आशिक़ मत होना क्योंकि बाज़ारे हुस्न में घाटे पर कोई सौदा नहीं बेचा जाता, उम्र की सीढ़ियों से उतरते हुए आदमी से इश्क़ करोगी तो ऐश करोगी और जैसे जी चाहेगा अपनी जवानी को कैश करोगी। यह और बात है कि तजुरबेकार नायिका इन तवायफ़ों को यह सबक़ पढ़ाते-पढ़ाते कई बार मुँह फेरकर अपनी आँखों से कुछ पुराने आँसुओं के जख़्मों की पपड़ी खुरच लेती है क्योंकि उसे अपनी माँ का सुनाया हुआ यह क़िस्सा भी याद आने लगता है कि जवानी में तो बड़े से बड़े पुलिस अफ़सर की हिम्मत नहीं थी कि वह मुझसे आँखें चार कर लेता क्योंकि आँखें चार करते ही वह कोयले से राख बन जाता और कोयला कभी राख नहीं बनना चाहता। वह तो उसे आग जलाकर राख कर देती है। मुझे जिस्म फ़रोशी के इल्ज़ाम में उस वक़्त पकड़कर ले जाया गया जब मेरे पास तक़सीम करने के लिए कुछ भी नहीं बचा था, दुआएँ भी नहीं, क्योंकि बद दुआओं के जज़ीरे (द्वीप) पर खड़ी हुई औरत की दुआएँ भी बे असर हो जाती हैं :

वही हुआ कि मैं आँखों में उसकी डूब गया
वो कह रहा था भँवर का पता नहीं चलता

दिल वो भीगा हुआ काग़ज़ है कि जलता ही नहीं

अपनी बेइन्तिहा हरदिल अज़ीज़ी के बावजूद ग़ज़ल हमेशा तनक़ीद के निशाने पर रही है। ज्यादातर नाक़िदीने अदब (साहित्य के आलोचकों) ने इसकी बेपनाह महबूबियत और मक़बूलियत के बावजूद इसे मुँह नहीं लगाया। हमेशा इसकी कमतरी और सहल पसन्दी का रोना रोते रहे। ये हक़ीक़त है कि ग़ज़ल मुद्दतों कुछ बँधे-टँके मौज़ूआत (विषयों) की अमर बेल में जकड़ी रही। हालाँकि इसकी सबसे बड़ी वजह ये थी कि उस अहद के मुताबिक़ ग़ज़ल दरबारी आदाब के पेशेनज़र लिखी जाती थी। इसलिए शायर हमें मयख़ाने से निकलता हुआ और कोठों से उतरता हुआ दिखाई देता था। इस हक़ीक़त से भी इनकार नहीं किया जा सकता कि उस वक्त के नवाबीन और राजे महाराजे ग़ज़ल की परवरिश ही नहीं, नाज़ बरदारी भी करते रहते थे। तारीख़ से आँख मिचौली करती हुई ग़ज़ल जैसे ही गली के मोड़ पर, शहरों के चौराहों पर, क़स्बों के चबूतरों पर, गाँव की पगडण्डियों और खेत खलियानों में मौज़ूआत की तलाश में भटकने लगी तो इसने नये मंज़रनामे तलाश कर लिए। ख़ासतौर से आज़ादी के बाद तक़सीम की तलवार से कटे-पिटे रिश्तों की बनती-बिगड़ती तस्वीरों, भरे घर में तन्हा होने के एहसास, बेसम्ती (दिशाहीनता) की तरफ़ जाती हुई तेज़ रफ्तार ज़िन्दगी, घर आँगन में उभरते हुए लातअल्लुक़ी के सहराओं ने ग़ज़ल के नाम पर नये मौज़ूआत के ढेर लगा दिये। ग़ज़ल ने जब अपनी शब ख़्वाबी का लिबास तब्दील किया तो उसके लहजे में तलवार की सफ़्फ़ाकी (क्रूरता) भी आ गयी, उसके चेहरे पर गाँव, मोहल्ले और समाज के वह घाव भी दिखाई दिये जो सियासतदानों की मेहरबानियों का नतीजा थे। उसकी चाल में उस सिपाही की शान आ गयी जो मक़तल (क़त्लगाह) की जानिब भी नाचता-गाता हुआ जाता है।

उर्दू तनक़ीद का सबसे बड़ा मसला यही रहा है कि जिस पर लिखा जाना चाहिए था उस पर नहीं लिखा जा रहा है और जिस पर लिखा जा रहा है वह लिखे जाने के लायक़ नहीं है। यक़ीनन यही सबब है कि पिछली कई दहाइयों (दशकों) में कोई बड़ा नाम उभरकर सामने नहीं आया। जो नाम आते हैं वो एल्युमिनियम के कमज़ोर बर्तनों की तरह कुछ दिनों में ही सड़-गल के बराबर हो जाते हैं। फिर कुछ ऐसे लोग भी होते हैं जो अपने तख़लीक़ी सफ़र में इतने मुनहमिक (लीन) रहते हैं कि मंज़िलें

उनके लिए संगे मील साबित होने लगती हैं। हरचन्द कि हम उस Calculated दौर से गुज़र रहे हैं जहाँ तख़लीक़ अमल (रचनात्मक क्रिया) से गुज़रने वाले की तनक़ीदी रिपोर्ट पहले ही मंज़रे आम पर आ जाती है लेकिन खरे और सच्चे फ़नकार बाँस-बल्ली के सहारे अपनी तख़्लीक़ को क़स्र तनक़ीद (विवेचना के महल) तक पहुँचाने की कोशिश नहीं करते।

अगर सच पूछिए तो ख़ाकसारी, क़लन्दरी, बेनियाज़ी और ज़िन्दगी की बेतरतीबियों के बग़ैर शायरी उस मंगलसूत्र की तरह है जो कोठेवालियाँ अपने गले में Nokia के मोबाइल की तरह डाले रहती हैं। लेकिन ये भी मजबूरी है कि इस अहृद की सफ़्फ़ाकियों (क्रूरताओं) ने इस अदबी छिछोरपन को कुबूल कर लिया है। यूँ भी ज़माने में उर्दू वह मज़लूम ज़बान है जिसे इसके चाहने वाले अपनी ज़रूरत के मुताबिक़ इस्तेमाल करते हैं और तमाम सरकारी अदारे (संस्थाएँ) उर्दू के नाम पर अपनी झोलियाँ भरने में मसरूफ़ हैं।

मुमताज़ राशिद उर्दू ग़ज़ल के ऐसे शायर हैं जिन्होंने यही नहीं किया कि ग़ज़ल के गेसू सँवारे हैं बल्कि वह ग़ज़ल को हिन्दी वालों से क़रीब लाने में पेश-पेश रहे हैं और आलमगीर सतह (अन्तर्राष्ट्रीय स्तर) पर उर्दू से मोहब्बत करने वालों की तादाद में ख़ासा इज़ाफ़ा किया है। मैंने जब अदबी तौर पर आँखें खोलीं तो मुमताज़ राशिद सिर्फ़ रसाएल (पत्रिकाओं) के सफ़हात पर मिल जाते थे। ऐसा कोई रिसाला नहीं होगा जिसमें उनकी ग़ज़लें शामिल न रहती हों लेकिन राजे-महाराजे तो रहे नहीं जो इल्म और हुनर के दीवानों को जागीरें अता कर दिया करते थे,। लिहाज़ा ज़रूरतों के पाँव पसारते हुए शायर आदीब भी दूसरे हुनरमन्दों की तरह अपने घरेलू मसाएल की गुत्थियों को सुलझाने में इतने मसरूफ़ हो जाते हैं कि उन्हें नाक़िदीने फ़न (साहित्यिक विवेचकों) की दरबारदारी का मौक़ा नसीब नहीं होता। शहंशाहों का दरबार हो या नाक़िदीन का दरबार हर जगह एक ही तरह की सियासत होती है। मुमताज़ राशिद नयी ग़ज़ल लिखने वालों में अहम् मुक़ाम रखते हैं। उन्होंने ग़ज़ल के बदलते हुए ख़दोख़ाल (नाक नक़्श) पर क्लासिकियत की चिलमन को पड़ा रहने दिया। नये लफ़्ज़ों और नयी तलमीहात (इशारों) से ग़ज़ल के लहजे को काटदार बनाया। भीगे हुए काग़ज़ पर इस अहृद का ज़िन्दगीनामा लिखा। आँसुओं में खूने जिगर की आमेज़िश (मिश्रण) से नये-नये रंग ईजाद किये और नये अहृद की सच्ची मुसव्विरी (कल्पना) कर डाली। ज़माने के एहसासात को ग़ज़ल में उतारने के लिए अदक़ (मुश्किल) लफ़्ज़ों की सीढ़ियाँ नहीं लगायीं। फूल को फूल और बबूल को बबूल ही लिखा। ग़ज़ल को इशारियत की उस मंज़िल पर नहीं ले गये जहाँ तक पहुँचते-पहुँचते क़ारी (पाठक) का दिमाग़ थक जाये। उनके मिज़ाज की सादगी और शायराना रवैये की निशानदेही उनकी ग़ज़लों में भी मौजूद है। अपनी शिनाख़्त को बरक़रार रखना, अपने उसलूब (शैली) को ज़िन्दा रखना और अपने लफ़्ज़ों को सुरों

के इत्रदान से मस (स्पर्श) करते रहना बहुत मेहनत और ज़िम्मेदारी का काम है। उनकी ज़िन्दगी उनकी शायरी का आईना है और उनकी शायरी में उनकी हमा जेहत (बहुमुखी) शख़्सियत पूरे तौर पर मौजूद है। ज़िन्दगी के आईनाख़ाने को ऐवाने ग़ज़ल में जोड़ना आसान काम नहीं है लेकिन हर अच्छा फ़नकार इसी हुनर की बदौलत ही अच्छा फ़नकार कहलाता है। मुमताज़ राशिद ने ग़ज़ल से न कासे का काम लिया है न तलवार का, उन्होंने ग़ज़ल से उन महकते हुए बेले के फूलों का काम लिया है जो हर उम्र के लोग शौक़ से हासिल करना चाहते हैं।

लेकिन हुकूमत और नाक़िदीने अदब शायरों और अदीबों को मफ़लूकुलहाली (निर्धनता) की दलदल से निकलने नहीं देना चाहते हैं। मुमताज़ राशिद ने ग़ज़ल सिंगर्स की गुज़ारिश पर कुछ जवान ग़ज़लें कहीं और हमारी तनक़ीद ने उनसे आँखें चुरायीं। कैफ़ी आज़मी और मजरूह सुल्तानपुरी फ़िल्मों की वजह से इसी बेईमानी का शिकार बने रहे। उनसे पहले और बाद के बहुत से अहम् शोअरा तनक़ीद का रोना होते हुए अल्लाह को प्यारे हो गये। लफ़्ज़े मुशायरा तो ऐसी गाली बन चुका है जो कहीं भी बकी जाए, ज़द (निशाने) पर ग़ज़ल ही आती है। मुमताज़ राशिद की ग़जलों में ख़ानक़ाहों जैसा सुकून महसूस होता है। वह अपनी शायरी से ज़्यादा अपने दोस्तों और मिलने वालों का एहतराम करते हैं। उनकी ग़ज़लों में घुँघरुओं की खनक नहीं, पपीहे की आवाज़ का दर्द नुमायाँ है। वह ज़िन्दगी को दूरबीन से नहीं बल्कि हाथों से छूकर देखते हैं। मैं बड़े-बूढ़ों की इस राय से पूरी तरह इत्तिफ़ाक़ रखता हूँ कि अच्छा इंसान ही अच्छे शेर कह सकता है।

मुम्बई की भागती-दौड़ती तेज़ रफ़्तार ज़िन्दगी में एक शायर या अदीब के लिए जीना बहुत दुश्वार काम है क्योंकि पत्थरों के बीच में आईनासाज़ी (आईना बनाना) ख़तरनाक खेल है। मुम्बई जहाँ एक दूसरे से मुलाक़ात तो दूर की बात, अपनों से मिले हुए कभी-कभी महीनों गुज़र जाते हैं। हिन्दुस्तान में मुम्बई एकलौता शहर है जहाँ अख़बार ख़बर के लिए नहीं बल्कि वक़्त गुज़ारने के लिए ख़रीदा जाता है। रेल की पटरियों की तरह बदलते हुए लोग और मौसम, अपनी धुन में खोया हुआ हर आदमी मुम्बई की हर गली, कूचे, चौराहे और प्लेटफ़ार्म पर मिल जायेगा। मुम्बई में शराब की बेइन्तिहा खपत है लेकिन मुस्कुराहट दूर देश की कहानी मालूम होती है। ज़िन्दगी का बेशतर हिस्सा रेल के डिब्बों, बसों की खिड़कियों, टैक्सी और आटो रिक्शा के इन्तिज़ार में गुज़र जाता है। इन हालात में भी अगर कोई शख़्स अपनी पेशानी पर ग़ज़ल का नूर सजाये रहे, अपनी आँखों में नये मौज़ूआत की तमन्नाओं को समेटे रहे, अपने क़लम से लफ़्ज़ों की कहकशाँ बनाने के लिए बेताब रहे तो यक़ीनन वह शख़्स अच्छा आदमी, बड़ा शायर और बेपनाह दिलचस्प होगा। इस लिहाज़ से मुमताज़ राशिद हमारे अदब का सरमाया ही नहीं बल्कि नौजवानों को ज़िन्दगी का हुनर बताने वाले फ़लसफ़ी भी हैं।

शायद क़लम ने साथ हमारा नहीं दिया

महबूब राही पर ज़बान ख़ोलने और क़लम उठाने से पहले यहाँ दो वाक़ियात तहरीर करना ज़रूरी समझता हूँ। मशहूर शायर मेराज फ़ैज़ाबादी ने एक दिन मुझसे पूछा कि तुम्हारी लाइब्रेरी में *'लम्हे लम्हे'* का वसीम बरेलवी नम्बर मिल जायेगा? मैंने कहा तलाश कर लें या कल तक का मौक़ा दें तो मैं तलाश करके हाज़िर कर दूँगा लेकिन अजीब इत्तिफ़ाक़ था कि काफ़ी तलाश के बावजूद वसीम बरेलवी नम्बर नहीं मिल सका। मेराज साहब को चूँकि उन पर कोई राइट अप लिखना था लिहाज़ा उनकी उलझन और बेचैनी फ़ितरी (स्वाभाविक) थी। मैंने भी तक़रीबन पूरी लाइब्रेरी खँगाल डाली फिर मायूसी के आलम में कुर्सी पर बैठकर अपनी साँसें दुरुस्त करने के बाद मैंने मेराज भाई से कहा कि एक बात समझ लीजिए! अगर वसीम बरेलवी मेरी लाइब्रेरी में मौजूद नहीं हैं तो फिर अदब में भी मौजूद नहीं रहेंगे। बज़ाहिर तो इस जुमले में मिज़ाह का **Flavour** मौजूद है लेकिन लहजे की सफ़्फ़ाकी (क्रूरता) का तेज़ाब भी पेवस्त (चुभा) है।

दूसरा वाक़िया भी दिलचस्पी से भरपूर है। हल्के-फुलके शायर और अदीब तब्सिरे (कमेंट्स) या मेरी राय जानने के लिए मुझे अक्सर किताबों से नवाज़ देते हैं। मेरा मसला यह है कि न मेरे पास शागिर्दों की भीड़, न घुमावदार कुर्सियों पर बैठी हुई परीनुमा सेक्रेट्रीज़, न ऐसे नवजवानों का जमावड़ा जो प्रोफ़ेसर हज़रात की इल्मी शोहरत और साहिबे इक़्तिदार बने रहने में मददगार साबित होते हैं।

मेरे पास तो अदबी और इल्मी लियाक़त की कममायगी (बेहद कमी), अपने छोटे से ज़ाती (निजी) कारोबार को बचाने की बेमक़सद कोशिश और बक़िया ज़िन्दगी की बेहूदा क़िस्म की बेतरतीबियों के अलावा कुछ भी नहीं है जिन्होंने कभी मेरी शख़्सियत के सीरियल को मुक़म्मल नहीं होने दिया। नतीजे के तौर पर मैं अपने आपसे नामुतमइन, अहबाब मेरी ग़ैर ज़िम्मेदारियों से मायूस, रिश्तेदार मेरे रवैये पर शाकी (शिकायत करने वाला) और शहर के बक़िया ज़िम्मेदार मुझे ग़ैर ज़िम्मेदारियों का *दाराशिकोह* कहते हैं। यहाँ मैं दाराशिकोह की तफसीलात से खुद को बचा रहा हूँ वर्ना मराठवाड़े का सारे का सारा इलाक़ा मेरे ख़िलाफ़ बशीर बद्र से साठगाँठ कर सकता है। अकसर आयी हुई किताबें मेरे तब्सिरे और रायों की मुन्तज़िर रहती हैं।

एक दिन मेरे सरहाने कुछ किताबें देखकर बेगम ने पूछा कि लाइब्रेरी यहाँ शिफ़्ट करने का इरादा है क्या? मैंने उनके तंज़ेलतीफ़ (सुखद व्यंग्य) को *'बिहार शरीफ़'* की तरह देखा। उन्होंने किताबें उठाकर वरक़ गरदानी (पन्ने पलटना) शुरू कर दी। इस वरक़ गरदानी का तअल्लुक उर्दू शेरो अदब से बिल्कुल नहीं था बल्कि किताबी उलट-पलट का बराहे रास्त रिश्ता मेरे किरदार (चरित्र) की मशकूकियत (सन्दिग्धता) से था।

बेगम अज़राहे एख़लाक कहने लगीं कि ''आख़िर इन बेचारों की किताबों पर आप अच्छा बुरा कुछ क्यों नहीं लिख देते?'' मैंने कहा, ''बुरा तो हम अपने दुश्मन शायरों और अदीबों पर लिखते हैं और एक दुकानदार की हैसियत से कोई भी अपने Regular Customers के बारे में हमेशा अच्छा ही लिखता है। यूँ भी तन्क़ीद वह असलहा है जिस पर सारी दुनिया में कहीं लाइसेंस नहीं है क्योंकि यह हुकूमतों को नहीं बल्कि अदब, तहज़ीब और नवजवान नस्लों को बर्बाद करती है और हुकूमतों का हर दौर में यह पहला प्लान रहता है कि शायर और अदीब आपस में गुत्थम गुत्था रहें और नवजवान नस्ल को तहज़ीब और अदब के फ़ायदों से महरूम (वंचित) रखा जाये।" बेगम साहिबा बहस के बिच्छू को मज़ीद (और ज़्यादा) ज़चगी से बचाते हुए बोलीं कि ''इस वक़्त आप बिल्कुल बेकार बैठे हुए हैं, बिल्कुल अपोज़ीशन के थके हुए लीडरों की तरह, लिहाज़ा यह मौक़ा मुनासिब है कि आप कुछ इंसानियत, शराफ़त और पढ़े लिखे होने का सुबूत दे दीजिए।'' मैंने तीन-चार किताबें उन्हें सौंपकर कहा, ''आप बताइए, किस पर लिख दिया जाए।'' उन्होंने एक किताब का इन्तिख़ाब (चयन) करके किताब मेरी तरफ़ बढ़ा दी। मैंने पूछा शायरी की किताब है या नस्र की? "पता नहीं" कहकर उन्होंने आदतन मुस्कुराहट की फ़िज़ूल ख़र्ची करनी चाही। मैंने पूछा, जब किताब तुमने खोलकर देखी ही नहीं तो इस किताब की वकालत क्यों कर रही हो? उन्होंने मुस्कुराहट की करेंसी को मेरे तीन बरस पुराने जज़्बात की आँच पर रखते हुए फ़रमाया कि साहिबे किताब (लेखक) की शिमला में किराये की कई दर्जन टैक्सियाँ चलती हैं। कभी अगर बच्चों के साथ शिमला जाना पड़ गया तो आपकी जेब पर बोझ नहीं पड़ेगा और मैं आपकी चश्मे करम (दया दृष्टि) की मोहताजी से भी बच जाऊँगी।

मैं *ब बाँगे दुहल* (एलानिया तौर पर) यह एलान करना चाहता हूँ कि पिछले 25 बरसों से उर्दू अदब में तन्क़ीद के नाम पर जो कुछ भी लिखा जा रहा है उसी टैक्सी मालिक के लिए लिखा जा रहा है। सिर्फ़ पेशा और ठिकाना बदलता रहता है। हर नाक़िद के पास शायर और अदीब हैं बल्कि अब तो शायरों और अदीबों के पास उनके अपने नाक़िद, मुबस्सिर और तजज़ियाकार (विश्लेषक) होते हैं... जैसे हर तवायफ़ के पास शौहर से मिलता जुलता एक रईस होता है। ज़ाहिर है कि ऐसे घिनौने अदबी मुआशिरे (समाज) में अच्छे और Genuine अदब का जो हाल होना चाहिए था, वही हो रहा है यानी :

ज़रूरत आख़िरी मंज़िल में घुँघरू बाँध लेती है

हर छोटा बड़ा तन्क़ीद निगार अपनी पेशावराना तहरीर और तक़रीर में वही जारिहाना (आक्रामक), घटिया और मग़रूर रवैया इस्तेमाल करता है जैसा प्रोफ़ेसर वसीम बरेलवी जैसे सीधे-सच्चे और शरीफ़ शायर के बारे में मैंने अज़राहे तफ़न्नुन (मज़ाक़ के तौर पर) इस्तेमाल किया है। मौजूदा अह्द में उर्दू तन्क़ीद दो-चार सजदों के मोलवियों के फ़तवे की तरह बेवक़अत (महत्त्वहीन) होकर रह गयी है। यानी बहुत ईमानदारी के साथ यह तस्लीम कर लेने में कोई बुराई नहीं है कि उर्दू तन्क़ीद बारह बरस का वह आदिवासी बच्चा है जो ज़मीन पर खड़े-खड़े अपनी माँ (उर्दू तख़लीक़) का दूध पी रहा है। ज़ाहिर-सी बात है कि अदब उस वक़्त अच्छा लगता है जब लोग आपको अदीब और शायर कहें वर्ना अदब लिखने से अच्छी तो बस कंडक्टरी और चुंगी नाके की नौकरी है जहाँ मेहनताने के अलावा नज़राने के तौर पर देहाती मुसाफ़िर अपनी गठरी से फ़स्ल की दो-चार चीज़ें निकालकर दे देते हैं। मैं कहना चाहता हूँ कि हर ज़माने में किसी वहशत को 'ख़ान बहादुर' बनाकर अरबाबे इक़्तिदार कई दर्जन *मस्त* कलकतवी को क़त्ल कर देते थे। मेरे ख़याल से यह मुहावरा उर्दू तन्क़ीद के लिए ही Create किया गया है 'अन्धा बाँटे रेवड़ी और अपने-अपने को देवे' क्योंकि पूरी अदब में कहीं न कहीं, किसी न किसी तौर पर Genuine शायर और अदीब का क़त्ल हो रहा है और हम सब तमाशबीन की हैसियत से खड़े देख रहे हैं।

सियासी लीडरों की बेहूदगियों और मोलवियों की मसलकी (वैचारिक) लड़ाई में मुमकिन है कुछ कमी आ गयी हो लेकिन अदब में मुनाफ़िक़ों (कपटाचारियों) की भीड़ बढ़ती जा रही है। एक तरफ़ वह लोग हैं जो अपने साथ इल्म का दरिया बहाते हुए चलते हैं, अपनी कोशिश से हज़ारों उर्दू सीखने वालों की मदद करते हैं और उर्दू की आबयारी (सिंचाई) के लिए उसकी जड़ों में अपनी मेहनत का पसीना रख़ देते हैं।

दूसरी तरफ़ हमारा वह बेहिस (निर्भाव) अदबी गिरोह है जो हर क़दम पर सियासी शोबदे बाज़ी (चालाकी) की बदौलत वह सब कुछ हासिल कर लेता है जिसका वह हक़दार नहीं होता है। मुझे जिन्सी कारोबार (देह व्यापार) के दलालों से ज़्यादा बुरे शेरो अदब के दलाल लगते हैं। उस कारोबार के दलाल अपनी दलाली के लिए कम से कम पूरे बाज़ार का सौदा तो नहीं करते लेकिन ये हमारे नामनिहाद (तथा कथित) उर्दू फ़रोश उर्फ़ मुजाहिदीने उर्दू हर वक़्त इसी मौक़े की तलाश में रहते हैं कि उर्दू ज़बान की दुकान ही बिक जाये। शायद यही सबसे बड़ी वजह है कि इन दिनों अस्ली अदब हक़ीक़त में उन इलाक़ों में तहरीर किया जा रहा है जो उर्दू की बस्तियाँ नहीं हैं या अदबी माफ़ियाओं की पहुँच वहाँ तक नहीं है लेकिन चूँकि उर्दू बाज़ारों में बैठे हुए लोग System को बदलने की इजाज़त नहीं देते हैं इसलिए तन्क़ीद और तख़लीक़ दोनों ही एक ही ख़ुशामदाना ढर्रे पर चल रही हैं।

महबूब राही यूँ भी ख़ुशनसीब शख़्स हैं कि उन्होंने डॉक्टर मुज़फ़्फ़र हनफ़ी जैसी

शख़्सियत की क़दमबोसी के बाद शेरो अदब के मैदान में क़दम रखा वर्ना ये नामनिहाद अदीब और शायर वह घड़ियाल हैं जो एक भी मछली को तालाब में उतरने की इजाज़त नहीं देते। महबूब राही हर रिश्ते और हर एतबार से मेरे बड़े भाई हैं। पता नहीं अल्लाह इतने नेक लोगों को शायर क्यों बना दिया। शायरी तो हर ज़माने में ज़ेहनी तौर पर अय्याश लोगों का ख़ासा रही है लेकिन अय्याशी भी ऐसी कि अमीर मीनाई को दाग़ देहलवी जैसा हम अस्र अता किया। वह दाग़ जो आज भी सारी दुनिया में उर्दू की Dictionary कहे जाते हैं, जिन्होंने उर्दू मुहावरों को बरत कर उन्हें 24 कैरेट का सोना बना दिया और सोने की तो खूबी यही है कि वह हर ज़माने में सोना ही रहता है, बदज़ौक़ों के अहृद में भी पीतल नहीं कहलाता।

महबूब राही ने सारी ज़िन्दगी उर्दू ज़बानो अदब की आबियारी की। शेर कहे, नस्र लिखी यानी गेसुए अदब (साहित्य के केश) को सँवारने में इतना वक़्त लगा दिया कि जब इस काम से थोड़ी-सी फुर्सत और फ़राग़त (मुक्ति) मिली तो जवानी कहीं जा चुकी थी और उम्र कहीं लेकिन अगर आशिक़ अपनी उम्र देखता तो दुनिया में माशूक़ा का वजूद (अस्तित्व) ही नहीं होता। अपने आपको ख़ाक कर लेना ही तो आशिक़ी की मेराज (बुलन्द मर्तबा) है। शमा कितनी ही बढ़-चढ़कर बातें क्यों न करे लेकिन परवाने की ख़ाक़ को सुआरत करने (ठिकाने लगाने) के लिए उसे भी तो मोम की मदद के सहारे ख़ाक होना पड़ता है।

उर्दू ज़बानो अदब की आबयारी में इश्तहारों (विज्ञापनों) की शक्ल में आये दिन अख़बारों की ज़ीनत बनने वाले लोग हर्गिज़ नहीं हैं। वह तो वो लोग हैं जिनके पैदा होने या न होने का दुनिया की कोई भी ज़िन्दा ज़बान इन्तिज़ार नहीं करती। महबूब राही वो संगेमील (मील का पत्थर) हैं जिन्होंने शेरो सुख़न को सिर्फ़ बहाना बनाया। उर्दू ज़बानो अदब के ख़ज़ाने को मालामाल करने के लिए भुसावल से जलगाँव और अकोला से अमरावती तक मौसूफ़ और उनके हमनवा और हम अस्रों ने उर्दू ज़बानो अदब और हिन्दुस्तानी तहज़ीब की ऐसी खेप तैयार कर दी है जो आइन्दा आने वाले दिनों में अपने पथरीले इलाक़े को उर्दू का गहरावा बनाकर दम लेगी। संगलाख़ (पथरीली) ज़मीनों में अदब की काश्तकारी बहुत मुश्किल काम है। बाग़बानी तो किसी भी ज़मीन में की जा सकती है। हरदिल अज़ीज़ होना आदमी के शगुफ़्ता मिज़ाज़, शरीफ़ और साहिबे इल्म होने की पहचान है। जो काम देहली और उत्तर प्रदेश में ख्वाबे परेशाँ (बेचैन सपना) होकर रह गया है उसकी ताबीरों (यथार्थों) के फूल विदर्भ और ख़ानदेश इलाक़ों में खिला रहे हैं।

महबूब राही ने हज़रत मुज़फ़्फ़र हनफ़ी को उस्ताद नहीं बनाया बल्कि सचमुच उनके शागिर्द बन गये। उन्होंने शायरी और नस्र की हर सिन्फ़ में तबा आज़माई (तबीयत की आज़माइश) की है बल्कि बहुत तेज़ शेर कहने के मामले में किसी हद तक बदनाम भी हैं। यूँ भी बहुत तेज़ शेर कहने की आदत उस कार की तरह होती

है जिसका स्टेयरिंग फेल हो चुका हो। महबूब राही ने डॉक्टर साहब से अदबी शजरकारी (पौधारोपण) भी सीखी, ज़बान और फ़न के वह रमूज़ो नुकात (भेद और बारीक बातें) सीखे जो साहिबे तर्ज़ शायर और उर्दू ज़बान के सचमुच के डॉक्टर शाद आरिफ़ी ने उनको सौंप दिये थे।

डॉक्टर हनफ़ी की सोहबतों के वसीले से महबूब राही से मैं ग़ायबाना तौर पर इतना क़रीब हो चुका था, या उनकी हर एक सादगी भरी अदा का आशिक़ हो गया था, उनसे इतनी अपनाइयत महसूस होने लगी थी कि उनसे पहली मुलाक़ात भी ऐसे हुई जैसे एक ही कुन्बे के दो लोग किसी पेड़ के नीचे खड़े होकर बात कर रहे हों।

यूँ तो महबूब राही ने नज़्म और नस्र दोनों में अपने क़लम को आज़माया और बहुत तेज़ शेर कहने के मामले में किसी हद तक बदनाम भी हैं लेकिन यह ज़ूदगोई क़भी कोई अज़ीम शायर पैदा नहीं कर सकती। कई ख़ूबसूरत लफ़्ज़ तन्क़ीद की झूठी कसौटी की वजह से अपनी अहमियत खो बैठते हैं। मिसाल के तौर पर अज़ीम, मुस्तनद, मुनफ़रिद, लबो लहजा, नया मंज़रनामा जैसे और भी कई बेचारे लफ़्ज़ हैं जिनको हमारी अदबी तन्क़ीद ने *चना जोर गरम* की तरह इस्तेमाल करके बहुत बेवक़अत और मज़हकाख़ेज़ (हास्यास्पद) बना दिया है। मुमकिन है महबूब राही बड़े शायर न हों लेकिन अव्वल तो शायरी का फ़ैसला इलेक्शन के नतीजों की तरह फ़ौरन नहीं आ सकता है, दूसरी बात यह है कि नमाज़ में सलाम फ़ेरते ही वही (ईशवाणी) का इन्तिज़ार करने वाले अब मज़हब से ज़्यादा अदब में शामिल हो चुके हैं। इसीलिए किताब मंज़रे आम पर आने से पहले ही तन्क़ीद और तब्सिरे का मरज़ आम हो चुका है। जिस तरह सियासत में वज़ीर हज़रात Public का कोई काम करें या न करें लेकिन Party वालों का हर काम बख़ूबी और फ़ौरन कर देते हैं। उसी तरह अदब में तख़लीक़ की पज़ीराई हो चाहे न हो लेकिन तन्क़ीद को फ़ौरन पहली सफ़ में जगह मिल जाती है। मोटे-मोटे अल्फ़ाज़, कई सौ तन्क़ीदी मज़ामीन के उगले और थूके हुए जुमले, कई दर्जन झूठे सच्चे अंग्रेज़ी अदब के हवाले से एक अच्छे ख़ासे शायर को गुमराह और बहुत से शायरों को एहसासे बरतरी (Superiority Complex) में मुब्तिला कर देते हैं।

दुनिया यही दुनिया है तो क्या याद रहेगी

महबूब ग़ौरी का मुहम्मद बिन ग़ौरी से कोई रिश्ता है या नहीं मुझे इसका क़तई इल्म नहीं है लेकिन उनसे मेरे बयक वक्त (एक ही वक़्त) में कई रिश्ते हैं। पहला रिश्ता तो यह है कि हिन्दुस्तान उनका मादरे वतन है, दूसरा रिश्ता यह है कि उनकी अम्मी मुझे बेटों की तरह अज़ीज़ रखती हैं, तीसरा रिश्ता यह है कि वह शायरी के रसिया हैं और चौथा रिश्ता यह है कि वह सचमुच मेरे महबूब जैसे हैं। यूँ तो कराची में मेरा पूरा ख़ानदान मौजूद है लेकिन वह मुझे सबसे उधार माँग लेते हैं और फिर अपने हिसाब से ख़र्च करते हैं। असली दौलत तो वही है जो फ़राख़ दिली से ख़र्च की जाती है, तिजोरियों और ग़ैर मुल्की खातों में महफ़ूज़ दौलत तो उस अनाज की तरह होती है जो क़ह्तज़दा (दुर्भिक्षग्रस्त) मुल्कों के गोदामों में सड़ जाती है।

2008 के मुशायरों में शिरकत की ग़रज़ से उन दिनों मैं कराची में था। ग़ालिबन शुमाली (उत्तरी) नाज़िमाबाद के पास से हम लोग गुज़र रहे थे। अचानक महबूब ग़ौरी के मोबाइल ने गुनगुनाना शुरू कर दिया। उन्होंने मोबाइल ऑन करके कुछ बात की फिर मोबाइल फ़ौरन ही मेरी तरफ़ बढ़ा दिया। दूसरी तरफ़ से कोई साहब पूछ रहे थे कि मुनव्वर भाई, क्या आपने मुझे पहचाना? मैं एक लम्हे के लिए ख़ामोश रहा और फिर फ़ौरन ही पूछा कि क्या हाल हैं कैप्टन क़मर? उधर से बात करने वाला ग़ालिबन हैरत के समन्दर में डूब चुका था। काफ़ी मशक़्क़त के बाद जब वह किनारे पर आया होगा तो उसने हैरत भरे लहजे में कहा कि आपको मेरी आवाज़ से मुसीब भाई की ख़ुशबू आ रही थी। क़मर मलिक ने पूछा कि आप कराची क्लब के मुशायरे में किस वक़्त पहुँचेंगे। मैंने उसे बताया कि मुझे कराची क्लब पहुँचने में तक़रीबन आधा घण्टा लग जायेगा। कैप्टन ने कहा कि यूँ तो रास्ते में मेरा घर पड़ता है लेकिन चूँकि मुशायरे का वक़्त हो रहा है लिहाज़ा मैं वहीं कराची क्लब में आपसे मिलने के लिए हाज़िर हो रहा हूँ, साथ ही यह भी पूछा कि आपके लिए कुछ लाना हो तो बता दीजिए। मैंने कहा कि मियाँ बस आप आ जायें।

कराची क्लब मैं उस वक़्त पहुँचा जब मुशायरा शुरू हो चुका था। मेरे देरीना (पुराने) करम फ़रमा अफ़ज़ाल सिद्दीक़ी ने मुझे सीधे स्टेज पर पहुँचा दिया। मैंने रोज़नामा *'जंग'* के सहाफ़ी (पत्रकार) अख़्तर सईदी के पास ही बैठकर, लॉन में बैठे

हुए मुअज़्ज़िज़ सामिईन (प्रतिष्ठित श्रोतागण) पर नज़र दौड़ायी लेकिन किसी भी फ़सीले रुख़ (चेहरे की दीवार) पर ख़ानदाने मुसीब का रौशन दिया रखा दिखाई नहीं दिया। मैं दिल ही दिल में सोचने लगा कि सोलह-सतरह बरस बहुत होते हैं, मुमकिन है कि मेरी याददाश्त भी बूढ़ी हो चुकी हो लेकिन दिल ने आगे बढ़कर फ़ौरन तसल्ली दी कि नहीं, नहीं! तुम्हारी आँखें अभी तुम्हारी ही आँखों की तरह हैं। इतनी आसानी से कोई चेहरा या किसी आवाज़ का चेहरा तुम्हारे ज़ेह्न से नहीं निकल सकता। अभी दिलो निगाह की तरफ़ से कोई यक़ीनी आहट होती कि दाख़िले वाले गेट पर मुझसे उम्र में बहुत कम लेकिन तक़रीबन मेरे ही तनोतोश (डील डौल) वाले एक शख़्स पर निगाह गयी। एक शनासा (जानी-पहचानी) चमक शायद दोनों तरफ़ से एक दूसरे से गले मिलने की कोशिश कर रही थी। मैं बड़ी ख़ामोशी से स्टेज से उतरकर सामिईन की नज़रों से बचता-बचाता मैदान के आख़िरी हिस्से में पड़ी कुर्सियों के पास आ गया। कैप्टन क़मर मेरे गले लगना चाह रहे थे और शायद मैं भी यही चाह रहा था। गले मिलने के बाद हम लोग वहीं ख़ाली कुर्सियों पर बैठ गये। उन्होंने गोल्ड लीफ़ सिगरेट का एक छोटा कार्टन मेरी गोद में रख दिया। वह पाकिस्तान के क़ौमी लिबास यानी पठानी सूट में थे लेकिन अब वह कैप्टन से तरक़्क़ी करके कर्नल हो चुके थे। हालाँकि सीने पर सजे सितारों की ज़्यादती ने चाँद का चेहरा अब थोड़ा-सा धुँधला कर दिया था। वह शोख़ और शरारती कैप्टन क़मर कहीं लाहौर और कराची के रास्ते में गुम हो चुका था। मुसीब भाई से जुड़ी यादों की गठरियाँ खुल गयीं, तक़रीबन डेढ़ घण्टे तक मैं कैप्टन क़मर के पास बैठा बातें करता रहा। मुशायरा नयी कहानी लिखने में मशगूल था और हम लोग पुरानी तारीख़ के पन्ने उलट रहे थे। कैप्टन क़मर ने मुसीब भाई के सिलसिले में पाकिस्तानी शायरों और अदीबों के सर्द रवैये और ख़ुदग़र्ज़ियों का क़िस्सा छेड़ दिया। उन्हें ख़ास तौर से लाहौर के शायरों और अदीबों से बेइन्तिहा शिकायतें थीं। मैं उनकी गुफ़्तगू के आईने में हिन्दुस्तान के शायरों और अदीबों के ख़ुदग़रज़ चेहरे तलाश कर रहा था। मुशायरा कमेटी वालों की तरफ़ से बार-बार मेरा बुलावा आ रहा था। मैंने कैप्टन क़मर से उनका प्रोग्राम पूछा, वह हँसते हुए बोले कि मैं तो सिर्फ़ आपसे मिलने के लिए आया हूँ। मुसीब भाई के इन्तिक़ाल के बाद पहली बार मैं शायरों की सूरत देख रहा हूँ और इस वक़्त मैं कितने कर्ब (पीड़ा) से गुज़र रहा हूँ आप अन्दाज़ा भी नहीं लगा सकते, यूँ भी कल सवेरे मुझे इस्लामाबाद जाना है।

नतीजा यह हुआ कि उनके सारे ख़ानदान को शायरों के नाम से नफ़रत हो गयी। अब तो न वो शेर पढ़ना चाहते हैं और न सुनना बल्कि वह लोग तो अब किसी भी शायर की सूरत तक देखना नहीं चाहते। हालाँकि शायरी उनके ख़ानवादे (घराने) के लिए इबादत की तरह थी और शायर फ़रिश्तों जैसे... वह भी दस-बीस बरस से नहीं, तक़रीबन डेढ़ सदी से यह ख़ानवादा लाहौर के उन उर्दू बोलने वालों

में था जिनके घरों में पंजाबी बोलने की इजाज़त सिर्फ़ इसलिए नहीं थी कि इस ज़बान में इतनी करख़्तगी (सख़्ती) है कि यह माँ-बहनों के सामने नहीं बोली जा सकती। अल्लाह-अल्लाह! उर्दू से यह इश्क़ तो अल्लामा इक़बाल और फ़ैज़ अहमद फ़ैज़ का नसीब भी नहीं बन सका।

यह वही ख़ानवादये आशिक़ाने शेरो अदब है जिसके एक रौशन चराग़ का नाम मलिक मुहम्मद मुसीबुर्रहमान था। वह अपने अन्दर की उथल-पुथल और ज़िन्दगी की बेकैफ़ी (फीकेपन) से तंग आकर कभी-कभी शेर भी कहते थे लेकिन बस यूँ ही! जैसे बहुत से लोग बेचैनी के आलम में खून की उल्टी कर देते हैं और फिर रफ़्ता-रफ़्ता उनको सुकून होता चला जाता है। शायद इसी कर्ब और तकलीफ़ से गुज़रते हुए शाकेब जलाली ने यह शेर कहा होगा :

जो दिल का ज़हर था काग़ज़ में सब उँडेल दिया
फिर उसके बाद तबीयत मेरी सँभलने लगी

तक़रीबन सत्तरह बरस पहले दोहा, क़तर में सुलेमान देहलवी का मुशायरा था। इस मुशायरे में वाली भाई के साथ मैं भी था। राज़ इलाहाबादी मरहूम की कामयाबी ने इस मुशायरे में हर ऊँचाई की पेशानी को चूम लिया था। सुलेमान भाई के सरपरस्तों में मुसीब भाई ही हुआ करते थे बल्कि शायरों के खाने और ठहरने का इन्तिज़ाम जिस होटल में रहता था उसके मालिकान लाहौर के रहने वाले थे। वह लोग मुसीब भाई के बहुत बेतकल्लुफ़ और देरीना दोस्त भी थे। दोहा, क़तर हम और वाली भाई पहली बार आये थे। मुशायरे के दूसरे दिन मुसीब भाई से होटल शीज़ान में बड़ी तफ़्सीली मुलाक़ात हुई। मुसीब भाई यारबाश क़िस्म के आदमी थे और वाली भाई तो हमेशा के यारों के यार थे। वाली भाई की याददाश्त का यह आलम था कि वह कुछ भूलते ही नहीं थे और मुसीब भाई का यह मामला था कि :

आपने याद दिलाया तो मुझे याद आया

मुलाक़ात जब तफ़्सील की गहराई तक पहुँची तो यादों के बहुत-से लाल और जवाहर भी हाथ लग गये। मसलन मुसीब भाई के वालिद से वाली भाई के वालिद मौलाना अब्दुल बारी आसी के इतने गहरे मरासिम (ताल्लुक़ात) थे कि मौलाना लाहौर में उन्हीं के घर पर क़याम करते थे। उनके ख़ानवादे ने मीर तक़ी मीर को मुसीब भाई के घर में बज़रिये शर्ह (व्याख्या के माध्यम से) नहीं बल्कि बज़बाने मौलाना सुना और समझा था। मुसीब भाई के घर में किसी ने भी लखनऊ देखा नहीं है लेकिन उनके घर का बच्चा-बच्चा लखनऊ को टटोलकर पहचान सकता था। लखनऊ उन लोगों को मौलाना की ज़बानी अज़बर (कंठस्थ) हुआ था। मौलाना की दर्जनों किताबें मुसीब भाई के वालिद की छोटी-सी ज़ाती (निजी) लाइब्रेरी में मौजूद थीं।

यह था दूसरी नस्ल के इश्क़ का पहला कामयाब तरीन दिन, यह थे दो ख़ूबसूरत लम्हात जब माज़ी की किताबें खोले हुए दो मोहब्बत करने वाले एक नयी कहानी लिखने की तैयारी कर रहे थे।

वाली भाई को शेर सुनने का शौक़ और मुसीब भाई को शेर की रूह में उतरने का नशा, लेकिन उन दिनों तक मुसीब भाई शेर की रूह में उतरने के लिए किसी नशे का सहारा नहीं लेते थे क्योंकि शेर की रूह में उतरना ही ऐसा नशा है जिसे कशीद (निचोड़) करके दुनिया का हर नशा बनाया जा सकता है।

वाली भाई और मुसीब भाई की इस मुलाक़ात का सिलसिला तीन दिनों तक चला। रात तो दिन के साथ अल्लाह ने इंसान को स्कीम में दी है लिहाज़ा इसका शुमार करना ज़रूरी नहीं होता, हाँ! इसका इस्तेमाल करने वाले ही क़लन्दर और सूफ़ी कहलाते हैं। मेरी हैसियत भी उन लोगों के दरम्यान मुस्तहकम (मज़बूत) थी लेकिन पुरानी फ़िल्मों के हीरो के भाई जैसी... हालाँकि मुसीब भाई भी बहुत जल्द मेरी ज़िहानत के क़ायल हो गये थे लेकिन मेरी फ़रमाँबरदार ख़ामोशी से दोनों हज़रात बहुत बोर होते थे लिहाज़ा उनकी गुफ़्तगू में मेरी दख़लअन्दाज़ी वैसे ही ज़रूरी थी जैसे अदब में झूठी तारीफ़ ज़रूरी होती है। मैं अपनी इस नौकरी से थक जाता तो मुझे ताज़ा दम करने के लिए एकाध बेचारे मुर्ग़े को बेदम कर दिया जाता था। अब पता नहीं मुर्ग़ों की क़ुर्बानी के गुनाह का मुरतकिब (मुजरिम) कौन हुआ होगा।

सदी की कई दहाइयों (दशकों) की कहानी को मुख़्तसर करके इसे सिर्फ़ तीन दिनों में मुकम्मल करने की भरपूर कोशिश की गयी लेकिन इश्क़, कैंसर और माज़ी से छेड़छाड़ मुनासिब नहीं होती यह तीनों ही मरज़ जान लिए बग़ैर पीछा नहीं छोड़ते और हुआ भी आख़िर वही। लखनऊ की मिट्टी ने अपने बेटे को बहला-फुसलाकर अपनी आग़ोश में सुला दिया, उधर लाहौर की मिट्टी ने अपने मुद्दत से बिछड़े हुए बेटे को क़तर से बुलाकर अपने सीने से लगाकर सो जाने का हुक्म दे दिया... फ़रमाँबरदार बेटा मादरे वतन की ख़ाक से लिपटकर यूँ सो गया कि :

जगा रहा है ज़माना मगर नहीं खुलतीं
कहाँ की नींद इन आँखों में आ के बैठ गयी

कहाँ वह रतजगों का शोर कि लखनऊ, लाहौर और दोहा के जलते हुए चराग़ असराफ़े बेजा (फ़िज़ूल ख़र्ची) मालूम होते थे और कहाँ इतना अँधेरा कि ख़ुद शबोरोज़ भीख का प्याला लिए चराग़ों की दुकानों पर खड़े रहते हैं। किसी ने सच कहा है कि यादों के तीर बहुत ज़हरीले होते हैं। ज़ख़्म तो भर जाते हैं लेकिन ज़हर का असर कभी नहीं जाता। वाली भाई और मुसीब भाई तो ज़िन्दगी की डोर बेदर्दी से ख़र्च करके पतंगबाज़ी के मैदान से बाहर निकल गये लेकिन हम जैसे बीमार चराग़ों को यादों की मुँडेर पर जलते रहने के लिए छोड़ गये हैं जिनसे हवाएँ और उमस दोनों ही छेड़खानी और अठखेलियाँ करती रहती हैं। यादों की इसी अँगनाई में मजलिसे फ़रोग़े उर्दू अदब, दोहा की बुनियादी ईंट रखी गयी थी :

तामीर की हर ईंट पे लिक्खा है मेरा नाम
दीवार मगर आपसे मंसूब हुई है

यूँ तो अब मेरी याददाश्त ने मुझसे भी थोड़ी बहुत बेवफ़ाई शुरू कर दी है लेकिन इतनी बेवफ़ाई तो इंसानी जिबिल्लत (जन्मजात स्वभाव) में शामिल है। यादों का नज़रें चुराना और आपका परेशान हो जाना... दरअस्ल ये बुढ़ापे की छेड़छाड़ है और इसका मज़ा भी बुढ़ापा ही ले सकता है। बहरहाल मजलिसे फ़रोग़े अदब की तश्कील (रचना) में जो लोग उन दिनों पेश-पेश थे उनमें सबसे ज़्यादा ज़िम्मेदार शख़्सियत मोहम्मद अतीक़ साहब की थी बल्कि मजलिसे फ़रोग़े उर्दू अदब का तसव्वुर भी अतीक़ साहब के बग़ैर नहीं किया जा सकता, जिसका सबसे बड़ा सुबूत तो यही है कि रिटायरमेंट की ज़िन्दगी गुज़ारने के बावजूद अतीक़ भाई मजलिस के बारे अदब को अमानत की तरह उठाये हुए हैं। मजलिस के नक्शे को बुनियादी ईंट तक लाने वालों में ख़ालिद दाद ख़ाँ और जलील निज़ामी भी शामिल थे। ज़ाहिर है कि सर्वेसर्वा तो मुसीब भाई थे। मजलिसे फ़रोग़े अदब की बुनियाद पड़ते ही मुख़ालिफ़त की आँच भी हर तरफ़ से तेज़ होने लगी। मुक़ामी तंज़ीमों (स्थानीय कमेटियों) ने अपने एहतिजाज की लय बढ़ा दी। फ़ितरी (स्वाभाविक) तौर पर सुलेमान देहलवी को सबसे ज़्यादा तकलीफ़ हुई थी लेकिन उन्होंने कभी खुलकर इसका इज़हार नहीं किया। इन्हीं मुलाक़ातों में मजलिस के पहले मुशायरे की तारीख़ भी तय हो गयी और उसका बाक़ायदा एलान भी कर दिया गया।

कई दिनों के क़याम के बाद वाली भाई कामयाबी और कामरानी के नये संगेमील बनाते हुए लखनऊ वापस आये। उनकी दुकान मकतबये दीनो अदब बाज़ाब्ता तौर पर मजलिसे फ़रोग़े उर्दू अदब, दोहा का हिन्दुस्तानी दफ़्तर बन गया जहाँ ख़याली पुलाव की डेग हर वक़्त चढ़ी रहती थी। मकतबये दीनो अदब के बराबर में ही सरदार जी का पी॰सी॰ओ॰ था। वाली भाई के तमाम फ़ोन उन्हीं के यहाँ आते थे। उस वक़्त तक वाली भाई के घर पर फ़ोन नहीं लगा था। मोबाइल की बिदअत (नया रिवाज) भी शुरू नहीं हुई थी। बेचारे सरदार जी एक पाँव से लँगड़ाते भी थे इसके बावजूद वह दिन भर दौड़-दौड़कर वाली भाई को उनके फ़ोन की ख़बर देते थे। वह लोग बेचारे लखनवी सरदार थे शायद इसीलिए ख़ँदापेशानी (खुशमिज़ाजी) के साथ यह तकलीफ़ उठाते थे। अगर कहीं पंजाब वाले सरदार होते तो वाली भाई की दुकान खुलते ही अपनी दुकान बन्द करके चले जाते। दिन भर ही मुसीब भाई के फ़ोन आते रहते। मजलिसे फ़रोग़े उर्दू अदब का पहला मुशायरा ही संगेमील साबित हुआ। उस पहले मुशायरे की निज़ामत इस ख़ाकसार के हिस्से में आयी थी। खुमार बाराबंकवी, मंज़र भोपाली, सईद अख़्तर निज़ामी, मोहतरमा तस्नीम सिद्दीकी, अंजुम रहबर, रईस अंसारी, वाली आसी और दो तीन पाकिस्तानी शायर भी इस मुशायरे में शरीक थे। कुछ मुकामी शायरों को भी क़तर की अदबी सियासत के पेशे नज़र मुशायरे की फ़ेहरिस्त में शामिल किया गया। उस मुशायरे की इन्तिज़ामिया (प्रबन्ध कमेटी) को चुस्त-दुरुस्त रखने में सबसे बड़ा रोल मोहम्मद अतीक़ देहलवी का था जो उन दिनों

क़तर बैंक में जनरल मैनेजर हुआ करते थे। पहले ही मुशायरे से मजलिसे फ़रोग़े उर्दू अदब के इस मुशायरे को माहौल और मीडिया ने रेगिस्तान का सबसे बड़ा अदबी फूल क़रार दिया था। यूँ तो दुबई में सलीम जाफ़री ने ऐसे मुशायरों का संगे बुनियाद रखा था। मजलिसे फ़रोग़े उर्दू अदब के मुशायरे को फ़य्याज़ी, दरिया दिली, सख़ावत और बेइन्तिहा मेहनत के बल पर दुनिया का सबसे बड़ा अदबी मेला मान लिया गया था। मुसीब भाई ने शादी-ब्याह किया नहीं था, अपनी सालाना आमदनी का बड़ा हिस्सा जो तक़रीबन पन्द्रह लाख होता था इस मुशायरे के तमाशे में फूँकने लगे। रफ़्ता-रफ़्ता पूरी उर्दू दुनिया ख़ास तौर से हिन्दुस्तान और पाकिस्तान के शिकारी क़िस्म के शायरों और अदीबों के इस अदबी पतंग पर लंगड़बाज़ी शुरू कर दी। इधर ख़ुशामदी और कासा बदस्त शायरों और अदीबों की भीड़, उधर मुसीब भाई जैसा लँगोटी में फाग खेलने वाला क़लन्दर... लिहाज़ा मुशायरा और सेमिनार तो साल में एक बार होता था लेकिन शायरों और अदीबों की टोलियाँ साल भर मुसीब भाई को क़तर में घेरे रहती थीं। इस ख़तरनाक बिरादरी ने तो जब ख़ालिद बिन वलीद की तारीफ़ें करके उन्हें हज़रत उमर के ज़रिये माजूल (निलम्बित) करा के ही दम लिया था तो बेचारे मुसीब भाई की क्या बिसात थी। न तो वह फ़ौजी थे और न इतने दीनदार, वह तो बेचारे खुले-ढले लाहौर के पंजाबी थे। अपनी दुनिया और अपने ख़यालों में हमेशा मगन रहने वाले, बहुत जल्द ग़मगीन हो जाने वाले, बहुत जल्द जज़्बाती, बहुत जल्द रूठ जाने वाले और उससे भी जल्दी मना लेने पर मान जाने वाले। उनका शौक़ किताबें पढ़ना था, टेपरिकार्डर और रेडियो पर मशहूर गुलूकारों (गायकों) की ग़ज़लें सुनना था और क़तर की एक बड़ी कम्पनी में अफ़सरी की ज़िम्मेदारी निभाना था। न उन्हें खाने का कोई ख़ास शौक़ था न कपड़ों और गाड़ियों का। उन्हें तो शौक़ था नये शायरों की मदद करने का, उनको अदबी मशविरे देने का और अपने ड्राइवर मजीद के बाल-बच्चों का ख़याल रखने का। कहाँ क़तर, कहाँ हैदराबाद दकन। कहाँ हिन्दुस्तान, कहाँ पाकिस्तान, कहाँ दोस्त मुल्क, कहाँ दुश्मन मुल्क लेकिन इंसानियत और रवादारी के अपने मुल्क होते हैं, अपनी सियासतें होती हैं, अपने क़ानून होते हैं और मुसीब भाई भी इसी तरह के एक मुल्क के एक बाविक़ार शहरी थे।

उमूमन यही देखा गया है कि ऐसे सीधे सादे लोग ख़ुशामदियों, मुसाहिबों और इसी क़िमाश (क़िस्म) के दूसरे लोगों के जाल में इतने जकड़ जाते हैं कि फिर उनकी वापसी मरने के बाद ही होती है। मुसीब भाई के साथ भी बिल्कुल यही सब हुआ। बीमार तो वह पहले से रहते थे लेकिन शुरू-शुरू में आम मरीज़ों की तरह एहतियातन दवाएँ खाते थे। फिर रफ़्ता-रफ़्ता दवाओं की ख़ुराक बढ़ने लगी और खाना कम होने लगा। फिर वह वक़्त भी आया जब उनकी हथेली की गहराई दवाओं के लिए छोटी पड़ने लगी। बीमारियाँ रिश्तेदार न होते हुए भी एक मुद्दत तक मरीज़ से हमदर्दी

रखती हैं लेकिन बीमारियों के पास दवा की दुकानें तो होती नहीं हैं लिहाज़ा बीमारी और दवा की दुकान का फ़ासला बढ़ता जाता है और फिर एक ऐसा वक़्त भी आता है जब दवा की दुकान इबादतगाह की तरह महसूस होने लगती है लेकिन इबादतगाह होती नहीं है। उस वक़्त तक बहुत देर हो चुकी होती है। मुसीब भाई से पहली मुलाक़ात सुलेमान देहलवी के मुशायरे में उस होटल में हुई थी जिसका नाम शीज़ान होटल था। यह मुलाक़ात एक घण्टे या दो घण्टे की नहीं थी। यह मुलाक़ात तक़रीबन तीन दिनों की थी। दूसरी मुलाक़ात क़तर में उन्हीं के उस मुशायरे में हुई जिसमें कालीदास गुप्ता रज़ा को एवार्ड से नवाज़ा गया था। उस मुशायरे में मेरी अहलिया (पत्नी) भी मेरे साथ मेरी हमराह थीं। फिर उसके बाद उनसे मुद्दतों मुलाक़ात नहीं हुई। एकाध बार हस्बे आदत मैं मजलिसे फ़रोग़े उर्दू अदब, दोहा के मुशायरे में नहीं गया, फिर नयी कमेटी वालों ने भी मुझे बुलाना छोड़ दिया क्योंकि अब उस पर मुसीब भाई का अख़्तियार बरायेनाम (नाम मात्र को) रह गया था। कुछ बरसों बाद कमेटी वालों को मेरी याद आयी होगी लेकिन तब तक क़तर, मजलिसे फ़रोग़े उर्दू अदब का मुशायरा और उसकी यादें सब की सब दिन के निहाँख़ाने (गहरे हिस्से) में अपने आप जलकर राख हो चुकी थी।

चूँकि मजलिस फ़रोग़े उर्दू अदब की बुनियाद टूटे-बिखरे चन्द लोगों ने रखी थी, उसकी बुनियाद के पेशे नज़र न दौलत कमाने की हवस थी, न शोहरत के उड़नखटोले पर बैठने का शौक़ था। उसे तो एक ऐसी चौपाल की सूरत बनाया गया था जहाँ बिछड़े हुए हिन्दो-पाक के शायर और अदीब एक दूसरे से गले लगकर रोयें, अपने टूटे हुए दिलों के क़िस्से सुनायें, एक दूसरे के आँसू पोंछें, एक दूसरे के दुःख-दर्द में एक साथ खड़े दिखाई दें, अपना ग़म सुनायें और सुनने वालों को अपनी फ़क़ीराना रविश पर चलने की नसीहत करें...और इस तरह शायद हम एक ऐसी तंज़ीम बना सकें जो कभी हिन्दो-पाक एत्तिहाद में अहम् रोल अदा करने के लिए बाक़ायदा और बइज़्ज़त तरीक़े से मदऊ (आमन्त्रित) की जाये। लेकिन *अगर सब ख़्वाब सच्चे होते तो काहे को मकान कच्चे होते*। ख़्वाब ख़्वाब ही होते हैं, उन्हें देखने की इजाज़त नींद में डूबी सभी आँखों को है लेकिन ताबीर (स्वप्न का यथार्थ) के ज़रिये सबका नसीब यूसुफ़ और जुलेख़ा जैसा हो जाये ऐसा कभी नहीं होता और ऐसा कभी हो भी नहीं सकता। मजलिसे फ़रोग़े अदब और मुसीब भाई की सख़ावत और दरिया दिली का चर्चा इतना आम हुआ कि हर शायर और अदीब के ख़्वाब में क़तर की चमक-दमक, मुसीब भाई की अदब दोस्ती, मुसीब भाई की करम फ़रमाइयाँ, मुसीब भाई की सख़ावत हर शब आने लगी। मुसीब भाई की बन्द मुट्ठी किसी भी शायर और अदीब की जेब भरने के लिए हमा वक़्त (हमेशा) तैयार रहती थी। पैसों में आग लगाने का मुहावरा मैंने बहुत सुना था लेकिन मुसीब भाई ने तो अपनी सेहत, अपनी नौकरी और अपनी कुल जमा पूँजी में भी आग लगा दी थी।

मुसीब भाई का घराना बहुत दीनदार तो नहीं था लेकिन परहेज़गार (बुराइयों से बचने वाला) बहुत था। ख़ुदा और उसके रसूल के इश्क़ में सारा घराना हर लम्हे गिरफ़्तार रहता था। अब मजलिसे फ़रोग़े उर्दू अदब सिने बुलूग़ियत (वयस्कता की उम्र) की तरफ़ तेज़ रफ़्तारी से बढ़ने लगी थी। उसके चेहरे की मलाहत (सलोना पन) आने-जाने वालों का रास्ता रोकने लगी थी। उसकी आवाज़ में जाते हुए को वापस बुला लेने का जादू सिमट आया था। अब मजलिसे फ़रोग़े उर्दू अदब के मकान में अदब के तजरुबेकार ऐश पसन्दों के ढेले आने लगे थे। रफ़्ता-रफ़्ता यही अदबी ढेले फ़ेंकने वाले मजलिस की कमेटी में और फिर रफ़्ता-रफ़्ता मुसीब भाई की ज़ाती ज़िन्दगी में दाख़िल होते चले गये। बैरम ख़ाँ को हज पे भेज दिया गया, अबुल फ़ज़्ल को दतिया के राजा ने जंगल में घेरकर क़त्ल करवा दिया, जहाँगीर अपनी नूरजहाँ के हाथों में कबूतर देकर ज़ंजीरे अद्ल (इंसाफ़ की ज़ंजीर) के पास जाकर चुपचाप बैठ गये। नूरजहाँ मह्र के तौर पर हिन्दुस्तान आने वाले हर ईरानी के लिए जागीरों का इन्तिज़ाम करने में मसरूफ़ हो गयी, जिसका नतीजा यह हुआ कि हिन्दुस्तान में इस्लाम भी ईरान की वादियों से गुज़रकर आने लगा। सदियों से एहसासे बरतरी (Superiority Complex) के शिकार ईरानियों ने अपनी छलनी से छान-फटककर इस्लाम को हिन्दुस्तानियों के हवाले किया। अरबी हिन्दुस्तान में इसलिए कभी मक़बूल (लोकप्रिय) नहीं हो सकी कि ईरानियों ने अरबी को भी फ़ारसी के जुज़दान (बस्ते) में रखकर हिन्दुस्तान रवाना किया था।

कमोबेश यही सूरतेहाल मजलिसे फ़रोग़े उर्दू अदब की भी हुई। मैंने ऊपर कुछ अलामती या मुबहम (प्रतीकात्मक या गोलमोल) गुफ़्तगू यूँ कर डाली कि क़ारिईन को मुझे तवालत (विस्तार) से बचाना भी मक़सूद है और पर्दा नशीनों की चिलमन को हाथ लगाये बग़ैर गुज़रना भी है। हालाँकि यह एहतियात मेरे मिज़ाज के ऐन ख़िलाफ़ है लेकिन उम्र की 59वीं सीढ़ी पर खड़े होकर नया महाज़ (मोर्चा) खोलने की सकत (ताक़त) नहीं रह जाती है।

दर्जनों शायरों और अदीबों ने क़तर में मुसीब भाई के घर और होटल शीज़ान को ट्रांज़िट एरिया बना लिया था। इन दानिशवराने अदब को कहीं भी जाना होता तो क़तर होकर जाते, कहीं से भी हिन्दुस्तान या पाकिस्तान वापस आना होता तो भी क़तर में मुसीब भाई की छतरी पर ज़रूर बैठते, दो चार दिन क़याम करते, अपनी ज़रूरतें बताते, अपनी फ़रमाइशें गिनाते और ग़ीबत के शेयर बाज़ार में ज़बर्दस्त उछाल लाते हुए अपने घर को रवाना हो जाते।

इस अचानक भीड़ में मुसीब भाई और ज़्यादा तन्हा होते चले गये... इतने तन्हा कि हफ़्तों कमरे में क़ैद रहकर दरो दीवार से गुफ़्तगू करते, फ़ोन और मोबाइल बन्द कर देते। किसी को भी उनके ज़ाती बेडरूम में जाने की इजाज़त नहीं थी क्योंकि वहाँ अब सिर्फ़ शराब और सोडे की बोतलें बिखरी होतीं, सिगरेट की खाली डिब्बियाँ

चेचक की तरह फ़र्श के चेहरे पर दिखाई देतीं। शराब, सिगरेट और मुट्ठी भर दवाओं के सहारे वह आदमी जीने पर मजबूर कर दिया गया था जो महफ़िल में ही जीना और मरना चाहता था। वह अपने घर, ख़ानदान और रिश्तेदारों से भी दूर होते चले गये। यह बात शायद घर के अलावा बाहर के किसी भी शख़्स को न मालूम हो कि मजलिसे फ़रोग़े उर्दू अदब मुसीब भाई और वाली भाई की दोस्ती की बुनियाद पर क़ायम हुई थी। इसका दूसरा कोई भी मक़सद नहीं था। वाली भाई को मुसीब भाई हमेशा अपने बड़े भाई की तरह समझते थे। वाली भाई पर उनके एतबार का यह आलम था कि मुशायरे से एक दिन पहले ही हज़ारों रियाल वाली भाई की तहवील में दे देते थे। एक मोबाइल वाली भाई के पास मुशायरे के दौरान हमेशा रहता था ताकि किसी शायर को परेशानी या तकलीफ़ न होने पाये। मुशायरा ख़त्म होने के बाद शायरों को उनका नज़राना उनकी तवक़्क़ोआत (उम्मीदों) से ज़्यादा दिया जाता था। मैंने क़तर के किसी भी मुशायरे में शायरों को नाशुक्री करते नहीं देखा। हिसाब-किताब मुकम्मल होने के बाद वाली भाई जब बक़ाया वापस करना चाहते तो मुसीब भाई हँसकर उनकी बात टाल जाते थे। मैंने कभी भी मुसीब भाई को वाली भाई से बची हुई रक़्म वापस लेते नहीं देखा। कभी-कभी यह रक़्म पचास साठ हज़ार हिन्दुस्तानी रुपयों के बराबर भी होती थी। ज़ाहिर है कि जब मुसीब भाई वाली भाई के चेहरे में मौलाना अब्दुल बारी आसी को देख रहे थे तो उन्हें मौलाना अब्दुल बारी आसी के चेहरे में अपने वालिद की शबीह (मिलती-जुलती आकृति) भी नज़र आती रही होगी और कोई भी लायक़ और ख़ानदानी भाई अपने भाई से रुपये-पैसे का हिसाब कभी नहीं करता।

सुलेमान देहलवी के अड़ियल रवैये की वजह से वाली भाई की सरपरस्ती में इस तंज़ीम की बुनियाद रखी गयी थी कि इसके लिए दौलत तो यक़ीनन मुसीब भाई की ख़र्च होती थी लेकिन वाली भाई क़तर के इस मुशायरे के लिए पूरे साल मेहनत करते थे। हिन्दुस्तान में इस तंज़ीम को एक अच्छी और साफ़ सुथरी तंज़ीम का दर्जा दिलाने में वाली भाई की अनथक कोशिशें शामिल थीं लेकिन जैसा उमूमन होता है, वही हुआ भी यानी दोहा क़तर के इस मुशायरे को लाहौर और देहली के शायरों और अदीबों ने जी भर के लूटा :

मुहाजिरीन को अंसारियों ने लूट लिया
जो बच गये उन्हें पंजाबियों ने लूट लिया

ये अजीबो ग़रीब बात है कि दुनिया की कमोबेश हर ज़बान के बोलने वाले अपनी ज़बान के सिलसिले में बड़े क़दामत पसन्द (परम्परावादी) और मुतास्सिब (साम्प्रदायिक) होते हैं लेकिन उर्दू ज़बान की यह पैदाइशी बदनसीबी है कि उसके बोलने वाले हमेशा एक दूसरे को नीचा दिखाने और अपनी ज़बान को नुक़सान पहुँचाने में लगे रहते हैं। यहाँ भी बिल्कुल ऐसा ही हुआ। लाहौर के पंजाबी, देहली के मुहाजिर नुमा पंजाबी और बक़िया रंगे हुए पंजाबियों ने मुसीब भाई को आँधी के बेर समझकर अपने-अपने दामन में भरना शुरू कर दिया।

एक ज़माने तक मुसीब भाई से फ़ोन पर मेरी भी हफ़्ते में कई बार घण्टों बातें होती थीं लेकिन रफ़्ता-रफ़्ता मुसीब भाई को उर्दू के आलमी कहलाने वाले दानिशवरों और शायरों ने पूरी तरह से अपनी गिरफ़्त में ले लिया था। मुसीब भाई को लुटने में जितनी ख़ुशी महसूस होती थी और मज़ा आता था उतना मज़ा लूटने वाले को भी न आता रहा होगा। एक बैनुल अक़वामी (अन्तर्राष्ट्रीय) सतह के शायर और दानिश्वर से उन्होंने कई शायरों की मौजूदगी में पूछा कि आपकी *सवानेह* (जीवनी) का *तीसरा हिस्सा* कब तक आ रहा है। वह साहब इधर-उधर देखने लगे और ग़ैर ज़रूरी बातें करने लगे। मेरी हैसियत चूँकि मुसीब भाई के दरबार में *इंशा* जैसी थी लिहाज़ा मैंने इशारे ही इशारे में *तीसरे हिस्से* का क़िस्सा जानना चाहा। उन्होंने मुस्कुराते हुए बताया कि मौसूफ़ ने अपनी एक ही किताब के लिए तीसरी बार एक लाख रुपये मुझसे वसूल किये हैं। तक़रीबन सवा सौ शायरों के मजमुए (काव्य संग्रह) कई दर्जन की सवानेह–हयात (जीवनी), कई दर्जन रसाएल (पत्रिकाओं) की भारी भरकम इम्दाद, कई दर्जन शायरों का माहाना वज़ीफ़ा, पचासों शायरों का ईद बक़रीद का ख़र्च मुसीब भाई ने अपनी ज़ेबे ख़ास से उठाया था। कितने ही शायरों और अदीबों के उमरा और हज्जे बैतुल्लाह में इम्दाद के ज़रिये सवाब में शरीक रहे। दर्जनों शायरों ने अपनी साहबज़ादियों (बेटियों) और हमशीराओं (बहिनों) के निकाह में मुसीब भाई से भारी भरकम मदद वसूल की। हवाई जहाज़ के टिकटों पर तो शायरों, अदीबों और दानिशवरों के लिए तक़रीबन 25 लाख रुपये मुसीब भाई ने अपनी जेब से ख़र्च किये। क़तर और दुबई के Mall से उस वक़्त शायरों और अदीबों ने ब्राण्डेड सामान ख़रीदा था जब हिन्दुस्तान में Mall होते ही नहीं थे। कई शायरों को स्कूटर ख़रीदने के लिए रक़्म देते हुए देखने का गवाह यह गुनहगार भी है। दुनिया के हर मुल्क से वापसी के वक़्त दानिशवरों का एक ख़ास हल्क़ा क़तर होते हुए लौटता था। ये मामूली-सी बातें लिखने की क़तई कोई ज़रूरत नहीं थी। मेरे हिसाब से मैं भी बड़ी छिछोरी बातें तहरीर कर रहा हूँ, इसका एहसास जितना मुझे होगा उससे ज़्यादा पढ़ने वालों को होगा लेकिन क़लम का क़र्ज़ दुनिया के हर क़र्ज़ से बड़ा होता है। उसे चुका देना चाहिए, सो मेरी यह तहरीर मेरे क़लम का क़र्ज़ है जिसे मैं चुकाने की जसारत (हौसला) कर रहा हूँ।

लाहौर के शायरों और अदीबों ने तो क़तर को पाकिस्तान में शुमार कर लिया था। रात के तीन बजे फ़ोन पर मुसीब भाई से गुफ़्तगू करने वाला लाहौर या देहली का शायर सुबह दस बजे क़तर एयरपोर्ट पर मौजूद होता। शीज़ान होटल में कमरा बुक रहता था। कई दिन नशिस्तें (बैठकें) होतीं, दावतें चलतीं, ख़रीदारियाँ होतीं, ग़ीबतें होतीं और शिकवे, शिकायतों के रजिस्टर खोले जाते। मुसीब भाई रातों में बहुत कम सोते थे। कभी-कभी तो रात-रात भर फ़ोन पर शायरों और दोस्तों से बातें करते रहते। अगर शीज़ान होटल के रजिस्टरों से मुसीब भाई के इख़राजात निकाल

लिए जायें तो एकाउंटेंट हैरत में पड़ जायेंगे क्योंकि इतनी रक़म में तो कराची के किसी महँगे से महँगे इलाक़े में एक थ्री स्टार होटल तामीर कराया जा सकता था। मुसीब भाई की दरियादिली, फ़य्याज़ी, उनकी शाहख़र्ची और खुले हाथ होने की बेशतर कहानियाँ उनके हैदराबादी ड्राइवर मजीद को मामूल थीं। वह बयक वक़्त मुसीब भाई का ड्राइवर भी था, राज़दार भी और ग़मगुसार (हमदर्द) भी, जबकि मुसीब भाई के मुताबिक़ ड्राइवर तो मैंने कभी रखा ही नहीं, हाँ! मजीद नाम का एक हैदराबादी नवजवान है जो मेरा दोस्त है, जिसका मैं बड़ा भाई हूँ, जिसके बच्चे मुझे बड़े अब्बू कहते हैं और जिसकी बीवी मुझे देखकर वैसे ही घूँघट काढ़ती है जैसे समी और क़मर की बीवियाँ बाहिजाब (बापर्दा) हो जाती हैं। मुझे उसकी मोहब्बत में हिन्दुस्तान से मोहब्बत की आदत पड़ गयी। मुझे उसकी फ़रमाँबरदारी से वह भगवान राम भी अच्छे लगने लगे जो अपने वालिदैन के इतने फ़रमाँबरदार थे कि शायरे मशरिक़ अल्लामा इक़बाल ने उन्हें *इमामुल हिन्द* के ख़िताबे आली से नवाज़ा था। मेरे लिए दवा और दुआ दोनों के इन्तिज़ामात वही देखता है। वह मेरा डॉक्टर भी है और मेरा निगहबान भी। लाहौर वालों में ज़फ़र इक़बाल और असलम कोलसरी से उनको इश्क़ की हद तक मोहब्बत थी। हिन्दुस्तान देखने का उन्हें बेपनाह शौक़ था लेकिन पहली ही मुलाक़ात में यह सौदा तय हो गया था कि हिन्दुस्तान देखूँगा तो बिरादरम वाली भाई और बदतमीज़ मुनव्वर राना के साथ देखूँगा। पंजाबी और पठान बच्चे थे लिहाज़ा हर तरह की आसाइशों (आसानियों) के बावजूद हिन्दुस्तान नहीं आये। कुछ तो मुसाहिबीने अदब की करम फ़रमाइयाँ, कुछ उनके जल्द ग़मगीन हो जाने की आदत और कुछ उनका कानों का कच्चा होना भी शामिल था। इस तरफ़ वाली भाई का सबके सामने खुल जाना और मुसीब भाई से अपनी कुर्बत का हद से ज़्यादा प्रचार करना था। हालाँकि मैं उस्ताद से कहा करता था कि उस्ताद रिश्तों को भी छुपाके रखा जाता है वर्ना हासिदों (ईर्ष्यालुओं) और दुनिया वालों की नज़र लग जाती है और जहाँ तक मेरा मामला है तो मैं इस अहद का वह कालीदास हूँ जो अपने रिश्तों की जड़ें ख़ुद ही काटता रहता है और मुसीबत उठाता है। वैसे मुसीब भाई रईस अंसारी को भी बहुत चाहते थे लेकिन उस्ताद से रईस की बदसुलूकियों की वजह से वह रईस से नाराज़ रहते थे। इसके बावजूद दामे दिरमे वह रईस के साथ बिरादराना (भाइयों जैसा) सुलूक करते थे। रईस अंसारी ने अपनी नयी किताब का इन्तिसाब (समर्पण) मुसीब भाई के नाम किया था लेकिन वाली भाई से इस सिलसिले में कोई मशविरा नहीं किया था। वह किताबें रईस अंसारी ने मेरे ज़रिये मुसीब भाई को क़तर भिजवायी थीं और मुसीब भाई ने एक अच्छी ख़ासी रक़म रईस को मेरे ज़रिये भिजवा दी थी लेकिन रईस या रईस की किताब के सिलसिले में एक लफ़्ज़ भी ज़बान पर नहीं लाये थे। दरहक़ीक़त लफ़्ज़ *शायर* में जितनी कशिश है, जितना फैलाव है, जितनी अपनाइयत है, जितना रोमान है, जैसा क़िरदार उभरकर सामने आता है, जैसी

साफ़ सुथरी तस्वीर आँखों के सामने नाचने लगती है, जैसी खुद्दारी और अना (Ego) की चिंगारियाँ फूटने लगती हैं, जितनी बेबाकी (निडरता), साफ़ गोई और इंसाफ़ पसन्दी की ख़ुशबू आती है ऐसी कोई भी बात, कोई भी ख़ूबी और दुर्वेशी से मिलती-जुलती कोई भी सिफ़त शायरों में नहीं होती है। क़ौलो फ़ेल (कथनी और करनी) के तज़ाद (टकराव) और हासिदाना मिज़ाज की बुनियाद पर ज़्यादातर शायरों की शख़्सियत टिकी होती है। जिस तरह शो केस के कपड़े जिस्म के लिए नहीं होते हैं उसी तरह शायर को भी मोहब्बत के इम्तिहान में क़ुर्बानी की सख़्त राह से नहीं गुज़ारा जा सकता, जिस तरह तजरुबेकार लोग कहते हैं कि बाउसूल (नियमबद्ध) शख़्स की इज़्ज़त करो लेकिन सुअर के बच्चे पर भरोसा कभी मत करना क्योंकि ये उसूलों की दुहाई देकर धोखा दे देता है। उसी तरह शायर से दूर रहकर शायरी का लुत्फ़ लिया जा सकता है क्योंकि क़रीब पहुँचते ही उसकी शायरी भी घिनौनी दिखाई देती है और ऐसी सूरत में क़य (उल्टी) के साथ-साथ आँतें भी उलटने का ख़तरा पैदा हो जाता है। यूँ भी तवायफ़ का जिस्म कोठे पर ही अच्छा लगता है, घर के बिस्तर की मैली चादर भी उसे कुबूल करने से इनकार कर देती है। ज़ाहिर है कि इस तंज़े करीह (घिनौना व्यंग्य) की ज़द में सबसे पहले तो मैं खुद आता हूँ लेकिन सिर्फ़ अपने को बचाने के लिए कोढ़ के दाग़ की वकालत करना और बड़ा गुनाह है।

मुसीब भाई लाहौर के अपने घर से नमाज़ें पढ़ते हुए और काबुली चने खाते हुए दोहा क़तर पहुँचे थे लेकिन वापसी में वह दवा खाते हुए लाहौर एयरपोर्ट पर उतरने लगे थे। आख़िरी बरसों में तो दवाएँ भी इतनी बढ़ चुकी थीं कि उन्हें दवाएँ खाते वक़्त हथेली छोटी महसूस होती थी। उनकी एक वक़्त की दवाएँ उनकी मुट्ठी में नहीं आती थीं लेकिन खाना खाते वक़्त उनकी कुल खुराक़ उनकी हथेली पर आने लगी थी।

हालाँकि शैख़ सादी ने तो यही फ़रमाया है कि, “कुत्ता बनाना मगर छोटा भाई बनाकर मत पैदा करना” लेकिन फ़ी ज़माना (ज़माने में) किसी बड़े भाई से उसका दुःख पूछ लीजिए तो वह कुत्ते का बड़ा भाई भी बनने को तैयार नहीं होगा। सच्चाई तो यह है कि मुसीब भाई जैसे लोग अपने लिए पैदा ही नहीं होते। ऐसे लोग तो चने के खेत का नसीब लेकर पैदा होते हैं और मुख़्तलिफ़ तरीक़ों से लोगों के काम आते हुए मर जाते हैं। आप जब कभी चने के खेत के पास से गुज़रें तो सिर्फ़ ज़रा देर के लिए वहाँ रुक जायें और सिर्फ़ एक लम्हे के लिए अपनी आँखें बन्द करके देखें तो वहाँ हज़ारों मुसीब बेफ़िक्री से मुस्कुराते हुए दिखाई पड़ेंगे :

ये सोचकर मुझे ले जाओ दार की जानिब
तुम्हीं बनवाओगे इक दिन मुजस्समा मेरा

औरंगज़ेब बादशाह ने अपने बर्दवान के गवर्नर से इशारतन (इशारों) में कहा

था कि अपनी बीवी को अपने साथ रखा कर क्योंकि बीवी अपने शौहर के किरदार का क़िला होती है। मुसीब भाई की बेवक़्त मौत का सबसे बड़ा सबब तो यही था कि बादशाह होने के बावजूद उनके पास किरदार का कोई क़िला नहीं था और बग़ैर क़िले का बादशाह कैसा, बग़ैर क़िले की बादशाहत कैसी? घर में वह सबसे बड़े होने के सबब ज़िम्मेदारियों की चहारदीवारी में इतना घिर गये कि उन्हें अपने लिए क़िला तामीर करने की फुर्सत ही नहीं मिली। वह दोस्तों की शादियाँ कराते रहे, दोस्तों की बच्चियों को बड़े भाई और बाप की तरह विदा करते रहे, छोटे भाई समी मलिक और कैप्टन क़मर के लिए दुल्हनें तलाश करते रहे, उनके मुस्तक़बिल को मकान और जायदाद के लॉकर में महफ़ूज़ करते रहे लेकिन अपने लिए कोई हिफ़ाज़ती हिसार (चार दीवारी) नहीं खींचा। मरहूम वाली भाई और मैं उनको घर बसाने पर किसी हद तक आमादा कर लाये थे लेकिन अदबी सियासत किसी का घर बसता कहाँ देख सकती है। वाली भाई दरबार में पीछे बिठाये जाने लगे, मैं *इंशा* की तरह घर में क़ैद कर दिया गया। मुसीब भाई की ज़िन्दगी की कहानी फिर से एक ढर्रे पर चलने लगी। ख़ेमों में रहने वाले बादशाह तो *शबख़ून* (रात में किया गया अचानक हमला) में ही मार लिए जाते हैं। दीवारों के सिर्फ़ कान होते हैं, ख़ेमे तो सरापा आलये समाअत (सुनने की मशीन) होते हैं। अब उनके देरीना अहबाब और उनसे मोहब्बत करने वाले उनको क़तर में भी तलाश करने में दुश्वारी महसूस करने लगे थे क्योंकि अब वह अपने आपको तन्हाई की सज़ा के ज़रिये आहिस्ता-आहिस्ता क़त्ल करने पर आमादा हो चुके थे।

खुदगर्ज़ियों भरे सुलूक, गिरती हुई सेहत और नाकरदा (न किये हुए) गुनाहों की सज़ा आदमी को चिड़चिड़ा बना देती है। आदमी हर मसले से बचने के लिए फ़रार और तन्हाई का सहारा लेने लगता है लाहौर के पुश्तैनी (पैतृक) मकान की तामीर नये सिरे से करायी, एक लाइब्रेरी और एक कमरा अपने इस्तेमाल के लिए रखा। बाक़ी घर से उन्हें कोई मतलब भी नहीं था। किसी ख़ास ज़रूरत या मजबूरी के तहत मारे-बाँधे क़तर से लाहौर आते थे। ज़्यादातर किसी बुज़ुर्ग या दोस्त के इन्तिक़ाल पर उसकी मिट्टी में शरीक होने के लिए ही लाहौर आते थे। शायद ज़िन्दगी के आख़िरी दिन लाहौर में गुज़ारने की उन्हें तमन्ना रही होगी। यूँ भी जहाँ की मिट्टी होती है वहीं मिलना भी चाहती है। किसी बात पर जल्द ग़मगीन तो हो ही जाते थे, छोटे भाई कैप्टन क़मर की अहलिया ने कोई ऐसी बात कह दी होगी जो मुसीब भाई जैसे हस्सास (भावुक) इंसान के लिए ताज़ियाना (कोड़ा) थी। हालाँकि इस बच्ची को ब्याह के भी मुसीब भाई ही लाये थे। कैप्टर क़मर ने मुसीब भाई को हमेशा भाई के साथ-साथ ख़ालिद का भी दर्जा दिया और वैसा ही एहतराम भी करते थे लेकिन मुसीब भाई ने ग़मों से चूर होकर पुश्तैनी घर छोड़कर एक मामूली-से घर के दरो दीवार में अपने को क़ैद कर लिया :

तक ताल्लुक़ात को इक लम्हा चाहिए
लेकिन तमाम उम्र मुझे सोचना पड़ा

मुसीब भाई के दरबारे सुख़न में वाली भाई का मर्तबा मीर तक़ी मीर जैसा था। यहाँ तक़ाबुल (तुलना) का मक़सद वह हर्गिज़ नहीं है जो अदब के नाक़िदों का होता है। वाली भाई बेइन्तिहा तुनक मिज़ाज़, बेइन्तिहा साफ़ गो, ज़बान दराज़ी की हद तक मुँह फट, अपनी मर्ज़ी के ख़िलाफ़ चलने वाली हवा से भी कबीदा ख़ातिर (ग़मज़दा) रहते थे। अमीरों की महफ़िल में उनका दम घुटता था, बड़े लोगों में घुटन महसूस करते थे। गालियाँ तो मीर से भी अच्छी बक लेते थे। मीर तो तुनक मिज़ाजी के बावजूद लखनऊ छोड़कर नहीं गये लेकिन वाली भाई देहली में बहुत दिनों नौकरी भी नहीं कर सके। वहाँ से लखनऊ वापस आ गये। वह भी नाराज़ होकर जामा मस्जिद की सीढ़ियों पर जाकर लेट सकते थे, फिर वहाँ कोई तहसीन की मस्जिद भी नहीं थी जिसके आस-पास गुनहगार आत्माएँ भटकती फिरती हैं। मुसीब भाई ने उनकी मर्ज़ी और मिज़ाज के ख़िलाफ़ कभी कोई काम नहीं किया था। वह भी वाली भाई की आदमबेज़ारी (आदमियों से उकताना) और उकताहट से बख़ूबी वाक़िफ़ हो चुके थे। मेरा ज़ाती ख़याल तो यह है कि मुसीब भाई के बराबर वाली भाई का ख़याल उनके सगे सम्बन्धियों ने भी नहीं रखा होगा। रईस अंसारी दरबारे मुसीब में *मुसहफ़ी* की तरह थे। उन पर ज़्यादा भरोसा नहीं किया जा सकता था क्योंकि वह भी मुसहफ़ी की तरह दूसरे दरबारों में भी वफ़ादारी का हलफ़ उठाये रहते थे। ज़ाहिर है कि मैं उस दरबारे ख़ास में इंशा बनकर ही जी सकता था क्योंकि लखनऊ से मुर्शिदाबाद वापसी का सफ़र बहुत दुशवार था लिहाज़ा मुझे तो घूम फिर के हज़राते मीर के क़दमों में और दरबारे मुसीब की नज़रों में बराबर रहना था। वाली भाई मशालची तो हर्गिज़ नहीं थे लेकिन तेली का तेल बिला वजह नहीं जलने देते थे लिहाज़ा हर पतिंगा उनकी किफ़ायत शेआरी (नाप तोल कर ख़र्च करने की आदत) को कंजूसी का नाम देकर आये दिन अलमे बग़ावत (विद्रोह का झंडा) बुलन्द करता रहता था :

मैं दुनिया के तार मिलाता रहता हूँ
दुनिया मेरा .फ्यूज़ उड़ाती रहती है

वाली भाई क़तर से कलर टी॰वी॰ लाये, मुसीब भाई ने वाली भाई को वी॰सी॰आर॰ तोहफ़े में दिया, मुजीब भाई ने वाली भाई को क़तर से उमरे के लिए जद्दा रवाना किया। वाली भाई के नज़राने का लिफ़ाफ़ा इतना भारी था कि उसको उठाने में उनकी साँस फूलती थी। मुसीब भाई ने वाली भाई के बेटों ग़िज़ाली और जमाली की आला तालीम के लिए बहुत मोटी रक़म वाली भाई के हवाले की। इनमें से बेशतर बातें तो वाली भाई ने खुद ही दुकान पर बैठकर तक़रीबन तमाम मिलने-जुलने वालों को बतायीं लेकिन ऐसी भी बहुत-सी बातें मुसीब भाई तक वाली भाई के ख़िलाफ़ पहुँचायी गयीं जिनसे वाली भाई का दूर-दूर तक वास्ता ही नहीं था। वाली भाई की

घरेलू परेशानियों को शेयर करते हुए मुसीब भाई ने ग़िज़ाली को क़तर बुला लिया। फिर तो हिन्दुस्तान के हासिद शायरों और अदीबों ने बाक़ायदा तौर पर वाली भाई के ख़िलाफ़ मुख़्तलिफ़ तरह के महाज़ खोल दिये, उनकी अनकही बातों को उनसे जोड़ा जाने लगा। वाली भाई के ख़िलाफ़ मुख़्तलिफ़ तरह के भद्दे और बेसिर पैर के लतीफ़े गढ़े गये... और आख़िर में वही सब कुछ हो के रहा जो दुश्मनाने मोहब्बत चांहते थे। मुसीब भाई और वाली भाई की बातचीत तक़रीबन बन्द हो गयी। मुसीब भाई के फ़ोन आने बन्द हो गये। अब अगर वाली भाई मुसीब भाई को फ़ोन करते तो उस तरफ़ से फ़ोन की घण्टी को नज़र अन्दाज कर दिया जाता था। वाली भाई ख़त लिखते तो उसका जवाब तो दरकिनार, उसकी कोई रसीद तक मुसीब भाई की तरफ़ से नहीं आती थी।

आख़िरी दिनों में वाली भाई और मुसीब भाई के दरम्यान न चाहते हुए भी बेपनाह फ़ासला हो गया था। उन्हें पता नहीं, वाली भाई की कौन-सी बात इतनी बुरी लग गयी थी कि वह उनका फ़ोन तक रिसीव नहीं करते थे। यह सिलसिला महीनों तक चला। वाली भाई दिल के आरज़े (रोग) में मुब्तिला थे ही, मुसीब भाई की इस नाराज़गी से कहीं न कहीं से उनकी उम्र और कम होती चली गयी। इन्तिक़ाल से तीन चार दिनों क़ब्ल मुझसे वाली भाई ने कहा था कि मुनव्वर! मुसीब मेरा फ़ोन तो उठाते ही नहीं हैं, मेरे ख़तों का भी कोई जवाब नहीं देते हैं। मुझे यह जानने का हक़ तो है कि मेरी तरफ़ से ऐसी कौन-सी ग़लती हो गयी है जिसकी वजह से उन्होंने मुझे यूँ अकेले मरने के लिए छोड़ दिया है। मैंने वाली भाई से वादा भी किया था कि मैं एक तफ़्सीली ख़त मुसीब भाई को लिखकर दरयाफ़्त करूँगा क्योंकि आप दोनों में पैदा हुई ग़लतफ़हमियों का फ़ायदा मुख़ालिफ़ीन ख़ूब-ख़ूब उठा रहे हैं और रुसवा भी कर रहे हैं लेकिन तीसरे ही दिन वाली भाई मोहतरमा ज्योति सिन्हा के घर पर एक नशिस्त (काव्य गोष्ठी) में दुनिया छोड़कर जा चुके थे। वाली भाई के अचानक बीमार हो जाने की ख़बर मुझे रईस अंसारी ने दी थी और एक घण्टा भी नहीं गुज़रा था कि जमाल आसी ने मेरे मोबाइल पर उनके इन्तिक़ाल की ख़बर दे दी थी। ग़िज़ाली उन दिनों क़तर में नौकरी कर रहा था। इस नौकरी का इन्तिज़ाम भी मुसीब भाई ने ही किया था। हालाँकि ग़िज़ाली की नादानियों की वजह से ही वाली भाई और मुसीब भाई की दोस्ती में दरार पड़ी थी। ख़ैर, वह अलग क़िस्सा है जिसे बीच के लोगों ने इतना तूल दे दिया था कि दोनों एक दूसरे से माज़िरत (माफ़ी तलाफ़ी) किये बग़ैर इस दुनिया से रुख़्सत हो गये।

मुसीब भाई को फ़ोन करके मैंने तमाम सूरतेहाल से आगाह किया। उन्होंने रातों रात ग़िज़ाली को उनके आला अफ़सरों से कहकर छुट्टी दिलायी, ग़िज़ाली का एयर टिकट ख़रीदकर उसके हवाले किया, एयरपोर्ट तक पहुँचाने आये और ग़िज़ाली के हाथों में एक अच्छी ख़ासी रक़्म भी चचा और बड़े बाप की हैसियत से रखी। वाली

भाई के इन्तिक़ाल के बाद कुछ दिनों तक तो मुसीब भाई से मेरी बातचीत होती रही लेकिन रफ़्ता-रफ़्ता यह सिलसिल मुनक़ता (टूटना) हो गया। शायद रिश्तों के हाथ पाँव थक चुके थे लिहाज़ा गर्मजोशी की तवक़्क़ो भी बेकार थी। मैं भी ज़िन्दगी, कारोबार, घरेलू उलझनों और बीमारियों में उलझकर रह गया। शायद यही कैफ़ियत उस तरफ़ भी रही होगी लेकिन आने-जाने वालों से हम लोग एक दूसरे के अहवाल जानने में कभी कोई कोताही नहीं करते थे।

दिन और रात माहोसाल के गर्दिश करने मैं मददगार साबित होते रहे। ज़िन्दगी ने बेफ़िक्री की पक्की सड़क से उतरकर मसाएल की पथरीली सड़क की ओर बढ़ना शुरू कर दिया। उम्र ने ढलते हुए जिस्म के साथ अठखेलियाँ शुरू कर दीं, हालात के स्टियरिंग से मेरा कंट्रोल भी ख़त्म होने लगा था। पहले सिर्फ़ घर की ज़रूरतें सरगोशियाँ करती थीं। कभी कभार उनके एहतिजाज की लय भी तेज़ हो जाती थी लेकिन अब तो गोश्त के वह लोथड़े जो बाद में औलाद कहलाने लगते हैं, वह भी मुँहज़ोरी पर उतर आये थे। अब मेरे अख़्तियार में कुछ भी नहीं रह गया था। मैं एक थके-हारे मुसाफ़िर की तरह अब अपना स्टेशन आने पर खुश नहीं होता था, अब तो मेरे पपड़ी ज़दा होठों पर ख़ुशी की एकाध लहर सिर्फ़ यह सुनकर आने लगती थी कि ट्रेन एक नम्बर प्लेटफ़ार्म पर आ रही है। नवजवानी में मुझे भी दूसरे नवजवानों की तरह प्लेटफ़ार्मों को मिलाने वाला रेलवे पुल कभी नज़र ही नहीं आया था। जवानी और बुढ़ापे की थकन में बहुत फ़र्क़ होता है। जवानी में लाठियों की दुकान गन्ने के खेत जैसी लगती है लेकिन बुढ़ापे को गन्ने का खेत नज़र ही नहीं आता। उसे तो सिर्फ़ लाठी दिखाई देती है। जवानी में हाथ से छूटे हुए गैस के गुब्बारे को हसरत से देखने में यह आरजू भी छुपी होती थी कि काश मैं भी इस गुब्बारे की तरह ऊँचा और ऊँचा और भी ऊँचा होता चला जाऊँ लेकिन उम्र एक सख़्त मिज़ाज नर्स की तरह चबूतरे की सीढ़ियाँ भी चढ़ने से मना कर देती हैं। इंसान दिन-रात उरूज और इक़्तिदार (उत्थान और सत्ता) के शौक़ में मेले की दुकान की तरह खुला रहता है। दुकान का सामान तो हवस की तरह कभी ख़त्म नहीं होता लेकिन दुकानें ख़त्म हो जाती हैं। अपने आस-पास सन्नाटा और ख़ामोशी देखते ही मेले की दुकान खुद टूट-बिखर जाती है। शायद मैं भी इसी एहसास के गलियारे से सिर झुकाये हुए आहिस्ता-आहिस्ता गुज़र रहा हूँ। उम्र के तवील सफ़र में यह गलियारा सबकी ज़िन्दगी में आता है बल्कि उम्र इंसान को बहला-फुसलाकर इस गलियारे में ज़रूर लाती है और हर शख़्स को यहाँ तक चलकर आना पड़ता है। अब यह उसकी पसन्द पर है कि वह अपने पैरों से चलकर आये या बैसाखियाँ उसकी सखी-सहेली की तरह उसे लायें। एक बार इस गलियारे में दाख़िल होने वाला फिर सारी उम्र इसी जीवन की भूल भुलैया में घूमता रह जाता है। अब्बू का इन्तिक़ाल होते ही मैं अचानक बड़ा हो गया था, घर में सबसे बड़ा लेकिन वाली भाई के इन्तिक़ाल ने मुझे बिल्कुल बूढ़ा

कर दिया। बुढ़ापे के इस एहसास ने रात में नींद की गोलियों की फ़रमाइश शुरू कर दी। अब तबीयत में वह जूलानी (रवानी, उमंग) भी नहीं रह गयी थी। डॉक्टरों ने अचानक ग़रीबी की तरह घी और मक्खन छीन लिया। खाने के नाम पर दाल, दलिया से काम चलाने की हिदायत कर दी गयी। घर में परहेज़-परहेज़ के इतने नारे लगने लगे कि बाहर भी बद परहेज़ी की हिम्मत नहीं रह गयी। कहाँ तो यह मशहूर था कि *जहाँ मिले खाना वहाँ मुनव्वर राना,* कहाँ आम के मौसमों में आम भी अचार के बराबर मुझे खाते वक़्त दिया जाने लगा :

जाने अब कितना सफ़र बाक़ी बचा है उम्र का
ज़िन्दगी उबले हुए खाने तलक तो आ गयी

कई बरस तो मैं बाहर के मुशायरों में जाने से भी कतराता रहा हालाँकि इस कैफ़ियत से मैं अभी तक बाहर नहीं आ सका हूँ लेकिन शायद लफ़्ज़ मुशायरे बाज़ी में हर बाज़ी का थोड़ा नशा घुलता रहता है। कई बरस बाद अचानक सलाहुद्दीन के मुशायरे में दुबई जाना हुआ। एक मुद्दत से उनके मुशायरे में हस्बे आदत ग़ैर हाज़िर हो रहा था। मुशायरे से दो-तीन दिन पहले सलाहुद्दीन ने बताया कि सिर्फ़ आपकी वजह से मुसीब भाई सेहत की ख़राबी के बावजूद इस मुशायरे में आ रहे हैं। ज़ाहिर है कि यह सुनकर ख़ुशी तो बेइन्तिहा हुई होगी लेकिन यह ख़बर भी चोट खाये हुए शख़्स के लिए पुरवाई जैसी थी। माज़ी (अतीत) के आईना ख़ाने से नये पुराने रंगों की तस्वीरें निकल-निकलकर मुँह चिढ़ाने लगीं। मैं अपने आपको इस अज़ाबे जाँ से निकालना चाहता था लेकिन सिफ़ारिश के तौर पर सलाहुद्दीन ने मेरे सीने पर वह बड़ा-सा पत्थर रख दिया था जिस पर *मुसीबुर्रहमान* लिखा हुआ था, बक़ौल वाली भाई :

मेरे लिए किसी ज़ंजीर की ज़रूरत क्या
मैं चाहता ही कहाँ हूँ कि तू रिहाई दे

इसी दौरान एक दिन मुसीब भाई का फ़ोन आ गया, उनकी आवाज़ में खनक की जगह ख़ोखलापन आ गया था। उनकी आवाज़ की भर्राहट में कपकपाहट भी शामिल हो गयी थी। उनके क़हक़हों को शायद ज़माने की उम्र लग चुकी थी। गुफ़्तगू बहुत मुख़्तसर हुई थी शायद दोनों तरफ़ से जज़्बात पर क़ाबू रखने की कोशिश जारी थी। फ़ोन रखने से पहले मुसीब भाई के अन्दर से पुराने वाले मुसीब भाई ने सिर उठाया और उन्होंने इतना कहकर फ़ोन रख दिया कि यार मुनव्वर, आ ज़रूर जाना क्योंकि अब मैं ज़्यादा इन्तिज़ार करने के लायक़ भी नहीं रह गया हूँ। उनके इस जुमले की तर्ज़े अदायगी के बारे में मैं आज भी सोचता हूँ तो रीढ़ की हड्डी में अजीब सनसनी-सी होने लगती है :

मैं अपने बारे में कहना ही उससे भूल गया
अजीब दर्द था उस फ़ाख़्ता के लहजे में

पता नहीं मुसीब भाई की आवाज़ में कैसा खिंचाव था कि मैंने ज़ेहनी तौर पर दुबई क मुशायरे में शरीक होने का फ़ैसला कर लिया। सलाहुद्दीन के इस मुशायरे के मुक़ामी (लखनऊ में) सलाहकार डॉक्टर कलीम क़ैसर हुआ करते थे। मेरी अहलिया भी बलरामपुर की हैं इसलिए वह बलरामपुरी होने के नाते मेरे सिलसिले में ज़रा ज़्यादा ही फ़रमाँबरदार रहते हैं। मुझे और क़लीम क़ैसर को यहीं लखनऊ एयरपोर्ट से दुबई का जहाज़ पकड़ना था। उन्होंने फ़ोन करके मुझसे कहा था कि वह मुशायरे से एक दिन पहले ही शाम तक लखनऊ आ जायेंगे और मेरे साथ ही क़याम करेंगे। शाम से रात होने को आ गयी लेकिन कलीम क़ैसर लखनऊ नहीं आये। मैंने उन्हें फ़ोन किया तो उन्होंने माज़िरत करते हुए बताया कि वह हामिद बहराइची के यहाँ रुक गये हैं, सुबह सवेरे लखनऊ मेरे फ़्लैट पर पहुँच जायेंगे।

वह दूसरे दिन सुबह-सुबह मेरे फ़्लैट पर आ गये। मेरी डाँट फटकार ख़ामोशी से सिर झुकायें सुनते रहे। हालात थोड़े उनके मुआफ़िक़ (पक्ष में) हुए तो उन्होंने मुझसे एयरपोर्ट तलब किया। अब तो मेरी जान ही निकल गयी क्योंकि मेरा पासपोर्ट तो किफ़ायत देहलवी के पास देहली में था। मैंने कलीम क़ैसर से कहा कि सब तुम्हारी ग़लती है, अगर तुम रात में ही आ जाते तो कोई न कोई रास्ता निकल आता... मेरा प्रोग्राम सिर्फ़ तुम्हारी वजह से छूट रहा है। हालाँकि इसमें बेचारे कलीम क़ैसर की क्या ग़लती थी, वह मुफ़्त में मुक़ामी कन्विनर होने की सज़ा काट रहा था। सलाहुद्दीन को मैंने फ़ोन करके सारी सूरते हाल बतायी, बेचारे सलाहुद्दीन भी यह मसला सुनकर सन्नाटे में आ गये लेकिन उन्होंने फ़ौरन ही उधर से मुझे फ़ोन किया और बोले कि आप देहली की फ़्लाइट ले लीजिए, वहाँ हमारा एजेंट कल सवेरे के लिए आपका दुबई के जहाज़ का टिकट करा रहा है। आप थोड़ी-सी ज़हमत कर लीजिए वर्ना मैं मुसीब भाई को मुँह दिखाने के लायक़ नहीं रह जाऊँगा... वह बीमारी की हालत में भी सिर्फ़ आपसे मिलने के लिए दुबई आ रहे हैं... अगर आप नहीं आये तो बड़ा ग़ज़ब हो जायेगा।

बक़ौल वाली भाई अब मेरा शैतानी दिमाग़ अपने काम में मसरूफ़ हो गया। लखनऊ में मेरे एक दोस्त हैं, दीपक खरे... वह सहारा एयरलाइंस लखनऊ के Base Manager हुआ करते थे। मैंने उन्हें सारी रूदाद सुनायी, उन्होंने पूरी कहानी सुनने के बाद फ़रमाया कि आप परेशान न हों। आपको सिर्फ़ यह करना है कि एयरपोर्ट पर मेरे स्टेशन ऑफ़िसर के पास अपना पासपोर्ट एक लिफ़ाफ़े में रखवाकर पहुँचवा दीजिए, पासपोर्ट पर मेरा नाम लिखवा दीजिएगा और Urgent भी ज़रूर तहरीर करवा दीजिएगा। मैंने किफ़ायत देहलवी को फ़ोन किया और उन्होंने फ़रमाँबरदार भतीजे की तरह देहली एयरपोर्ट पहुँचकर लिफ़ाफ़ा सहारा एयरलाइंस के ड्यूटी आफ़िसर के हवाले कर दिया। उस दिन के बाद से मैं किफ़ायत देहलवी का कर्ज़दार हो गया हूँ। क़िस्सा मुख़्तसर यह है कि सिर्फ़ चार घण्टे के अन्दर मेरा पासपोर्ट

लखनऊ एयरपोर्ट पर सहारा एयरलाइंस का स्टॉफ़ लिए हुए मेरा इन्तिज़ार कर रहा था। कहाँ देहली एयरपोर्ट... कहाँ जामा मस्जिद और कहाँ लखनऊ एयरपोर्ट, लेकिन दिल से इंसान जो भी चाह ले कुदरत उस काम की तकमील के लिए फ़रिश्तों की फ़ौज उतार देती है। मैं कलीम क़ैसर के साथ लखनऊ एयरपोर्ट पहुँचा, अपना पासपोर्ट हासिल किया और इण्डियन एयरलाइंस के जहाज़ से शारजाह के लिए रवाना हो गया। हिन्दुस्तानी वक़्त के मुताबिक़ हमारा जहाज़ तक़रीबन दस बजे शारजाह एयरपोर्ट पर लैण्ड कर चुका था। एयरपोर्ट पर ही देहली और मुम्बई से आने वाले कई शायर भी साथ हो गये। वहाँ हम लोगों को एक हैदराबादी रेस्टोरेंट में खाने के लिए लाया गया। हम और मेराज फ़ैज़ाबादी एक ही मेज़ पर बैठकर खाना खा रहे थे। उसी वक़्त सलाहुद्दीन आये और मुझसे बोले कि एक कार आपको ले जाने के लिए तैयार खड़ी है, आप वक़्त ज़ाया (बर्बाद) मत कीजिए, मुसीब भाई आ चुके हैं और वह होटल के कमरे में शिद्दत से आपका इन्तिज़ार कर रहे हैं। मैं फ़ौरन रेस्टोरेंट से बाहर आया और गाड़ी में बैठकर मुसीब भाई से मिलने होटल चल दिया। होटल के कमरे की कॉल बेल बजने के साथ ही अन्दर से मुसीब भाई की ज़िन्दगी से भरपूर आवाज़ आयी... आ जा मुनव्वर आ जा, मैं तेरे ही इन्तिज़ार में इतनी देर से बैठा हुआ हूँ। कमरे में दाख़िल होते ही वह ग़ालिब का यह शेर पढ़ते हुए दीवानों की तरह मुझसे लिपट गये :

ग़ालिब नदीमे दोस्त से आती है बूए दोस्त
मशगूले हक़ हूँ बन्दगिये बू तुराब में

कुछ देर ख़ामोशी रही, क़ब्रिस्तान जैसी ख़ामोशी... फिर एक दूसरे के चेहरे की तरफ़ चोर नज़रों से देखने की कोशिश की गयी लेकिन जज़्बात और आँसुओं का सैलाब इन बालू के पुश्तों (बाँधों) से नहीं रोका जा सकता। मुसीब भाई और हम दोनों ही ख़ूब खुलकर रोये... दीवानों की तरह रोये... पागलों की तरह एक दूसरे से हम लोग लिपटे रहे। तूफ़ान थोड़ा कम हुआ। मुसीब भाई ने खुद चाय बनायी, चाय के नशे में दर्द पर फौरन कंट्रोल करने की कोशिश की, चाय की मदद के लिए सिगरेटें भी हम दोनों के हाथों में सुलगने लगीं। गुफ़्तगू के आग़ाज़ की कोशिश में सिरे तलाश किये जाते रहे। मैंने बड़े बेढंगेपन से गुफ़्तगू शुरू की और मुसीब भाई से कहा कि आपके तजाहुले आरिफ़ाना (जान-बूझकर अंजान बनने की अदा) ने वाली भाई की उम्र बहुत कम कर दी वर्ना वह अभी मरने वाले नहीं थे, आपने मेरे उस्ताद के साथ अच्छा सुलूक नहीं किया। आपकी वजह से मेरे उस्ताद का दम कई क़िस्तों में निकला था। मुसीब भाई रोये तो फिर रोते ही चले गये। थोड़ा सँभले तो सबसे पहले ग़िज़ाली मियाँ की नाफ़रमानियों का क़िस्सा सुनाया। इसी के साथ-साथ हिन्दुस्तान ख़ासतौर से लखनऊ और आसपास के शायरों की ग़ीबतों और इल्ज़ाम तराशियों की कहानी के ढेर लगा दिये। मैं ख़ामोशी से बैठा सुनता रहा। मुसीब भाई

ख़ामोश हुए तो कुछ देर तक ख़ामोश ही बैठे रहे। थोड़ी देर के बाद उन्होंने मेरा कमरा नम्बर पूछा, मुझे दरवाज़े तक रुख़्सत करने आये और कहा कि मैं अभी पन्द्रह मिनट में वहीं आ रहा हूँ। एक कमरे में डॉक्टर मलिकज़ादा और मेराज फ़ैज़ाबादी ठहरे हुए थे। दूसरे कमरे में हज़रते बेकल उत्साही के साथ मेरा ठिकाना था। मुसीब भाई सेहत का जुआ हार चुके थे। मुख़्तलिफ़ बीमारियों ने उन्हें जाल में जकड़ लिया था। उनके आते ही कमरे में महफ़िल दोबारा आबाद हो गयी। मेराज साहब हम लोगों के कमरे में आये और पता नहीं क्यों मुसीब भाई को देखते ही उल्टे क़दमों अपने कमरे में वापस चले गये। हालाँकि इस बेज़ारी (नाखुशी) की वजह आज तक मेरी समझ में नहीं आ सकी लेकिन क़यास (अन्दाज़ा) यही कहता है कि लँगड़े घोड़े पर दाँव कौन लगाता है? मुसीब भाई मुझे कमरे से बाहर लेकर आये और तमाम मौजूद शायरों को क़तरी पाँच सौ रुपयों वाला एक-एक नोट बाक़ायदा लिफ़ाफ़े में रखकर सबके हवाले किये। ये एक नोट इण्डियन करेंसी के मुताबिक़ तक़रीबन छः हज़ार रुपये होते थे। देर रात गये तक बेकल साहब, मलिकज़ादा साहब, मेराज साहब और यह ख़ाकसार अच्छी-बुरी यादों के एल्बम से खेलते रहे। फ़ज्र के वक़्त सब लोग अपने-अपने कमरों में सोने चले गये। मुसीब भाई ने मुझे भी अपने साथ चलने को कहा लिहाज़ा मैं मुसीब भाई के साथ उनके कमरे में दाख़िल हो गया। वहाँ बिरादरम अज़ीज़ नबील मौजूद थे। नवजवान शायर हैं, हिन्दुस्तान के रहने वाले हैं, भिवण्डी उनका वतन है, मऊअयमा (प्रतागढ़) में उनकी सुसराल है। पहले भी अच्छे शेर कहते थे और मुसीब भाई की सरपरस्ती में आये तो उनकी शायरी कुछ ज़्यादा निखर गयी। हम लोग फिर मुख़्तलिफ़ मौज़ूआत (विषयों) पर गुफ़्तगू करने लगे। अज़ीज़ नबील ने बताया कि मुसीब भाई काफ़ी बीमार थे लेकिन आपको देखकर माशा अल्लाह बिल्कुल अच्छे हो गये हैं वर्ना क़तर से दुबई के रास्ते में सिर्फ़ दवा और इंजेक्शन की मदद से सफ़र करते हुए आये हैं। अचानक किसी ने कॉल बेल बजायी, अज़ीज़ नबील ने उठकर दरवाज़ा खोला। सामने ही हसन काज़िमी खड़े थे। मुसीब भाई उन्हें पहचानते नहीं थे लिहाज़ा उनके चेहरे पर नागवारी (नाखुशी) की कुछ लकीरें बनने-बिगड़ने लगीं। मैंने हँसते हुए हसन काज़िमी का तआरुफ़ कराया और साथ में यह भी कहा कि मुसीब भाई! अपनी पार्टी का बन्दा है, भूखा होगा इसीलिए मुझे तलाश कर रहा है। मुसीब भाई ने दुबई ब्रांच के अपने किसी स्टॉफ़ के ज़रिये खाने के सामान मँगाकर अपने कमरे में रख लिया था। वह सलाहुद्दीन पर कोई ग़ैर ज़रूरी बोझ डालने के क़ायल नहीं थे। सब लोगों ने मिलकर दुबई के किसी बहुत अच्छे रेस्टोरेंट का खाना खाया। हसन काज़िमी का तआरुफ़ कराते हुए मैंने मुसीब भाई को यह भी बता दिया था कि हसन काज़िमी भी वाली भाई का शागिर्द नुमा बेटा है। उन्होंने मेरे तवस्सुत (माध्यम) से उसको भी पाँच सौ क़तरी रियाल दिये। हालाँकि हसन काज़िमी तकल्लुफ़ और शराफ़त में इनकार कर रहे थे लेकिन मेरे कहने पर

और मुसीब भाई के हाकिमाना लहजे के आगे वह ख़ामोश हो गये और रियाल ले लिया।

शाम को मुशायरा था। तमाम शोअरा मुशायरा गाह की तरफ़ चल दिये। मुसीब भाई ने मुझे अपने साथ ही गाड़ी पर बिठा लिया। उसी गाड़ी पर रॉयल प्रिंस होटल के मालिक फ़रीद साहब भी तशरीफ़ रखते थे। वह भी पाकिस्तानी थे। मेरा ख़याल है कि शायरों के होटल में क़याम करने का सारा ख़र्च मुसीब भाई ने ही उठाया था। मुसीब भाई ने फ़रीद साहब को मेरे कई शेर अज़बर करा दिये।

मुशायरा गाह के ग्रीन रूम में काफ़ी देर तक मुसीब भाई से मजलिसे फ़रोग़े उर्दू अदब दोहा के बारे में गुफ़्तगू और बहस होती रही। मैं ग़लतियों की निशानदेही करता रहा और वह ईमानदारी से उसकी कोताहियों को कुबूल करते रहे। मैंने मुसीब भाई से यह भी कह दिया कि जिस इमारत की बुनियाद का पत्थर रखने में मैं शामिल रहा हूँ, अब वहाँ किरायेदार की हैसियत से क्या आता। मुशायरा ही पढ़ना है तो अल्लाह की बनायी हुई यह दुनिया बहुत बड़ी है। पेट ही पालना है तो सड़क पर पत्थर हर ज़माने में कूटे जायेंगे।

बहरहाल मुशायरा शुरू हुआ। चूँकि सलाहुद्दीन का मुशायरा अब ख़ालिस कारोबारी हो चुका है लिहाज़ा तरतीबो तहज़ीब (क्रम और सभ्यता) का तसव्वुर भी ग़ैर ज़रूरी है। स्टेज पर मुसीब भाई को एज़ाज़ (सम्मान) देकर मेहमान की हैसियत से बिठाना था। लेकिन मुशायरे का स्टेज भी माडर्न अहृद की लंका है जहाँ हर रावण बावन ग़ज़ का होता है। ख़ैर, जैसे-तैसे मुशायरा शुरू हुआ। अज़ीज़ नबील के पढ़ने तक तो मुसीब भाई किसी तरह महफ़िल में बैठे रहे फिर उसके बाद रात भर वह महफ़िल में नज़र नहीं आये। मैंने सोचा कि मुमकिन है कि सफ़े नामिइन में बैठकर लुत्फ़ अन्दोज़ हो रहे हों। मुशायरा ख़त्म होने के बाद अज़ीज़ नबील भी दिखाई नहीं दिये। सलाहुद्दीन ने बताया कि मुसीब भाई की तबीयत ख़राब हो रही थी और वह अपनी दवाएँ भी साथ नहीं लाये थे लिहाज़ा थोड़ी देर बैठने के बाद वह होटल वापिस चले गये हैं और उनके साथ ही अज़ीज़ नबील भी चले गये हैं।

हम लोग भी मुशायरा ख़त्म होते ही होटल की तरफ़ रवाना हो गये। मैं सीधे मुसीब भाई के कमरे में पहुँचा। वह साँस की तकलीफ़ से खुद को बचाने के लिए INHALER की मदद ले रहे थे। थोड़ी ही देर में वह दवाओं के असर में आ चुके थे, उनकी तकलीफ़ कम हो चुकी थी और वह नींद की आग़ोश में जा चुके थे।

सुबह नौ बजे के क़रीब मुसीब भाई ने होटल मैनेजर के ज़रिये मुझे बुलवा भेजा। मैं उनके कमरे में पहुँचा तो वह बन्द था। क़रीब ही खड़े वेटर ने बताया कि साहब ख़ाली करके चले गये हैं। मैं फ़ौरन रिसेप्शन पर आया। वहाँ मुसीब भाई होटल मालिक के साथ खुशग़प्पियों में मसरूफ़ थे। मुझे देखते ही हँसते हुए बोले, यार तूने अपनी किताब *'माँ'* भाई को दे दी, यह रात भर किताब पढ़ते रहे और अपनी वालिदा

को याद कर-कर के रोते रहे। हालाँकि तमाम शायरों को बारह बजे होटल ख़ाली करके सलाहुद्दीन के फ़्लैट पर पड़ाव डालना था और रात के जहाज़ से सबकी वापसी थी लेकिन फ़रीद साहब ने मुझे गाहक के ख़ाने से निकालकर बड़े भाई के ख़ाने में जोड़ लिया था। मेरी मजबूरी यह कि रायबरेली के मेरे मरहूम दोस्त इस्माईल हनफ़ी की बेटी और दामाद वहीं रहते हैं, रात में मुशायरा गाह में भी वह लोग मौजूद थे लिहाज़ा मुझे उन लोगों के साथ उनके घर जाना था।

मुसीब भाई मुझे लेकर होटल रॉयल प्रिंस के बाहर निकल आये, कुछ देर तक खड़े-खड़े कुछ सोचते रहे फिर मुझसे बड़े अफ़सुर्दा (मुरझाये हुए) लहजे में कहने लगे कि मैंने वापसी का टिकट तो रात की फ़्लाइट से ही कराया था कि तुमसे बात करने और तुम्हारे साथ रहने का कुछ और मौक़ा मिल जायेगा लेकिन ऑफ़िस के एक ज़रूरी काम की वजह से मुझे अभी क़तर लौटना पड़ रहा है। यह कहकर बीच सड़क पर वह मुझसे लिपट गये और दहाड़ें मार-मारकर रोने लगे, आप सोच सकते हैं कि मेरी भी बिल्कुल यही कैफ़ियत रही होगी। वह रोते जा रहे थे और यह भी कहते जा रहे थे कि मुनव्वर! दुनिया में अब मेरा कोई नहीं रह गया है। वाली भाई मुझसे अंजाने में नाराज़ होकर चले गये। कैप्टन क़मर और समी मलिक भी कबीदा ख़ातिर (नाराज़, कटे-कटे से) हैं, हालाँकि मैंने इस्लामाबाद के सबसे क़ीमती इलाक़े में जो प्लाट लिया था वह भी उन्हीं दोनों के नाम ट्रांसफ़र करा दिया है। तू भी मेरे बुलाने के बावजूद नहीं आता है। ऐसे तो रेगिस्तान में बीमार ऊँट भी नहीं छोड़े जाते हैं जैसे तुम लोग एक-एक करके मुझसे बरगुश्ता (नाराज़) हुए जा रहे हो। अब तो सारी दुनिया मुझे अपने कमरे के बराबर लगने लगी है। अब मैं कहीं आने-जाने के लायक़ भी नहीं रह गया हूँ। बीमारियों ने मुझे बहुत बुरी तरह जकड़ लिया है अब मेरा इलाज सिर्फ़ मौत है, मैं शबोरोज़ जिसका इन्तिज़ार करता रहता हूँ। मैंने उनको बहुत समझाने की कोशिश की लेकिन वह किसी पुराने फोड़े की तरह फूटते चले जा रहे थे। मैंने मुसीब भाई से कहा कि चलिए, आप जी छोटा न कीजिए, मैं आपके अगले मुशायरे में हर हालत में क़तर आऊँगा... आप बुलायें या न बुलायें। वह बड़े कर्बनाक (दर्दनाक) तरीक़े से हँसे फिर कहने लगे, तुम तो आ जाओगे लेकिन मैं अब तुम्हें नहीं मिलूँगा। यह कहकर अचानक उन्होंने अपने जेब में हाथ डाला और पाँच या छः पाँच सौ वाले क़तरी नोट मेरी तरफ़ बढ़ाते हुए बोले कि एयरपोर्ट से मेरी बहिन रईना के लिए कोई ज़ेवर लिए जाना। मैंने कहा, नहीं मुसीब भाई! इस वक़्त मुझे माफ़ कर दीजिए, अगली बार मैं रईना के साथ क़तर आऊँगा... आपको उन्हें जो भी देना हो अपने हाथों से ख़रीदकर दीजियेगा। वह बहुत झुँझलाये हुए लहजे में बोले कि आप मेरी बात न मानकर अच्छा नहीं कर रहे हैं, कभी तो छोटे भाइयों की तरह मेरी बात मान लिया करो। यह कहते हुए उन्होंने वह रक़्म मेरी वास्केट की जेब में डाल दी और एयरपोर्ट के लिए तैयार खड़ी गाड़ी में जाकर बैठ गये। अचानक दोबारा

गाड़ी से उतरकर वह मेरे पास आये और मुझसे बोले कि वाली भाई के मज़ार पर जाकर मेरी तरफ़ से फ़ातिहा ज़रूर पढ़ लेना। वह तो गाड़ी में बैठकर एयरपोर्ट के लिए रवाना हो गये लेकिन मेरे पैर पत्थर के हो चुके थे।

जिस बात का डर था वह बात होकर रही। बीमारियों के हाथ में ताश के तीन इक्के आ गये थे और बेचारे मुसीब भाई के आस-पास वह गुनहगार शायर और अदीब कहीं दिखाई नहीं दिये जिनकी हैसियत जोकरों की तरह होती है। आज तक जोकरों ने किसी की ज़िन्दगी के खेल में मैदान से जीतकर जाने नहीं दिया। वह तो दूसरे सर्कस के लिए दौड़-भाग में मसरूफ़ हो जाते हैं। ख़याल तो बहुत से लोगों का यही था कि ऐवाने अदब के चराग़ मुसीब भाई के एहतराम में मुद्दतों ख़ामोश रहेंगे, रौशनाई के सफ़ीर (दूत) मुद्दतों अपने जिस्म से काले लिबास नहीं उतारेंगे, आँसुओं की बोहतात (बहुलता) से सैलाब का ख़तरा पैदा हो जायेगा लेकिन यह तमाम बातें इफ़्तिख़ार आरिफ़ के बारहवें खिलाड़ी का ख़्वाब साबित हुईं। कुछ भी तो नहीं हुआ, किसी ने भी तो मातम नहीं किया, किसी भी आँख ने सोक नहीं मनाया, किसी ने भी तो जोगिया लिबास नहीं पहना। सुन्नी होने की कहानियाँ भी झूठी साबित हो रही थीं लेकिन मुझे अकाबिरीने अदब की सर्द मोहरी (ख़ामोशी) पर ज़रा भी हैरत नहीं थी क्योंकि सलीम जाफ़री ने अपने आख़िरी दिनों में एक तवील और दर्दनाक ख़त लिखा था... उसी ख़त से मिलता-जुलता एक ख़त मेरे पास भी आज तक महफ़ूज़ है। इस ख़त में भी उन्होंने दानिशवराने क़ौमो अदब के यहूदी रवैये की शिकायत की थी, कैंसर से जंग में हारते ही सारी दुनिया के शायरों अदीबों ने उनसे आँखें फेर ली थीं। उन लोगों से सलीम जाफ़री को ज़्यादा शिकायतें थीं जिनके लिए उन्होंने स्कूटर की ख़रीदारी के इन्तिज़ामात किये थे, जिनकी बीमारियों में सलीम जाफ़री ने अपने बैंक एकाउण्ट का मुँह ख़ोल दिया था, जिनके घरों में शादियों और निकाह में वह दामे दिरमे शरीक रहते थे। यह वह तमाम लोग थे जिनकी तहरीर भी सलीम जाफ़री की उम्र में अगर इज़ाफ़ा न करती तो कम से कम उनकी मायूसियों में कमी तो कर ही सकती थी। ऐसे तमाम लोगों के नामी ज़्यादातर हज़रात तो जानते हैं लेकिन अगर अवामी (सार्वजनिक) तौर पर इन तमाम लोगों के नामों की तशहीर (शोहरत) हो जाये तो दुनिया में शायरों और अदीबों से नफ़रत करने वालों की एक बहुत बड़ी तादाद पैदा हो जायेगी :

हर शाम हुई जाती है इक सुब्हे फ़रामोश
दुनिया यही दुनिया है तो क्या याद रहेगी

फूल पर बाग़ की मिट्टी का असर होता है

अगर मजमुई तौर पर देखा जाये तो डॉक्टर मुज़फ़्फ़र हनफ़ी निहायत शरीफ़ आदमी हैं। तबीयत में इंकिसार (विनम्रता) इतना कि फ़क़ीरों और दुर्वेशों के यहाँ भी कम दिखाई देता है। सादा लौह (भोले भाले) इतने कि दिलदार नगर के एक गाँव के मैदान में उतरने से भी नहीं शर्माते। दोस्त नवाज़ इतने कि राशन की दुकानवाला भी उनसे हमदर्दी का इज़हार करता है बल्कि कभी-कभी तो इज़हारे अफ़सोस भी करता है।

डॉक्टर साहब से मेरे मरासिम (ताल्लुक़ात) तक़रीबन पच्चीस बरस पुराने हैं। यूँ देखिये तो हिन्दुस्तान की बड़ी से बड़ी सीमेंट फ़ैक्ट्री भी पच्चीस बरस से ज़्यादा की गारण्टी नहीं लेती है और अगर बिलफ़र्ज़ (इत्तिफ़ाक़) से कोई फ़ैक्ट्री गारण्टी ले भी लेती है तो नतीजे के तौर पर उसकी मदद से बनाये हुए पुल टूट जाते हैं, मकानात बैठ जाते हैं और पानी की टंकियाँ शहर के तमाम गिद्धों और चीलों की चौपाल में तब्दील हो चुकी होती हैं लेकिन डॉक्टर साहब के कलाम की पकड़ इतनी मज़बूत है कि मुझ जैसे पहलवान क़िस्म के शायर को आज तक हिलने भी नहीं दिया! डॉक्टर साहब से मेरे मरासिम मुमकिन है गहरे न हों लेकिन मीठे ज़रूर हैं। इसकी पहली वजह तो ये है कि हम दोनों में से कोई भी शुगर का मरीज़ नहीं है, दूसरे न हम उनकी तनक़ीदी निगाह से कतराते हैं और न वो मेरी बेबाकी और साफ़गोई से। मुमकिन है पिछले जन्म में हम लोग सिकन्दर और अरस्तू रहे हों। ज़ाहिर है कि सिकन्दर तो हम ही रहे होंगे क्योंकि अव्वल तो डॉक्टर साहब को लड़ाई झगड़े से नफ़रत है, दूसरे पोरस के शिकस्त ख़ुर्दा (पराजित) हाथियों के लिए महावत ढूँढ़ना उनके मिज़ाज के ख़िलाफ़ होता। अरस्तू की कुर्सी मैं उनको यूँ भी पेश कर देता कि मुझे दुनिया के एक बड़े हिस्से पर हुकूमत करना था और वह उनके मशविरे और सलाहियत के बग़ैर मुमकिन ही नहीं थी और अगर मैं ऐसा नहीं करता तो हिन्दुस्तानी हुकूमत का बँधुआ वज़ीरे आज़म होकर रह जाता।

डॉक्टर साहब इतने पढ़े-लिखे शख़्स हैं कि उनसे किसी भी मौजू (विषय) पर गुफ़्तगू करने से पहले राहे फ़रार (भागने का रास्ता) ज़रूर देख लेता हूँ। डॉक्टर साहब मौलाना अबुल कलाम आज़ाद से लेकर माधुरी दीक्षित तक के बारे में आसानी से

गुफ़्तगू कर लेते हैं बल्कि माधुरी दीक्षित पर आशिक़ होने से पहले मक़बूल फ़िदा हुसैन मुमकिन है डॉक्टर साहब से तफ़्सीली गुफ़्तगू की हो :

ऐसा लगा सिमट-सी गयी सारी कायनात
उसमें कमर के गिर्द जो साड़ी को बल दिया

इस शेर को अगर आप अपनी उम्र से तीस बरस कम करके महसूस करें (बशर्ते कि आपकी उम्र पचास से कम न हो), तो आप फ़ौरन मक़बूल फ़िदा हुसैन की तमाम पेटिंग्स की लज़्ज़त को महसूस कर सकेंगे।

डॉक्टर साहब को किताबें पढ़ने का उतना ही शौक़ है जितना शौक़ बशीर बद्र को मुशायरे में पढ़ने का है। सफ़र में डॉक्टर साहब मुस्तक़िल किताबें पढ़ा करते हैं, किताबों से थक जाते हैं तो स्टेशनों के नाम और मुसाफ़िरों के चेहरे पढ़ा करते हैं। होटल पहुँचते ही फिर किताबों की वरक़ गर्दानी (पन्ने पलटने) में मशगूल हो जाते हैं, किताबें ख़त्म हो जाती हैं तो टेलीफ़ोन डायरेक्ट्री पर निगाहे करम डालते हैं। टेलीफ़ोन डायरेक्ट्री से ऊब जाते हैं तो होटल में रखी बाइबिल पढ़ना शुरू कर देते हैं। आप पढ़ने और पढ़ते रहने की तकरार से ऊब गये होंगे। लिहाज़ा अपने ऊब जाने को दस से ज़रब देकर (गुणा करके) मेरी कैफ़ियत का अन्दाज़ा लगा सकते हैं। मैं डॉक्टर साहब से अक्सर जलकर कह देता हूँ कि, "आपने निगाह नामे पर आसानी से दस्तख़त नहीं किये होंगे।" सुना है कि जवानी में शबे हिज्र (विरह की रात) हाथों की लकीरें पढ़कर गुज़ार देते थे। नमाज़ शायद इस ज़िद में नहीं पढ़ते हैं कि भाभी सारा दिन नमाज़ ही पढ़ती रहती हैं।

डॉक्टर साहब की शख़्सियत एक तो मिक़नाती-सी (चुम्बकीय) बहुत है और कलकत्ता वालों को चिपकने का शौक़... लेकिन होम मिनिस्ट्री में मेरी पकड़ मज़बूत होने की वजह से डॉक्टर साहब मेरा बहुत ख़याल रखते हैं क्योंकि ख़ुफ़िया रिपोर्ट के मुताबिक़ डॉक्टर साहब भाभी से इतना डरते हैं कि अगर ताश के पत्ते में भी बेगम आ जाये तो एहतरामन खड़े हो जाते हैं। लिहाज़ा मनो सल्वा (वह ग़िज़ा जो हज़रत मूसा की क़ौम बनी इसराईल के लिए अल्लाह की तरफ़ से आसमान से आती थी) हो या गाजर का हलवा मेरे हिस्से में ज़रूर आता है। भाभी साहिबा पाये बहुत अच्छा पकाती हैं और बक़ौल हकीम साहब बग़ैर पाये-खाये हुए कोई भी शख़्स पाये का शायर नहीं हो सकता। लिहाज़ा मैं बराबर कोशिश में लगा रहता हूँ कि किसी तरह पाये का शायर हो जाऊँ। हालाँकि अब डॉक्टर साहब के घर जाते हुए डर लगता है क्योंकि कलकत्ता के बहुत से शायर उनके पायदान पर पैर जमाये खड़े रहते हैं :

नन्हा-सा एक नीम का पौधा करे भी क्या
हर बेल चाहती है उसे आसरा मिले

जिस तरह आम भाजपाइयों के मुक़ाबले में अपने अटल बिहारी जी मोअतदिल (सन्तुलित) माने जाते हैं उसी तरह कट्टर और ख़ूँख्वार क़िस्म के नक़्क़ादों की

बनिबस्त डॉक्टर साहब किसी हद तक शरीफ़ दिखाई देते हैं। चूँकि आमतौर पर नक़्क़ाद हज़रात के सिलसिले में ये तसव्वुर पाया जाता है कि वह बहुत ख़ौफ़नाक, जलाली और सींग मारू क़िस्म के होते हैं यानी लाल कपड़ा देखते ही भड़क उठने वाले जैसा (कुछ होते भी ऐसे ही हैं) लेकिन अपने डॉक्टर साहब बिल्कुल मुख़्तलिफ़ (भिन्न) हैं। उसकी पहली और आख़िरी वजह ये है कि डॉक्टर साहब बुनियादी तौर पर शायर हैं। जब ख़राब हुए तो नक़्क़ाद हो गये बल्कि कभी-कभी उनसे गुफ़्तगू करने के बाद ये एहसास होता है कि शायद किसी मजबूरी ने उन्हें नक़्क़ाद बना दिया है जैसे कि पिछले ज़माने में ज़मींदारों के सताये हुए किसान और मज़दूर डाकू बन जाते थे (हालाँकि इस मिसाल से मैं सहमत नहीं हूँ क्योंकि डाकुओं के दिल में एक नर्म गोशा भी होता था जबकि नक़्क़ाद के पास तो दिल ही नहीं होता है)। हक़ीक़त है कि समाजी मजबूरियाँ ही *उमराव जान, डाकू पुतली बाई* और *फूलन देवी* बनाती हैं जबकि मुआशी (आर्थिक) मजबूरियाँ नक़्क़ाद पैदा करती हैं।

डॉक्टर साहब की पहली किताब *'पानी की ज़बान'* मैंने पढ़ी तो मुझे काफ़ी मज़ा आया। एक तो मेरी नवजवानी का ज़माना, फिर ग़ज़ल का वह ख़ुरदरा लहजा, रेशमी एहसास के दरीचे (खिड़की) से झाँकता हुआ नयी ग़ज़ल का वह चेहरा जिस पर शायर अपनी आँखों की कहानी और दिल की धड़कनें तहरीर करके मुस्कुराता हुआ कोई दूसरी तस्वीर बनाने चल देता है। उनके लहजे की काट और सफ़्फ़ाकी उनकी ग़ज़ल में पूरे आबोताब के साथ मौजूद रहती है। ग़ज़ल के लिए ज़मीनें इतनी सख़्त चुनते हैं कि फ़रहाद भी तैशा (पत्थर काटने का बसुला) फेंककर रोटी की दुकान में नौकरी पर लग जाता है। क़ाफ़िये ऐसे चुस्त और दुरुस्त तलाश करते हैं कि विल्स फिल्टर सिगरेट के इश्तिहार Made for each other की याद आने लगती है। रदीफ़ इतनी टेढ़ी-मेढ़ी चुनते हैं कि छोटा-मोटा ग़ज़ल का कारीगर ख़ून थूक दे, बड़ा कारीगर उस्तादी से तौबा कर ले और मस्जिद या ख़ानक़ाह में बैठकर *अल्लाहु अल्लाहु* करना शुरू कर दे।

उनकी हर ग़ज़ल उनकी नादिराकारी (अजूबेपन) और हुनरमन्दी का सुबूत देती है। उनकी ग़ज़ल का खुशगवार लहजा मायूसी से मुनकिर (इनकार करने वाला) नज़र आता है। उनका हर शेर एतमाद (विश्वास) और ज़िन्दगी की अलामत (प्रतीक) बन जाता है। उर्दू को *जोश* के घर की लौंडी भी कहा जाता रहा है, यही लौंडी जब डॉक्टर मुज़फ़्फ़र हनफ़ी के ऐवाने ग़ज़ल में आयी तो ऐवाने ग़ज़ल तक आने वाले हर रास्ते पर इल्म और फ़िक्र के चराग़ रौशन कर दिये। डॉक्टर साहब ने उर्दू की नज़ाकत को ऐसा बाँकपन बख़्शा कि वह मुन्नी बाई *हिजाब* और *गौहर जान* के चंगुल से निकलकर *रज़िया सुल्ताना* और *रानी लक्ष्मीबाई* की तलवार बन गयी। सुरीले तरन्नुम के सहारे अय्याश राजाओं और नवाबों की रग-रग में पेवस्त होने के बजाये डॉक्टर साहब की ग़ज़ल ऐसा तीर बन गयी जिसने समाज और हालात की घुटन के सीनों

को छलनी कर दिया। डाक्टर साहब के ज़मींदाराना लहजे की छुरी *शाद आरिफ़ी* की रखी हुई खुशामद की धार और चापलूसी के रूमाल तक को काटकर फेंक देती है। कभी-कभी तो ये महसूस होता है कि ये डॉक्टर साहब की ग़ज़ल नहीं बल्कि कैक्टस की बाढ़ है जिसे डॉक्टर साहब ने बोलने का हुनर सिखा दिया है। मेरी राय में सीधी सादी ज़बान में डॉक्टर साहब की शायरी में जंगल जलेबी जैसा फुसफुसापन नहीं है बल्कि फलेंदे (जामुन) जैसा मज़ा है जिससे ज़मीर का मैलापन दूर किया जा सकता है।

मुझे ये फ़ख्र हासिल है कि डॉक्टर साहब के जितने अच्छे शेर मुझे याद हैं उतने शेर शायद खुद डॉक्टर साहब को नहीं याद होंगे। अब डॉक्टर साहब बुरा मानेंगे कि मैंने ख़राब शेर कब कहे हैं। मेरा जवाब ये होगा कि जो शेर मुझे अच्छे लगे वह अच्छे होंगे और जो मुझे अच्छे नहीं लगे वो...। ईमानदारी से अर्ज़ कर रहा हूँ कि मैं शायर वायर तो हूँ नहीं और चूँकि दुनिया में पढ़े लिखे लोगों की तादाद 'ज़्यादा' हो गयी है लिहाज़ा वह उसे शायरी समझने लगे। अब अगर कोई फ़ाख़्ता को हरियल समझ कर ख़रीद ले तो इसमें बेचारे शिकारी का क्या कुसूर है? हाँ, अच्छे शेर की परख पर मुझे यक़ीनन फ़ख्र है। ख़राब से ख़राब शेर तो मुझे सैकड़ों के हिसाब से याद होंगे। चूँकि मेरे बचपन में आम सैकड़े के हिसाब से बिकते थे लिहाज़ा मुझे अच्छे शायरों के शेर भी सैकड़े के हिसाब से याद हो जाते हैं। अब आम भी बहुत महँगे हो गये हैं और अच्छे शेर भी कम दस्तयाब होते हैं। मैं अपने आपको आमों के सिलसिले में ग़ालिब का हमपल्ला (बराबर) समझता हूँ लेकिन अब तो न कोई बहादुर शाह ज़फ़र है जो अपने बाग़ात के कुछ दरख़्तों के आम मेरे नाम कर दे और न मेरे शौक़ की इन्तिहा को बयान करने के लिए कोई ख़्वाजा अल्ताफ़ हुसैन *हाली* ही मौजूद हैं। अब तो हर तरफ़ ख़्वाजासरा (हिजड़े) ही ख़्वाजासरा हैं जिनकी ख़िदमात हासिल करने के लिए पहले तो मुझे कोई हरम सरा (बेगमों के रहने का भवन) तामीर करवानी होगी। उस पर भी यह उम्मीद कम ही है कि ख़्वाजासराओं की करम फ़रमाइयों से मैं फ़ैज़याब हो सकूँगा क्योंकि फ़िलवक़्त (ज़माने में) जितने भी अदबी ख़्वाजासरा हैं वो किसी-न-किसी सरकारी या नीम सरकारी (अर्द्ध सरकारी) ओहदों की देखभाल में मसरूफ़ हैं और बेचारी उर्दू ग़ज़ल हरम सरा की आबरू भी है और चौकीदार भी।

महबूब राही ने डॉक्टर साहब पर पीएच.डी. की, डॉक्टर भी हो गये और मुझे पता तक नहीं चल सका। हालाँकि उनकी डॉक्टरी उस वक़्त तक न मोअतबर (अविश्वसनीय) समझी जानी चाहिए जब तक उसमें मेरे हवाले से कुछ सच्ची बातें भी शामिल न की जायें। इस हादसे में मुझे डॉक्टर साहब और महबूब राही दोनों की साज़िश मालूम होती है। डॉक्टर साहब ने सोचा होगा कि मैं कहीं वाक़ई सच न बोल दूँ और रहे महबूब राही, तो वह ऐसे इलाक़े के रहनेवाले हैं जहाँ हर तरफ़

केले ही केले होते हैं और कहावत मशहूर है कि *'भुसावल के अन्धे को केले ही केले नज़र आते हैं'* इसके सिवा कुछ नज़र नहीं आता है।

डॉक्टर साहब ने शाद आरिफ़ी पर बेमिसाल वर्क किया है। इस ख़ुदगरज़ ज़माने में भी इतने लायक़ और मोहब्बत करने वाले शागिर्द दस्तयाब हो सकते हैं, हैरत होती है। उन्होंने अपने मरहूम उस्ताद और अपने क़लम दोनों का हक़ अदा कर दिया है। मैंने भी एकाध बार शागिर्द बनाने की कोशिश की लेकिन शागिर्दों ने दूसरे दिन ही मेरे घर में दाख़िल होने से पहले आवाज़ देना कस्रे शान (शान के ख़िलाफ़) समझा। मैंने उनको समझाया तो सबने यूनियन बनाकर मुझे हल्क़ये उस्तादी से निकाल बाहर कर दिया। अब सुना है शागिर्दों की यूनियन ने एक ऐसा उस्ताद ढूँढ़ निकाला है जो उनके जूते भी पलँग के नीचे से निकालकर देता है :

कीं जिसने ख़िदमतें वही मख़दूम हो गया

डॉक्टर साहब इस लिहाज़ से भी खुश नसीब हैं कि लायक़ शागिर्दों का एक पूरा जत्था उनके साथ मौजूद रहता है। कई शागिर्द तो डॉक्टर साहब से इतने बड़े हैं कि हज़रत आदम के रिश्तेदार मालूम होते हैं। डॉक्टर साहब की सलाहियत की सोनोग्राफ़ी के बाद भी यह पता लगाना दुश्वार है कि उन्होंने पढ़ा ज़्यादा है या लिखा ज़्यादा है। बक़ौल हकीम साहब जो ज़्यादा पढ़ ले वह लिख नहीं सकता और जो ज़्यादा लिखता हो उसे पढ़ा लिखा नहीं समझना चाहिए। वैसे भी अगर ज़्यादा लिखने के लिए पढ़ना ज़रूरी होता तो दुनिया में क़लम से ज़्यादा किताबें फ़रोख़्त हुआ करतीं।

डॉक्टर साहब मुख़लिस होने के बावजूद तन्क़ीदी मामलात में बहुत मोहतात रहते हैं। क़लम की सियासी ब्लड बैंक वालों की तरह बहुत सोच समझकर ख़र्च करते हैं। खाते-पीते घर के आदमी हैं, अपनी शायरी की बदौलत मुल्क और बैरूने मुल्क (विदेश) के दावत नामों से पान की गिलोरियों के लिए भी काग़ज़ तलाश नहीं करना पड़ता है लिहाज़ा उनसे मज़मून लिखवाने का सिर्फ़ एक ही हथियार है और वह है उनकी तारीफ़!... यूँ भी तारीफ़ ऐसा मोहलक (घातक) हथियार है कि पत्थर पर इस्तेमाल कर दिया जाता है तो वह भी भगवान बनकर बैठ जाता है। उनके मोहतात होने की वजह से मैं अक्सर अपने उन तमाम अच्छे दोस्तों से शर्मिन्दा रहता हूँ जो ख़राब शायर हैं। डॉक्टर साहब के घर के पास ही बंगाल का सबसे बड़ा क़ब्रिस्तान है। सुनते हैं कि डॉक्टर साहब मौसूफ़ ने वहाँ एक क़ब्र किराये पर ले रखी है जिसमें ग़ैर मेयारी (निम्न स्तरीय) और ग़ैर ज़रूरी मुसव्विदों (अप्रकाशित आलेख) को दफ़्न करते हैं। बक़ौल हकीम साहब उन मुसव्विदों की तादाद इतनी है कि अगर सब मंज़रे आम पर आ जायें तो मुल्क में काग़ज़ के दाम बढ़ सकते हैं और दीमक के ख़ानदान वालों को भी पुदीन हरा या पचनोल की ज़रूरत पड़ सकती है। हालाँकि अगर डॉक्टर साहब की जगह मैं होता तो हमदर्द दवाख़ाने और डाबर

कम्पनी से एक बड़ा कमीशन लेकर इन मुसव्विदों पर अपनी राय दे सकता था क्योंकि डॉक्टर साहब भले ही अना और शराफ़त की मसकती हुई शाल ओढ़े रहें, मैं तो मौजूदा उर्दू अदब के अरबाबे इक्तिदार की तरह क़लम बेचकर रेशमी दुशाला ख़रीदने के लिए हर वक़्त तैयार रहता हूँ :

आज अपनी क़ीमती चीज़ें जुदा करता हूँ मैं
है कोई ऐसा जिसे मेरी शराफ़त चाहिए

डॉक्टर साहब के पास हर महीने डाक से जितनी किताबें आती हैं उतनी शायद छोटी-मोटी किताबों की दुकान पर भी मौजूद नहीं होती हैं। डॉक्टर साहब ने मुझे भी बहुत-सी किताबें तोहफ़े में दी हैं लेकिन झूठ नहीं बोलूँगा, उन्होंने हमेशा ऐसी किताबें मुझे नज्र की हैं जिन्हें खाने से दीमक की सेहत और मेरी अज़दुवाजी (गृहस्थ) ज़िन्दगी ख़तरे में पड़ सकती है। मेरा मसला ये है कि मैं ऐसे उर्दू वालों के बीच उठता-बैठता हूँ जो मुँह में तीन रुपये का पान दबाये, डेढ़ रुपये के फटीचर अख़बार को होटलों में एक दूसरे से छीन लेने में मसरूफ़ रहते हैं। ज़ाहिर है ऐसे लोगों की शिकम सेरी (पेट भरना) के लिए डॉक्टर साहब की बख़्शी हुई रद्दी भी ईनाम मालूम होती है। अपने मसरूफ़ क़लम से डॉक्टर साहब ने उर्दू अदब को हर तरह मालामाल किया है, मालामाल हुए नहीं हैं। ज़ाहिर है ऐसे बेलौस (स्वार्थ रहित) ख़िदमतगार उर्दू ज़बानो अदब का सरमाया हैं। हुकूमत को चाहिए कि बेईमान क़िस्म के लीडरों से सिक्योरिटी हटाकर डॉक्टर साहब जैसे लोगों की हिफ़ाज़त में दे दे क्योंकि शायर और अदीब ख़्वाह किसी ज़बान का हो, अगर वह अपनी ज़बान की ख़िदमत (सचमुच) कर रहा है तो वह यक़ीनन मुल्क की ख़िदमत कर रहा है। लिहाज़ा उसका ज़िन्दा रहना और देर तक ज़िन्दा रहना मुल्क की ज़िन्दगी और सेहत के लिए अज़हद (बेहद) ज़रूरी है।

लाश तक घर को न लौटी ऐसा मक़तल भा गया

एक मुकम्मल शायर पर एक अधूरा मज़मून

मजाज़ मर गये!

मजाज़ ने ख़ुदकुशी की!

मजाज़ का क़त्ल किया गया!

दरअस्ल यह तीन अलग-अलग ख़बरें थीं और इन तीन ख़बरों को एक ही ख़बर की क़ब्र में दफ़्न कर दिया गया।

आधी सदी से ज़्यादा बीत जाने के बाद भी मजाज़ की मौत के सिलसिले में यक़ीन से कुछ भी नहीं कहा जा सकता कि यह ख़ुदकुशी थी, क़त्ल था या फिर एक कुदरती मौत थी?

हैरत है कि पानी की टंकी या बिजली के टॉवर पर चढ़कर ख़ुदकुशी का एलान करने वाले के साथ एक ज़माना हो जाता है लेकिन मजाज़ अगर ख़ुदकुशी ही करना चाहते थे तो उनको बचाने वाले कहाँ छुप गये थे। उनकी मदद के लिए संजीदगी से कोई आगे क्यों नहीं आया। हालाँकि वह इतनी बेहिसी (भाव विहीनता) का दौर भी नहीं था। उस वक़्त अदब की लंका में बावन गज़ियों की एक पूरी फ़ौज थी और अरबाबे इक़्तिदार (सत्ता धारियों) में भी मजाज़ और उर्दू से मोहब्बत करने वालों की एक भीड़ थी।

वह ब्लैक एण्ड व्हाइट फ़िल्मों का ज़माना था और मजाज़ की कहानी इतनी रंगीन थी कि हर आदमी उस चलती फिरती और बोलती हुई उर्दू शायरी की फ़िल्म से लुत्फ़ लेना चाहता था। शायद उर्दू वाले अपनी एलबम में उर्दू शायरी के Keats की बोलती तस्वीरों को क़ैद करना चाहते थे।

शायद मजाज़ की मौत का सबब उनकी बेपनाह मक़बूलियत और महबूबियत का वह सूरज था जिसके आगे किसी तरक़्क़ी पसन्द शायर और अदीब का चराग़ नहीं जलता था। मजाज़ ने अपनी कम उम्री में ही हर उम्र के शायर और अदीब को शोहरत और मक़बूलियत में कोसों पीछे छोड़ दिया था, बदक़िस्मती से उनके हमअस्रों (समकालीनों) में कोई उनका मद्दे मुक़ाबिल था ही नहीं। वो अपनी जादुई शख़्सियत और एहतिजाज (विरोध) की रिदा (चादर) ओढ़े हुए रूमानी शायरी की बदौलत उन

लोगों के मद्दे मुक़ाबिल आ गये जो कभी उनके आइडियल हुआ करते थे। मजाज़ की बेइन्तिहा ज़िहानत, पुरलुत्फ़, गुफ़्तगू और हाज़िर जवाबी सामिईन (सुनने वालों) से ज़्यादा उनके मुआसिरीन (ज़माने के लोगों) की तफ़रीह का सामान बन गयी। बल्कि अगर इस बात को सलीक़े से कहने की इजाज़त दी जाये तो यूँ भी कहा जा सकता है कि मजाज़ भी इंशा की तरह अपनी बेइन्तिहा ज़िहानत के शिकार हो गये। इंशा को बादशाह ने उनके घर पर क़ैद करके मार दिया था और मजाज़ को उनके मुआसिरीन ने इतनी ढील दे दी कि वो अपने आपको क़त्ल करने में कामयाब हो गये :

ऐसा लगता है कि कर देगा अब आज़ाद मुझे
मेरी मर्ज़ी से उड़ाने लगा सय्याद मुझे

तरक़्क़ी पसन्दों ने तरक़्क़ी पसन्द अदब की अवामी मक़बूलियत (जन लोकप्रियता) के लिए मजाज़ को एक रूमानी इश्तहार की तरह इस्तेमाल किया और मजाज़ का अंजाम भी वही हुआ जो फ़िल्म कामयाब होने के बाद उसके इश्तहार का होता है। मजाज़ की नावक़्त और नवजवानी की मौत ने तरक़्क़ी पसन्द तहरीक (आन्दोलन) को सरमाया दाराना (पूँजीवादी) साज़िश में तब्दील कर दिया सियासी तौर पर तरक़्क़ी पसन्द तहरीक के कई टुकड़े हो गये बल्कि तहरीक के एक टुकड़े ने अपने आपको ख़ुफ़िया तौर पर कांग्रेसियों का बँधुवा मज़दूर बना लिया। शायद मजाज़ की वालिदा मरहूमा के आँसुओं में इतनी रवानी थी कि ये तहरीक पूरी तरह से उसमें ग़र्क़ हो गयी। मजाज़ की मौत पर जितना भी शोरे मातम हुआ वह भी तरक़्क़ी पसन्दों ने अपनी-अपनी चौपालों की रौनक बढ़ाने के लिए किया। अगर ईमानदारी से जायज़ा लिया जाये तो मजाज़ की मौत से तक़सीम शुदा हिन्दुस्तान में उर्दू को ज़बरदस्त नुक़सान पहुँचा लेकिन तरक़्क़ी पसन्द अदब की दुकान चलाने वाले फ़ायदे में रहे। वो तो अल्लाह सलामत रखे अलीगढ़ यूनिवर्सिटी और उसके तालीब इल्मों को जो आज तक मजाज़ और उनकी यादों को सीने से लगाये हुए हैं, गाहे-गाहे उनकी यादों के मज़ार पर आँसुओं का छिड़काव भी करते रहते हैं वर्ना अब तो लखनऊ वाले भी उनकी क़ब्र की निशानदही में परेशानी महसूस करेंगे। मजाज़ की मौत पर जितना लिखा जाना चाहिए था, मजाज़ पर जितना काम होना चाहिए था, मजाज़ को पसेमर्ग (मृत्योपरान्त) जितना सिला मिलना चाहिए था उसका बीस फीसदी भी मजाज़ के हिस्से में नहीं आया क्योंकि बदक़िस्मती से उनकी ज़िन्दगी के अहम् और आख़िरी दिनों में हिन्दुस्तान सियासी बन्दरबाँट का शिकार था। उनकी शख़्सियत और शायरी भी उर्दू ज़बान की तरह तक़सीम की सूली पर लटका दी गयी। तरक़्क़ी पसन्द तहरीक के बाद की हर अदबी तहरीक ख़ुदसरी (उद्दण्डता) का शिकार हो गयी। उर्दू अदब में ढेर सारे गुलाम अहमद क़ादियानी पैदा हो गये जिनकी ज़िद, ख़ुदपरस्ती और बददियानती ने उर्दू ज़बानों अदब को भी मुल्क से मोहल्लों और गलियों में महदूदो महसूर (सीमित और क़ैद) कर दिया। सआदत हसन मिंटो को

तो पाकिस्तान में मरने के बाद थोड़ी-सी हमदर्दी और जगह मिल भी गयी लेकिन हिन्दुस्तान में मजाज़ का अफ़सोसनाक अंजाम हुआ। हिजरत (प्रवास) के हंगामें और शोर में उनकी बहिन सफ़िया और असरारुल हक़ मजाज़ की माँ की सिसकियाँ कौन सुनता। जो मजाज़ के शराब, शबाब और ख़राब होने का ज़माना था वही ज़माना हिन्दुस्तान के बुरे वक़्त से गुज़रने का भी था। काश! आज़ादी दस बरस पहले मिल गयी होती तो शायद न मुल्क तक़सीम होता और न मजाज़ इतनी जल्दी दुनिया से रुख़्सत होते।

मजाज़ अगर अपनी मौत मरे तो आख़िर उनको ऐसी कौन-सी बीमारियाँ थीं जो आख़िर कार उनकी मौत का सबब बनीं। उनमें बुरी आदतें बहुत-सी थीं लेकिन उन्हें ऐसी कोई भी मोहलक (घातक) बीमारी क़तई नहीं थी जो उनकी मौत का फ़ौरी सबब बनती।

मजाज़ ने अगर ख़ुदकुशी की तो इसका सबब भी तलाश किया जाना चाहिए क्योंकि दुनिया का कोई भी आदमी बेसबब ख़ुदकुशी की दहलीज़ तक नहीं जाता। कभी उसे हालात मजबूर करते हैं, कभी समाज उस पर निशाना साध लेता है और कभी ज़रूरतें उसे ख़ुदकुशी के ख़तरनाक मोड़ पर ले आती हैं। मजाज़ की इम्दाद के लिए चन्दा करने वाले लोग कौन थे? चन्दे के लिए रिसालों में इश्तिहार किन लोगों ने दिया? मजाज़ तो अलीगढ़ यूनिवर्सिटी के मेन गेट पर भी कासये इम्दाद (सहायता) लेकर खड़े हो जाते तो उनके चाहने वाले और यूनिवर्सिटी के जियाले उन्हें हिन्दुस्तानी करेंसी से तोल देते। भिखारी भी आवाज़ वहाँ लगाते हैं जहाँ से मिलने की उम्मीद होती है। तो फिर ये कौन लोग थे जो मजाज़ की मदद के लिए चन्दा माँगने के लिए उतावले हो रहे थे। कहीं ये वही लोग तो नहीं थे जो मजाज़ की हरदिल अज़ीज़ी की लाश पर खड़े होकर अपना क़द बुलन्द करना चाहते थे। मजाज़ की ख़ुदकुशी का सबब बनने वालों की शिनाख़्त बहुत ज़रूरी है क्योंकि मजाज़ की मौत उर्दू शेरो अबद की जड़ में मट्ठा साबित हुई। क्या उन पर लिखने वालों ने सिर्फ़ उन पर अपने ज़ोरे क़लम की आज़माइश के लिए उनको ठिकाने लगा दिया? ऐसे ढेर सारे सवालात हैं जिनकी पुलिस तहकीक़ (जाँच पड़ताल) न सही लेकिन अदबी तहक़ीक़ तो होनी ही चाहिए। मुमकिन है इस तहक़ीक़ की मिट्टी से कुछ ऐसे सुबूत भी ज़मीन उगल दे जिससे उनके क़त्ल की कहानी उभरकर सामने आये। सेमिनार में झूठे-सच्चे किस्से सुनाने वाले पेशेवर नक़्क़ाद (आलोचक) अगर अपनी तन्क़ीद को मुस्तनद और मोहतरम बनाना चाहते हैं तो मजाज़ की मौत का अस्ल सबब तलाश करने की कोशिश करें या फिर सेमिनारों, मुशायरों और मुबाहिसों (वाद विवाद) के ज़रिये मगरमच्छ वाले आँसू बहाकर मजाज़ की रूह को और तकलीफ़ न पहुँचायें।

दरअस्ल ये वही ज़माना था जब हिन्दुस्तान आज़ादी के लिए पर तोल रहा था और दुनिया की सबसे साज़िशे अंग्रेज़ क़ौम अज़ीम हिन्दुस्तान के पर कतरना चाह

रही थी। हिन्दुस्तान की मज़हबी रवादारी को तक़सीम की सूली पर चढ़ाने के लिए बेक़रार लार्ड माउण्ट बेटन एण्ड पार्टी मुहम्मद अली जौहर की वतनपरस्ती और बेबाकी (निडरता) से इन्तिकाम लेने के लिए मुहम्मद अली जिनाह के कमज़ोर बाज़ुओं में हिजरत (प्रवास) के रंग-बिरंगे पर लगा रही थी। फ़रार की गर्द को हिजरत के ताबनाक (रौशन) चेहरे पर मला जा रहा था। यकजहती को फ़िरक़ापरस्ती के जंगली जानवर चरने में मशगूल थे। ख़ुदग़रज़ सियासी शोबदेबाज़ गोरकनो (क़ब्र खोदने वाले) की तरह कन्धे पर फावड़े लिए हुए इस मुल्क के टुकड़े करने में मसरूफ़ थे। उस मुत्तहिदा (अविभाजित) हिन्दुस्तान को जिसे मुतास्सिब तारीख़दानों (पक्षपाती इतिहासकारों) के सबसे बड़े दुश्मन औरंगज़ेब बादशाह ने भी दरियाए अटक से लॉर्ड अशोका की राजधानी कटक तक एक डोर में बाँधे रखा था। तारीख़ के अवराक़ बड़े दिलचस्प क़िस्सों से भरे रहते हैं। हिरन के शिकार को इबादत और खिचड़ी खाने वाले बादशाह को ज़ालिम और बेईमान बताने वाली तारीख़ को न जाने इतिहास क्यों कहा जाता है।

मेरे क़लम को हाशिये की जगह न छोड़ने की इतनी बुरी आदत है कि वो हमेशा चलते-चलते बहकने लगता है। कभी-कभी तो मुझे ख़ुद भी मौजू (विषय) से हटते हुए ख़राब महसूस होता है। फिर ये सोचकर इत्मीनान-सा होने लगता है कि तारीख़ में इतना कुछ लिखने से छूट जाता है कि कभी-कभी क़लम हाशिया बरदारी से इनकार करने लगता है। तक़सीम शुदा मुल्क में हिजरत की आँधी इतनी तेज़ थी कि बड़े-बड़े बाग़ात उजड़ते जा रहे थे। अब ऐसे में एकाध कमज़ोर पेड़ के गिरने की आवाज़ किसे सुनाई देती है। विशाल धरती माँ की दर्द से भरी आवाज़ सुनने के लिए कोई तैयार नहीं था।

सय्यद सालार ग़ाज़ी की शहादत और रूहानी फ़ैज़ का असर रुदौली को हमेशा अपने हिफ़ज़ती हिसार में लिए रहता है। पता नहीं सय्यद सालार ग़ाज़ी की ज़ोहरा और मजाज़ की ज़ोहरा का कोई रूहानी रिश्ता था या नहीं लेकिन कभी-कभी कहानियाँ भी नदियों की तरह आपस में मुदग़म (विलीन) हो जाती हैं और उन्हें सिर्फ़ महसूस किया जा सकता है। किसी को भी उनकी तहक़ीक़ और उन पर तबसिरे की इज़ाज़त नहीं दी जा सकती :

लाश तक घर को न लौटी ऐसा मक़तल भा गया
हमने सोचा था कि कुछ साँसें बचा ले जायेंगे

(कबीर अंजुम)

सय्ययद सालार ग़ाज़ी की तरह मजाज़ भी रुदौली से ऐसे गये कि फिर वह तो नहीं आये हाँ, उनकी ख़बर ज़रूर आयी। एक सीधे सादे कस्बे का नौजवान जब अपनी डार से बिछड़ा तो फिर दुनिया की कोई ताकत उसे वापस नहीं ला सकी। दरबदरी में भी शायद इतना गहरा नशा होता है कि फिर अपना ठिकाना अच्छा लगता

है न याद आता है। खुदा जाने मजाज़ के पैरों में कैसी बेड़ियाँ थीं कि दरबदरी के वक़्त खुल जाती थीं लेकिन अपने घर की तरफ़ लौटते वक़्त मजाज़ के पैरों को जकड़ लेती थीं। अपनी डार से बिछड़ने का जो अंजाम होता है मजाज़ का भी तक़रीबन वही अंजाम हुआ। एक बेइंतहा ज़हीन कस्बाती नौजवान जब लखनऊ की रंगीनियों, आगरा के ताजगंज की मोहनियों और अलीगढ़ के बेफ़िक्रे नौजवानों में घिरा तो फिर वह अपने घर का रास्ता ही भूल गया। फिर देहली और बम्बई की गुनहगार बस्तियों ने इस कस्बाती नौजवान को इस काबिल ही नहीं रक्खा कि वह रुदौली के शरीफों की दहलीज़ों पर शनासाई (जान-पहचान) की गुहार भी लगा सके।

किसी के अदबी क़दो क़ामत को कम करने का एक आसान और मुहज़्ज़ब (सभ्य) तरीक़ा ये भी है कि उसकी अदबी कारगुज़ारियों से ज़्यादा उसके हालाते ज़िन्दगी, लतीफ़ों, फक्कड़पन और आशिक़ाना जुनून की तारीफ़ ज़्यादा की जाये और मजाज़ के साथ भी यही हुआ कि उनकी शायरी से ज़्यादा उनकी हरकतों का बख़ान किया गया.......जिन हरकतों की बिना पर शहर के शरीफ़ लोग उनसे कन्नी काटने लगे थे। मजाज़ का तक़ाबुल (तुलना) Keats से तो किया जाने लगा लेकिन उन्हें ईनामउल्लाह ख़ां *यक़ी* के अंज़ाम से ग़ाफ़िल रखा गया। ये हक़ीक़त है कि मजाज़ को उम्र बहुत कम मिली लेकिन जितनी भी मिली उसे भी उनके बुजुर्ग और जवान दोस्तों ने अदबी तौर पर ख़र्च नहीं होने दिया। मजाज़ के शेरों से ज़्यादा तादाद उनके लतीफ़ों की है। उनकी शायरी से ज़्यादा उनके लतीफ़े मशहूर हुए। वह तो अलीगढ़ के तालिब इल्मों ने उन्हें अपने ख़्वाबों का शहज़ादा बनाकर और उनकी नज़्म को अलीगढ़ यूनिवर्सिटी ने क़ौमी तराने में शामिल करके उनको गुमनाम होने से बचा लिया वर्ना अदब के ठेकेदारों ने तो उन्हें अनवर फ़र्रुख़ाबादी बनाकर रख दिया होता।

मजाज़ की बदनसीबी का इससे बड़ा सुबूत क्या हो सकता है कि उनके नाम पर उनके अपने लोग जिन में उनके करीबी रिश्तेदार भी शामिल हैं, अपने लिए दुनिया की हर आसाइश, ओहदा और रुतबा तलाश करते फिरते हैं लेकिन कभी भूले भटके उन्हें लखनऊ के निशातगंज के एक वीरान क़ब्रिस्तान में मजाज़ की क़ब्र पर उगी जंगली घास तरशवाने का मौक़ा नहीं मिलता :

जब कभी ताज़ा मज़ारों पे चरागाँ करना
एक टूटी हुई तुरबत पे भी एहसाँ करना

पुरानी यादों के मंज़र सुहाने लगते हैं

ऐन. रशीद मुझे उस वक़्त से अच्छे लगते थे जब मैं मोहम्मद जान हायर सेकेण्ड्री स्कूल की आठवीं जमाअत में पढ़ता था। ऐन. रशीद, शम्सुज़्ज़माँ, कलीमुद्दीन शम्स, मन्नान रशीद, मुनीर नियाज़ी और वसीमुल हक़ वग़ैरा अब्बू के नवजवान दोस्तों में थे। अब्बू को शायर और अदीब हज़रात से बहुत लगाव था। वह ख़ुद शायर या अदीब नहीं थे लेकिन शायद अपनी इस महरूमी को शायरों, अदीबों, सहाफ़ियों (पत्रकारों) दानिश्वरों और क़लन्दर सिफ़त लोगों में उठ-बैठकर पूरा करते थे। प्रोफ़ेसर एज़ाज़ अफ़ज़ल, सालिक लखनवी, रईस अहमद जाफ़री, शहाब लखनवी, सोज़ सिकन्दरपुरी और महमूद अय्यूबी से तो अब्बू की बहुत बेतकल्लुफ़ी थी। ज़ाहिर है कि इन हालात में ख़रबूज़े का ख़रबूज़े को देखकर रंग बदलना यक़ीनी था।

अपनी ट्रेनिंग के सिलसिले में ऐन. रशीद को कुछ दिनों के लिए इलाहाबाद में क़याम करना था। शम्सुज़्ज़माँ साहब की याद दिहानी (याद दिलाने) पर उनके रहने और ठहरने का इन्तिज़ाम इलाहाबाद में नेअमतउल्ला साहब के घर पर किया गया। ये ऐन. रशीद साहब का रख रखाव था कि वह मुझसे हमेशा नेअमतउल्ला साहब और उनके घर वालों के बारे में पूछते और बरसरे महफ़िल अपनी मुसीबतों के दिन में मदद करने वालों को याद करते थे। अब्बू जब तक ज़िन्दा रहे, अपने अहबाब के बारे में मुझसे बराबर पूछते रहते थे। माज़ी की मुँडेर पर बैठे हुए यादों के कबूतर कभी पत्थर मारने से भी नहीं उड़ते हैं। पुराने दोस्त, पुरानी चीज़ें, पुराने वाक़ियात और पुराने ख़तों के बराबर दुनिया की कोई चीज़ क़ीमती नहीं हो सकती। जिस दिन वकील अख़्तर का इन्तकाल हुआ था उस दिन कलकत्ता में गाड़ियों की हड़ताल थी। वकील अख़्तर की बेजान मिट्टी को उनके गाँव की मिट्टी बुला रही थी। शम्सुज़्ज़माँ साहब ने अब्बू को सूरते हाल बतायी। हड़तालियों के मारपीट करने की वजह से कोई भी ड्राइवर ट्रक ले जाने के लिए राज़ी नहीं था। अब्बू ख़ुद ट्रक की स्टेयरिंग पर बैठे और गाड़ी वेलेसली स्ट्रीट तक चलाकर ले गये। काश! मैं उनके इस ख़िदमते ख़ल्क़ (जनसेवा) के जज़्बे से पूरी तरह आरास्ता हो सकता।

ऐन. रशीद की सबसे बड़ी ख़ूबी यह थी कि वह छोटे-बड़ों का बहुत लिहाज़ रखते थे और सबको अच्छे लगते थे। सबके पसन्दीदा थे, सबके चहेते थे, मैं पूरी

ईमानदारी से यह अर्ज़ कर सकता हूँ कि मैंने पूरे हिन्दुस्तान में इतना ईमानदार पुलिस आफ़िसर नहीं देखा बल्कि ऐसी हमः जेह्त (बहुमुखी) शख़्सियतें तो उमूमन क़िस्से कहानियों में नज़र आती हैं :

जो डूबना है तो इतने सुकून से डूबो
कि आस-पास की लहरों को भी पता न चले

उर्दू वालों में ऐसे ज़हीन (बुद्धिमान), फ़राख़ दिल (विशाल हृदय), ईमानदार और निडर लोगों की हमेशा कमी रही है जो क़लन्दरी को गले लगायें, ज़िहानत की दिल खोलकर क़द्र करें और ख़ुशमज़ाक़ी का एहतराम करें कि यह फूल बहुत देर तक तरोताज़ा नहीं रहते लेकिन शायद ये उर्दू ज़बान की बदनसीबी है कि शाद आरिफ़ी ने रामपुर के एक फ़ोटो स्टूडियो के बाहर लकड़ी के एक स्टूल पर बैठकर ज़िन्दगी गुज़ार दी, यगाना और चंगेज़ी सारी ज़िन्दगी तहज़ीब के शहर लखनऊ के तमाम हमअस्र (समकालीन) शायरों और अदीबों के ज़रिये ज़लील होते रहे। मस्त कलकतवी को क़व्वाली का शायर कहकर वहशत और टैगोर की अदबी चटाई से बाहर कर दिया गया। मुज़तर हैदरी को बँधे हाथ-पैरों समेत गोल तालाब के गहरे पानी में डूब जाने दिया गया। इब्राहीम होश को घर का एक कोना पकड़कर मर जाने दिया। शहूद आलम आफ़ाक़ी सारी ज़िन्दगी उर्दू की जंग ज़रूरी असलहे के बग़ैर लड़ते रहे और सालिक लखनवी की बूढ़ी आँखें किसी अच्छे अस्पताल का शफ़्फ़ाफ़ (साथ सुथरा) बिस्तर ढूँढ़ने में क़तरा-क़तरा बुझ रही है।

अपने ओहदे, अपनी इल्मी लियाक़त और कद्दावर शख़्सियत के बावजूद स्टेज पर जहाँ जगह मिली वहाँ बैठ जाने की अदा सिर्फ़ ऐन. रशीद के पास थी जो उनके साथ ही हज़ारों मन मिट्टी के नीचे दबकर सो गयी :

लोग ढूँढ़ेंगे हमें भी हाँ मगर सदियों के बाद
जब ज़मीनों से कभी पत्थर निकाले जायेंगे

उनकी सबसे अच्छी आदत ये थी कि उन्हें जिस महफ़िल में बुलाया जाता था वह अपनी तमाम मसरूफ़ियतों के बावजूद वहाँ जाते थे लेकिन उनकी शख़्सियत के आगे अपने आपको शम्ए महफ़िल समझने वाले साहिबान आँधी के चराग़ की तरह लरज़ने लगते थे। शहर के तमाम साहिबाने दस्तार (महान् कहे जाने वाले लोग) अपनी-अपनी दस्तारों पर मसलहत के पत्थर रख लेते थे। उनकी क़लन्दरी की कोई क़द्र नहीं करता था बल्कि दिल ही दिल में कुछ हज़रात नापसन्दीदगी का इज़हार भी करते थे। उनकी शबोरोज़ की मयख़्वारी (मदिरा सेवन) के पर्दे में अपनी-अपनी ख़बासतें (दुष्कर्म) छुपाते थे। अपनी अदबी कम मायगी (अधूरेपन) की चोट पर उनकी ग़ीबत की शराब मलते थे कि इससे दर्द में काफ़ी कमी हो जाती है।

ऐन. रशीद ने जिस शान से ज़िन्दगी गुज़ारी उसी शाने बेनियाज़ी से रौनक़ पर आयी हुई दुनिया की महफ़िल से उठकर चले भी गये। न बीमारी का एलान किया,

न किसी को तकलीफ़ दी, न बिस्तर पकड़ा, न एड़ियाँ रगड़ीं, न रोये-गिड़गिड़ाये। सच है कि अल्लाह अपने नेक बन्दों पर मौत आसान कर देता है :

ज़िन्दगी जिसका बड़ा नाम सुना जाता है
एक कमज़ोर-सी हिचकी के सिवा कुछ भी नहीं

वह सारी ज़िन्दगी फ़क़ीरान अदा के साथ ज़िन्दा रहे। न दौलत की हवस, न शोहरत का ग़र्रा (गुरूर) न अज़मतों की ख़्वाहिश... नौकरी की तो बादशाहों की तरह, शायरी भी की तो अपने मिज़ाज और तबीयत के मुताबिक़, शराब भी पी तो अपनी पसन्द और मूड के हिसाब से, गुफ़्तगू की तो अपने स्टाइल में... सारे हिन्दुस्तान में (कलकत्ता को छोड़कर) उनके चाहने वाले, उनको पसन्द करने वाले और उनसे मोहब्बत करने वाले आसानी से शुमार नहीं किये जा सकते। यह ख़ुशनसीबी कलकत्ता के किसी और शायर को मुश्किल से नसीब हो सकेगी। अस्ल में ऐन. रशीद मग़रिबी बंगाल की अदबी पेशानी पर दमकते हुए उस झूमर की तरह थे जिसमें क़लन्दरी और बेनियाज़ी के हज़ारहा (हज़ारों) मोती जड़े हुए थे। यूँ भी झूमर कैसा भी हो पेशानी (मस्तक) के बग़ैर आबिद (आराधक) की इबादतगाह लगता है।

उनका शेरी मजमुआ (काव्य संग्रह) उनकी ज़िन्दगी में मंज़रे आम पर नहीं आ सका इससे उनकी फ़क़ीर मिज़ाजी और जेब की हालत का अन्दाज़ा लग जाता है लेकिन वह अपना मुसव्विदा (अप्रकाशित रचनाओं का संग्रह) कमोबेश रोज़ ही उलट पुलट कर देखते थे। उन्हें यह तो मालूम था कि मुसव्विदे के कासे (भिक्षापात्र) में भीख उसी वक़्त मिलती है जब आप ये तहरीर कर दें कि आप फ़क़ीर हैं लेकिन जो शख़्स ख़ुद ज़िहानत और लियाक़त का बादशाह हो वह भीख कैसे माँग सकता है।

चार-पाँच बरस पहले धनबाद में एक हिन्दो पाक मुशायरे का इनअक़ाद (आयोजन) हुआ था। सरदार मनमोहन सिंह धनबाद के एस.एस.पी. थे और अभय कुमार बेबाक जो ख़ुद भी बहुत ताज़ाकार शायर हैं, धनबाद में एस.पी. सिटी थे। पुलिस वालों की अदबी दिलचस्पी की वजह से यह मशरिक़ी हिन्दुस्तान का बड़ा मुशायरा था। डॉक्टर मुज़फ़्फ़र हनफ़ी और ऐन. रशीद को भी इस तारीख़ी मुशायरे में शरीक होना था। तयशुदा प्रोग्राम के मुताबिक़ ऐन. रशीद डॉक्टर साहब के फ़्लैट पर पहुँच गये। डॉक्टर साहब भी सामाने सफ़र बाँधे हुए थे। वहीं शहूद आलम आफ़ाक़ी भी तशरीफ़ फ़रमा थे। डॉक्टर साहब शहूद भाई की बहुत क़द्र करते थे। एक तरफ़ पुलिस महकमे के आला ओहदे पर विराजमान ऐन. रशीद, दूसरी तरफ़ कलकत्ता यूनिवर्सिटी के इक़बाल चेयर के प्रोफ़ेसर मुज़फ़्फ़र हनफ़ी और कहाँ एक ग़रीब ट्राम कण्डक्टर शहूद आलम आफ़ाक़ी लेकिन जब डॉक्टर साहब ने ऐन. रशीद को बताया कि शहूद साहब भी हम लोगों के साथ धनबाद चलेंगे तो ऐन. रशीद ऐसे ख़ुश हो गये जैसे क़स्बों में बच्चे ईदगाह देखकर ख़ुश हो जाते हैं। तीन शायरों

का यह क़ाफ़िला हावड़ा स्टेशन पहुँचा। पुलिस के कई आला प्रोफ़ेसर ऐन. रशीद की ख़िदमत पर मामूर (तैनात) थे। एक पुलिस अफ़सर ने ऐन. रशीद साहब को उनके तयशुदा प्रोग्राम के मुताबिक़ राजधानी एक्सप्रेस के ए.सी. कोच के दो टिकट लाकर दिये। पुलिस और मिलिट्री के आला हुक्क़ाम (हाकिमों) के नाम चार्ट में कुछ एहतियात की बिना पर दर्ज नहीं किये जाते लेकिन ज़ाहिर है कि ये दोनों टिकट ऐन. रशीद और मुज़फ़्फ़र हनफ़ी साहब के लिए थे। ज़हीन और शरीफ़ ऐन. रशीद ने फ़ौरन महसूस कर लिया कि शहूद भाई अपनी ग़रीबी और तंगहाली की बिना पर टूट-फूट जायेंगे और मुमकिन है कि तकल्लुफ़ (संकोच) में धनबाद जाने से भी इनकार कर दें इसलिए उन्होंने फ़ौरन पास खड़े पुलिस अफ़सर से कहा कि भई, ये दोनों टिकट तो शहूद साहब और डॉक्टर मुज़फ़्फ़र हनफ़ी साहब के हैं, शायद आप लोग मेरा ही टिकट लेना भूल गये हैं। सामने खड़ा पुलिस अफ़सर भी शायद सूरते हाल जान चुका था। उसने ऐन. रशीद से कहा कि सर! आप कोच में तशरीफ़ रखें मैं दस मिनट में आपका टिकट हाज़िर कर रहा हूँ। ये कहकर वह पुलिस अफ़सर एक और टिकट लेने के लिए काउण्टर की तरफ़ भागा।

रास्ते भर ऐन. रशीद शहूद भाई की शायरी के गुलबूटों पर इज़हारे ख़याल करते रहे। उनकी क़लन्दराना शख़्सियत और अदबी ख़िदमात पर गुफ़्तगू करते रहे। एक पुलिस का आला अफ़सर अगर इतना हस्सास (भावुक) और दरिया दिल हो तो उसे फ़रिश्ता ही समझना चाहिए क्योंकि पुलिस का महकमा तो इतना बदनाम है कि बक़ौल हकीम साहब वजू की हालत में पुलिस स्टेशन का नाम लेने से ही वजू टूट जाता है।

धनबाद स्टेशन पर ऐन. रशीद के इस्तक़बाल के लिए पुलिस के कई आला अफ़सर मौजूद थे। उनके साथ उनके मातहत (अधीन) भी *बाअदब बा मुलाहिज़ा* की तस्वीर बने हुए थे। ट्रेन रुकते ही डॉक्टर साहब और ऐन. रशीद का सामान पुलिस वालों ने अपने हाथों में ले लिया लेकिन शहूद भाई का ख़स्ताहाल सूट केस ऐन. रशीद के हाथ में था और वह उसे इस तरह उठाये हुए थे जैसे नोबुल ईनाम याफ़्ता अपना प्राइज़ उठाये रहते हैं। कई मातहत अफ़सरों ने उनके हाथ से सूट केस लेना चाहा लेकिन उन्होंने यह कहकर सूट केस किसी दूसरे को सौंपने से इनकार कर दिया कि मैं इस एज़ाज़ (सम्मान) में किसी और को साझीदार नहीं बनाऊँगा।

मुशायरे के बाद क़तील, शिफ़ाई, निदा फ़ाज़िली और मख़मूर सईदी में बहुत देर तक ख़ुमार आलूद (नशा ग्रस्त) गुफ़्तगू होती रही। मख़मूर साहब इस बात पर नाराज़ हो रहे थे कि ऐन. रशीद ने कई बार मेरे हिस्से की शराब भी पी डाली जो क़तई ग़ैर एख़लाक़ी हरकत है। ऐन. रशीद अपनी सफ़ाई इस मज़बूत दलील के साथ दे रहे थे कि, "मैं हमेशा अपने ज़र्फ़ (आत्म सामर्थ्य) के मुताबिक़ पीता हूँ। आपकी शराब तो अकसर महफ़िलों में इसलिए पी जाता हूँ कि आप ज़्यादा शराब पीते ही

गिलास की निचली सतह से भी नीचे आ जाते हैं और ये ख़राब सूरते हाल मैं क़तई बरदाश्त नहीं कर सकता कि एक ऐसे बड़े शायर को लोग तीसरे दर्जे के शराबियों में शुमार करते फिरें जो बेइन्तिहा मोहज़्ज़ब (सभ्य) और ख़ुश एख़लाक़ भी हो।"

मुशायरे की हाव हू ख़त्म होने के बाद भी ऐन. रशीद के दिल में एक फाँस खटक रही थी क्योंकि जब ऐन. रशीद अपने आबाई (पैतृक) शहर तोपचाची पहुँचे जहाँ उनकी वालिदा अपने छोटे बेटे शाहनवाज़ खाँ के साथ रहती थीं तो घर में दाख़िल होते ही ऐन. रशीद बच्चों की तरह माँ से लिपटकर कहने लगे, "इधर देखो अम्मा, मैं ऐसे शायर को लाया हूँ जो तुम्हारे बेटे से भी बड़ा शायर है।" शायद उनका इशारा इस हक़ीर (मुनव्वर) की तरफ़ था :

नामुरादाने मोहब्बत को हिक़ारत से न देख
ये बड़े लोग हैं जीने का हुनर जानते हैं

कुर्रतुलऐन हैदर कलकत्ता तशरीफ़ लायीं तो कलकत्ता दूरदर्शन वालों ने उनका इंटरव्यू करने के लिए ऐन. रशीद साहब का इन्तिख़ाब किया। ऐनी आपा से इंटरव्यू लेना आसान काम नहीं था लेकिन ऐन. रशीद ने उनका यादगार इंटरव्यू लिया। बातचीत के दौरान ऐन. रशीद ने एक शरारती-सा सवाल किया कि ऐनी आपा! आपने आज तक शादी क्यों नहीं की? ऐनी आपा ने हँसते हुए जवाब दिया कि मेरी शादी इसलिए नहीं हो सकी कि तलाश के बावजूद *ऐनी* को कोई *ऐन* नहीं मिल सका :

देर तक क़ायम रहे दाता तेरी ऊँची सराय
सब मुसाफ़िर हैं यहाँ कोई नहीं रह जायेगा

बहुत रोते हैं वो जिनको लतीफ़े याद रहते हैं

सरहद के पास बने हुए घर और झीलों के किनारे आबाद गाँव के लोग बड़ी खुटके की नींद सोते हैं, बड़ी मोहतात ज़िन्दगी गुज़ारते हैं, बहुत ही गुदाज़दिल (नर्म दिल) के मालिक होते हैं। उन्हें गिनती और हिसाब जोड़ने के लिए अपनी उँगली के पोरों का सहारा नहीं लेना पड़ता है। इनकी तजरुबेकार आँखों में अपने और आस-पास के गाँव-ग्राम की तस्वीरें उभर आती हैं। एक-एक इंच ज़मीन का नक़्शा, उस नक़्शे में बसी आबादी, पेड़-पौधे यहाँ तक कि हिजरत नसीब परिन्दों का हिसाब-किताब तहरीर रहता है। वह अक्टूबर के महीने से ही अपनी झीलों पर उतरने वाले परिन्दों का इस्तक़बाल करने लगते हैं लेकिन फ़रवरी का महीना आते ही उनकी उँगलियों की चमक में मुहाजिर (प्रवासी) परिन्दों की वापसी का ख़ौफ़ दिखाई देने लगता है। पुराने लोग झील में उतरने वाले बहुत से परिन्दों के पंजों में चाँदी का छल्ला डाल देते थे। यह ख़ैर सगाली (शुभकामना) का जज़्बा पुराने लोगों में कूट-कूटकर भरा हुआ था लेकिन यह उन दिनों की बात है जब सरहदों पर काँटेदार तारों की बाड़ नहीं होती थी। यह उन दिनों का क़िस्सा है जब पासपोर्ट जैसी गाली ने समाज में अपने लिए इज़्ज़तदार जगह नहीं बनायी थी। पास का मतलब पड़ोस और पड़ोस का मतलब सारी दुनिया हुआ करता था। एक दूसरे पर एतबार करने का मौसम साल भर रहता था। जैसे-जैसे दुनिया तालीम याफ़्ता (शिक्षित) होती गयी, दुनिया में वहशीपन (जंगलीपन) और दरिन्दगी बढ़ने लगी। वैसे-वैसे इंसानों का मिज़ाज भी बदलता चला गया। अब तो ये आलम हो गया है कि जंगल के जानवर सब्ज़ीख़ोर होते जा रहे हैं और शहरों में आबाद *इंसानी जंगल* में बसे लोग आदमख़ोरों में तब्दील होने लगे हैं। हमने अगर हिजरतों से अपना मुक़द्दर बनाने की कोशिश न की होती तो शायद दुनिया आज भी वैसी ही हाती जैसी दुनिया ऊपर वाला बनाना चाहता था। लेकिन अब कुछ भी नहीं हो सकता क्योंकि दुनिया के *ख़ुदाओं* ने आसमानी ख़ुदा से हज़ारों बरस के लिए Lease पर दुनिया का पट्टा अपने नाम करा लिया है। शायद इसीलिए कैसी ही तक़सीम (बँटवारा) हो जाये ऊपर वाला अपनी आँख की पट्टी नहीं खोलता। यह जो हिजरत (प्रवास) का ज़ख़्म होता है। यह बड़ा जानलेवा होता है, किसी दवा से नहीं भरता, किसी भी चारागर (चिकित्सक) की

समझ में नहीं आता। इसे कोई मौसम, कोई भी आबोहवा रास नहीं आती। ये अपनी दहलीज़ से बिछड़ती हुई लड़कियाँ बुढ़ापे तक बार-बार अपने छूटे हुए बाबुल के आँगन में क्यों लौटकर आती हैं? कभी हँसते हुए, कभी रोते हुए ये आबोदाने के लिए भटकते हुए परिन्दे हज़ारों मील की दूरी तय करने के बावजूद बार-बार वापस लौटकर क्यों आते हैं? इसी आने-जाने के चक्कर में ये हालात और मौत के शिकार भी हो जाते हैं। ये परिन्दे अपने उजले परों में हिजरत (प्रवास) की धुँधली तहरीरें छुपाये रहते हैं। हिजरत की धूप आँसुओं को चाट जाती है तभी तो हर मुहाजिर (प्रवासी) बग़ैर आँसुओं के रोता हुआ दिखाई देता है। जाने-अंजाने में अपनी ज़मीन को ढूँढ़ते हुए इंसानों और परिन्दों के बीच एक जाना-अंजाना-सा रिश्ता भी होता है। इन रिश्तों को दोनों पहचानते हैं लेकिन कभी इसका ज़िक्र करके एक दूसरे को उदास करने की भूल नहीं करते।

ऐसे ही हिजरत के तमाशे और कर्ब (पीड़ा) से आशना (परिचित) शख़्स का नाम है कृष्ण लाल नारंग जो हिजरतों का चश्मदीद (आँखों देखा) गवाह भी है और जो दूसरों की प्यास बुझाने और ख़ुश्क होंठों की पपड़ियों को नम करने की वजह से *साक़ी* के नाम से मशहूर हो गया। उसने खुद कभी अपने साक़ी होने का दावा नहीं किया, दावेदारी की कोई सनद भी नहीं दिखायी... न क़ानूनी, न पुश्तैनी... लेकिन दुनिया उसे साक़ी कहती है... साक़ी पुकारती है और साक़ी समझती है। दरिया कभी साक़ी नहीं हो सकता, कुआँ भी साक़ी नहीं होता क्योंकि दरिया हो या कुआँ ये प्यास बुझाने के लिए कहीं जाते नहीं हैं। पानी के ज़मींदारों की तरह कुएँ और दरिया अपनी लक्ष्मण रेखा में क़ैद रहते हैं लेकिन कृष्ण लाल नारंग साक़ी इसलिए कहलाते हैं कि यह प्यासों को खुद ढूँढ़ते रहते हैं और ढूँढ़ भी लेते हैं तभी तो साक़ी होना इनका इनाम भी है और नसीब भी :

जो दूसरों की प्यास भी महसूस कर सके
साक़ीगरी का काम करे तश्ना लब वही

अगर मुझसे कोई पूछता है कि कुँवर महिन्दर सिंह बेदी *सहर* साहब अपने बाद क्या छोड़ गये हैं तो मैं कहता हूँ कि एक भरा पूरा ख़ानदान... जब सवाल करने वाला मुझसे दूसरा सवाल करता है कि तरके (मरने वाले की सम्पत्ति) में क्या छोड़ा है? तो मैं फ़ौरन पूरी ईमानदारी से कहता हूँ कि कृष्ण लाल नारंग *साक़ी* को छोड़कर गये हैं। यह जवाब देते हुए किसी फ़लसफ़ी (फिलॉस्फ़र) का यह मुशाहदा मेरे पेशे नज़र रहता है कि हर नवमौलूद (नवजात) की आमद इस बात का सुबूत है कि ख़ुदा अपने बन्दों से अभी मायूस नहीं हुआ है। दुनिया वालों की निगाह में नारंग साक़ी बेदी साहब के बेतकल्लुफ़ नवजवान दोस्त थे लेकिन बेदी साहब की मुश्फ़िक़ाना (स्नेहपूर्ण) निगाह में नारंग साक़ी उनकी औलाद की तरह थे। बेदी साहब ने उनकी ज़ेहनी और अदबी परवरिश की थी। अदबी तौर पर तो बेदी साहब की तमाम पिदरी शफ़क़त (पितृवत स्नेह) नारंग साक़ी के साथ थी।

तक़रीबन चार दहाइयों (दशकों) से नारंग साक़ी उर्दू और उर्दू वालों से साँसों की तरह जुड़े हुए हैं। शायरों और अदीबों की दोस्ती में इतनी बेलौसी (निःस्वार्थता) के साथ दूसरा कोई भी शख़्स उनका मुद्दे मुक़ाबिल नहीं है। दरअस्ल ख़ामोश ख़िदमतों का नूर भी इंसान को चाँद-सूरज बना देता है। नारंग साक़ी से मेरे मरासिम (सम्बन्धों) का सबब शान भारती और मयकश अमरोहवी हैं। शान भारती धनबाद से *रंग* नाम का एक अदबी रिसाला निकालते हैं और मयकश अमरोहवी अपनी अदबी तंज़ीम (साहित्यिक संस्था) *इण्डियन कल्चरल सोसाइटी* के नाम पर हर बरस देहली में एक दर्जन के आस-पास मुशायरे कराते हैं। इन दोनों अदबी अदारों (संस्थाओं) को नारंग साक़ी की तरफ़ से हर तरह की मुआविनत (सहायता) और सरपरस्ती हासिल रहती है। ऐसे ही दर्जनों अदारे हैं जिनको नारंग साक़ी की क़लन्दरी और सख़ावत (दानशीलता) से फ़ैज़ पहुँचता रहता है। जिस तरह आमतौर से लोग देहली में लाल क़िला और कुतुबमीनार देखने जाते हैं उसी तरह उर्दू के शायर और अदीब देहली में कृष्ण लाल नारंग साक़ी का शर्बते दीदार पीने ज़रूर जाते हैं। यहाँ पर शर्बते दीदार की तरकीब इस्तलाहन (परिभाषा के तौर पर) इस्तेमाल की गयी है वर्ना देहली में शाम के बाद ज़्यादातर पढ़े-लिखे लोग पानी का इस्तेमाल बन्द कर देते हैं। मुझ जैसे आदाबे महफ़िल से नावाक़िफ़ लोग भी पेप्सी और कोका कोला से अपनी प्यास बुझाते हैं। ख़ैर, प्यास तो पानी से ही बुझ जाती है लेकिन जिस तरह शराब के ममनूअ (निषिद्ध) क़रार दिये जाते ही अरब में सिरके का इस्तेमाल ज़रूरी हो गया था उसी तरह ज़िन्दगी से भरपूर महफ़िलों में ज़िन्दगी और मसाएल से छुटकारा हासिल करने वालों का साथ देने के लिए ही कोका कोला और पेप्सी की ईजाद हुई है। ऐसी महफ़िलों में साहिबाने महफ़िल का साथ न देना बदतमीज़ी में शुमार होता है लेकिन मेरी तावील (तर्क) हमेशा यही रहती है कि जब बाप से दोस्ती हो, उसकी बेटी से दोस्ती नहीं हो सकती। हज़रते अंगूर से मेरी दोस्ती है तो दुख़्तरे अंगूर (शराब) से दोस्ती करना क़तअन (क़तई) मुनासिब नहीं है और फ़िर बक़ौल अनवर नदीम :

ज़िन्दगी प्यार भरी मैंने यक़ीनन जी है
लोग पीते हैं तो लगता है कि मैंने पी है

ग़ैर मुमालिक (विदेशों) ख़ासतौर पर पाकिस्तान के शायर और अदीब देहली पहुँचते ही नारंग साक़ी को यूँ तलाश करने लगते हैं जैसे रेगिस्तान में सफ़र करने वाले कुआँ तलाश करते हैं। चूँकि पाकिस्तान में इस्लामी क़वानीन हैं लिहाज़ा वहाँ अंगूरज़ादी (शराब) को खुलेआम चलने-फिरने की इजाज़त नहीं है लेकिन ढके-छुपे में खुल खेलने की पूरी आज़ादी है। लिहाज़ा हिन्दुस्तान पहुँचते ही पाकिस्तानी शायरों और अदीबों की पचासों बरस पुरानी प्यास की कश्ती हिचकोले खाने लगती है। ऐसे में पूरी नेक नीयती से नारंग साक़ी सँभलने और लड़खड़ाने के दरम्यान बिजली के

खम्भे की तरह काम आते हैं। बेशतर पाकिस्तानी शायरों, अदीबों को हिन्दुस्तान में अपनी एम्बैसी का पता नहीं होता लेकिन नारंग साक़ी का घर और पता ज़रूर जानते हैं। अब ये तो दुनिया का अजीब ग़रीब दस्तूर है कि मेहमान को हमेशा बालादस्ती (प्राथमिकता) और ख़ुसूसी अहमियत हासिल होती है लेकिन मेज़बान की बातों का तज़किरा बहुत कम होता है, अगर बिलफ़र्ज़ कहीं होता भी है तो दूर के रिश्तेदारों जैसा जबकि ख़ुदग़र्ज़ी के इस अह्द में मेहमान तो मारे-मारे फिरते हैं लेकिन मेज़बान बहुत मुश्किलों से मिलता है।

नारंग *साक़ी* और *क़तील* शिफ़ाई का इश्क़ तो जग ज़ाहिर था। दोनों की दोस्ताना कुर्बतों (नज़दीकियों) का यह आलम था कि कभी-कभी ख़्वाब देखने के लिए दोनों एक दूसरे से अपनी आँखें बदल लेते थे। अब तो दुनिया की कोई भी मेडिकल साइंस ये नहीं बता सकती है कि नारंग साक़ी के चेहरे पर उनकी अपनी आँखें हैं या मरहूम क़तील शिफ़ाई की। दोनों के दरम्यान दीवानावार इश्क़ की यह इन्तिहा थी कि क़तील शिफ़ाई की तअज़ियत (शोक व्यक्त करना) के लिए नारंग साक़ी क़तील शिफ़ाई के वतन लाहौर पहुँच गये, दोस्त की मिट्टी तो नसीब नहीं हुई लेकिन जिस मिट्टी को ओढ़कर दोस्त सो गया था उस मिट्टी को पलकों से लगाना नहीं भूले। मुमकिन है वह अपने दोस्त से अपनी आँखें माँगने गये हों या उनकी आँखें वापस करने! दरअस्ल दोनों के ख़्वाबों में बड़ी मुमासिलत (समरूपता) थी। दोनों के ज़ेहन में *मुत्तहिदा* (अविभाजित) हिन्दुस्तान की पुरानी तस्वीर जड़ी हुई थी। दोनों ही ग़म को भुलाकर एक दूसरे से मिलते थे कि अब वह लोग दो मुख़्तलिफ़ ममालिक के बाशिन्दे हैं। हिन्दुस्तान से इतनी कुर्बत के सबब पाकिस्तान में एक हल्क़ा (वर्ग) क़तील शिफ़ाई को नापसन्द करता था। मुमकिन है क़तील शिफ़ाई से नारंग साक़ी के इस वालिहाना (पुरजोश) इश्क़ से नारंग साक़ी के कुछ हिन्दुस्तानी दोस्त भी नाराज़ रहते हों। लेकिन वह इश्क़ क्या जिसके लिए दुनिया की आँखों में आँखें डालकर जीने से डरना पड़े।

ये भी दिलचस्प हक़ीक़त है कि दो मुल्कों के दरम्यान हज़ार नफ़रतों के बाद भी बेदी साहब को पाकिस्तान में किसी आलिमे दीन (धार्मिक विद्वान्) जैसी इज़्ज़त हासिल थी। देहली को फ़िरक़ा परस्ती और यक तरफ़ा नफ़रत की आग से बचाने में कुँवर महिन्दर सिंह बेदी का रोल पण्डित जवाहर लाल नेहरू से किसी तरह भी कम नहीं था लेकिन ये अफ़सोस नाक सच है कि हम तारीख़ के पन्ने भी नफ़रतें ढूँढ़ने के लिए पलटते हैं। हमने तारीख़ के किर्म ख़ुर्दा (घुन खाये हुए) पन्नों पर कभी मोहब्बतें और कुर्बानियाँ तलाश करने की कोशिश नहीं की। तारीख़ की इस सच्चाई तक पहुँचते ही आपको भी एहसास होने लगेगा कि एक ही जैसी कुर्बानियों के एवज़ में एक शख़्स वज़ीरे आज़म की कुर्सी तक पहुँचता है लेकिन दूसरा शख़्स वैसी ही कुर्बानियों के बावजूद पद्म श्री और पद्म भूषण के ईनाम तक नहीं पहुँच सका।

ये क़िस्सा कोई हज़ार बरस पहले का नहीं है और किसी दूसरे मुल्क का भी नहीं है। यह शर्मनाक क़िस्सा बीसवीं सदी का है और इसी हिन्दुस्तान की तारीख़ के पन्नों पर बदनुमा दाग़ की तरह मौजूद है :

एक आवाज़ मुक़द्दर की यही है तक़सीम
सुब्हे नव तुझको मिले मुझको सियह रात मिले
गर ख़ुदा है तो उसे भी न गवारा होगा
एक सोने में तुले एक को ख़ैरात मिले

(क़तील शिफ़ाई)

ग़ालिब की तरह नारंग साक़ी के लिए भी शेरो अदब ही इज़्ज़त का ज़रिया नहीं है और न ही उनका पेशये आबा (पूर्वजों का पेशा) सिपहगरी था। वह तो कारोबारी ख़ानदान से तअल्लुक़ रखते हैं लेकिन कारोबारी लोग अपनी ज़बान और अपने अदब को कभी कारोबार का हिस्सा नहीं बनाते हैं। नारंग साक़ी का पेशये आबा सिपहगरी तो नहीं था लेकिन उन्हें उर्दू से वालिहाना इश्क़ सिर्फ़ इसलिए है कि यह उनके बुजुर्गों की गोद में पली-बढ़ी ज़बान है। उनके घर के दरो दीवार ने इस ज़बान की नाज़बरदारी (सेवा) की थी। उनकी तहरीरें उनकी ज़िहानत (बुद्धिमत्ता) की सच्ची गवाह हैं। उनकी अदबी सलाहियतें किसी भी डिग्री होल्डर प्रोफेसर और So Called Doctor से ज़्यादा हैं। उनकी तख़्लीक़ी (रचनात्मक) उड़ान के आगे आसमाने अदब के बहुत से शहबाज़ चील-कौवे दिखाई देते हैं लेकिन मैदाने जंग में मरहम पट्टी करने वाले और पानी पिलाने का काम करने वालों की अहमियत भी किसी भी महाज़े जंग पर लड़ते सिपाही से कम आँकना सच्चाई के चेहरे पर कीचड़ मलने के मुतरादिफ़ (समान) है। नारंग साक़ी का अदब में वही मुक़ाम है जो रमज़ान के महीने में सहरी जगाने वाले का होता है या सड़क पर ज़ख़्मी हालत में पड़े हुए मरीज़ को अस्पताल पहुँचाने वाले का होता है। उनकी दरिया दिली और सख़ावत की वजह से कितने ही ज़रूरत मन्दों की पिंदारे अना (स्वाभिमान का गर्व) ठेस लगने से बच जाती है। उन्होंने अपने घर पर किसी एम्बैसी का नुमाइशी झण्डा तो नहीं लहराया लेकिन उनके दिल के साथ-साथ उनके घर के दरो दीवार भी जज़्बये ख़ैर सगाली (शुभकामना की भावना) से अंगारये इश्क़ की तरह दहकते रहते हैं।

न जाने क्यों एक कड़वा सच तहरीर करने को जी चाह रहा है। खुदा करे कि मेरी क़लम रौशनाई की कमी का बहाना बनाकर इस सच्चाई को काग़ज़ पर बिखेरने और सँवारने से इनकार न करने लगे। वाक़िया ये है कि जब किसी पढ़ाने वाले प्रोफ़ेसर या डॉक्टर की तारीफ़ में ये खुशामदाना फुँदना टाँका जाता है कि मौसूफ़ दो दहाइयों या चार दहाइयों से उर्दू की ख़िदमत कर रहे हैं तो मुझे वैसे ही हँसी आती है जब मेरे या मेरे जैसे और भी बहुत से मुशायरे पढ़ने वालों को इस एज़ाज़ से सरफ़राज़ किया जाता है कि ये शोअरा हज़रात उर्दू की सच्चे दिल से ख़िदमत कर

रहे हैं। अब भला बताइए एक मुद्दत से ये झूठ कमोबेश रोज़ाना बोला जा रहा है लेकिन कोई भी एहतिजाज नहीं करता कि हज़ारों बल्कि लाखों रुपये कालेज और यूनिवर्सिटी से तनख़्वाह उठाने वाले और अदब के नाम पर मुशायरों में सड़ा-गला माल बेचकर कोठियाँ खड़ी करने वालों का उर्दू की ख़िदमत से क्या तअल्लुक़ है? अगर ये लोग उर्दू के ख़ादिम हैं, जाँ निसारे अदब हैं तो कुँवर महिन्दर सिंह बेदी सहर और नारंग साक़ी को किस ख़ानये एज़ाज़ (सम्मान का स्तर) में रखा जाना चाहिए। उन क़ारिईन हज़रात को कौन-सी दस्तारे एज़ाज़ (सम्मान की पगड़ी) से नवाज़ा जाये जो अपने बहुत-से ज़रूरी इख़राजात की गर्दन पर छुरी रखकर उर्दू के रसाएल (पत्रिकाएँ), किताबें और अख़बारात ख़रीदते हैं। मैं उर्दू के कई ऐसे क़ारिईन से वाक़िफ़ हूँ जो अपनी छोटी-मोटी बीमारी का इलाज दवा के बजाय उर्दू का रिसाला ख़रीदकर करते हैं। अदबी तौर पर नारंग साक़ी की अगर बहुत ज़्यादा ख़िदमात नहीं है तो इतना कम भी नहीं है कि हर ऐरे-ग़ैरे नक़्क़ाद के तराज़ू पर आसानी से तोला जा सके। दरअस्ल हुआ यूँ कि हमारी उर्दू तन्क़ीद को उसकी पैदाइश के वक़्त से ही *'सूखे'* का मरज़ लाहक़ हो गया था। दवा-दारू की कोशिश तो बहुत की गयी लेकिन इस बीमारी से छुटकारा हासिल करना कोई आसान काम नहीं था। चार-साढ़े चार सौ बरस के सफ़र में उर्दू ज़बानो अदब के साहिबाने इक़्तिदार (सत्ताधारी लोग) तेज़ रफ़्तार जहाज़ों पर तो उड़ने लगे लेकिन उनकी ज़ेहनियत ख़च्चर सवारों वाली ही रही। सारी दुनिया को उर्दू का गाँव बताने वाले ये *उर्दू ख़ोर* हज़रात सिर्फ़ अपने लिए नयी-नयी चरागाहें तलाश करने में लगे रहे। सारी दुनिया को उर्दू का एक गाँव बताने वाले ख़ुद्दामे अदब (साहित्य सेवक) बेचारी उर्दू ज़बान की हिफ़ाज़त के लिए मिट्टी का क़िला भी तामीर नहीं कर सके। काश यह काम नारंग साक़ी जैसे लोगों को सौंप दिया गया होता तो उर्दू ज़बान की तरवीज (प्रचलन) और तरक़्क़ी के लिए बालिश्त भर ज़मीनों पर एकेडमियाँ बनाने की ज़रूरत नहीं पड़ती।

नारंग साक़ी से मोहब्बत करने वालों की फ़ेहरिस्त तवील है। उनके नमक ख़्वारों की फ़ेहरिस्त के लिए भी दस-बीस वरक़ कम पड़ेंगे। उनसे फ़ायदा उठाने वालों की गिनती ही नहीं की जा सकती। ऐसे में सिर्फ़ कुँवर मोहिन्दर सिंह बेदी *सहर* पर किये गये उनके काम पर हिन्दुस्तान की कोई भी यूनिवर्सिटी उन्हें पीएच.डी. की डिग्री से सरफ़राज़ कर सकती थी, अपने तख़्लीक़ी कामों की बदौलत वह बहुत से अहम सरकारी और ग़ैर-सरकारी एज़ाज़ से अपने दरो दीवार सजा सकते थे लेकिन :

लोग प्यास अपनी बुझाते हैं चले जाते हैं
और दरिया है कि चुपचाप रवाँ रहता है

हमारी मिट्टी वतन को तलाश करती रही

कई लोग कहानियाँ लिखते हैं और कई लोग बज़ाते ख़ुद एक दिलचस्प कहानी होते हैं। ऐसी कहानी जो सबकी समझ में आ जाये मगर सबको नयी-नयी-सी लगे, सबकी सुनी हुई फिर भी लोग उसे बार-बार सुनना चाहें। यह कहानी सुनहरी रोशनाइयों से तहरीर नहीं होती बल्कि यह कहानी आँसुओं और तबस्सुम के मुरक्कब (मिश्रण) से दिलों पर लिखी जाती है फिर क़िस्सये पारीना (पुराना क़िस्सा) बनकर पलकों-पलकों अपना सफ़र मुकम्मल करती रहती है। सदियाँ बीत जाने के बाद भी ऐसी कहानियों की जिल्द, कोई वरक़ या कोई हर्फ मैला नहीं होता। यह कहानियाँ देहातों में जुगनू बनकर और शहरों में दास्तानें बनकर ज़िन्दा रहती हैं।

नवाब मतीन लतीफ़ी ऐसी ही एक ख़ूबसूरत कहानी थे। तक़रीबन दस बरस पहले हबीब हाशिमी ने इस कहानी से मेरा तआरूफ़ (परिचय) कराया था। फूलती हुई साँसें, कँपकँपाता हुआ जिस्म, टपकते हुए ज़ख़्मों जैसा चेहरा, चिराग़े आख़िरे शब की तरह झिलमिलाती आँखें, लेकिन मुस्कुराहट, जैसे काँटों की बाढ़ में उलझा हुआ गुलाब का फूल, जैसे बबूल के पेड़ पर बैठा हुआ ख़ुशरंग परिन्दा, जैसे कैक्टस पर मँडलाती हुई तितली, जैसे शाख़े बरहना (नंगी शाखा) से उलझी हुई पतंग, जैसे फ़साद ज़दा शहर में इबादतगाह, जैसे पत्थर के नीचे दबा हुआ नन्हा-सा पौधा, जैसे गैसज़दा भोपाल में बच्चे की किलकारी।

नवाब साहब बहुत फ़िज़ूल ख़र्च थे। पैसों के मामले में ही नहीं सेहत के मामले में भी और ज़िन्दगी के सिलसिले में भी। दामे, दिरमे सुख़ने, क़दमें वाला मुहावरा उनकी शख़्सियत की ग़म्माज़ी करता था या उनकी शख़्सियत उनके अल्फ़ाज़ के मानी बताती रहती थी।

नवाब साहब की तालीमी डिग्रियों और तमग़ों को तो मैंने कभी नहीं देखा लेकिन इतना जानता हूँ कि वह बहुत पढ़े लिखे आदमी थे। उन्होंने चेहरों की बेशुमार किताबें पढ़ी थीं लिहाज़ा उन्हें अपनी दुःख की तफ़्सील बताने की ज़रूरत किसी को नहीं पड़ती थी। वह तो ख़ुद ही वरक़-वरक़ आईना थे। उनके फ़क़ीरकदे में तक़दीम व ताख़ीर (वरीयता और विलम्ब) या बड़े-छोटे की कोई तक़्सीम नहीं थी :

जब से दरे इनसाफ़ से उठ आये हम, उनको
तक्सीम का पैमाना बदलना नहीं पड़ता

दिन हो या रात, सुबह हो या दोपहर, दिसम्बर हो या जून, नवाब साहब के मिज़ाज का मौसम हमेशा एक-सा रहता था। दरवाज़े की घंटी के पहले सुरीले शोर पर ही जवाबी आवाज़ आती थी, "कौन साहब हैं! तशरीफ़ लाइए" और इसके साथ ही वह मुसाफ़ा करना भी नहीं भूलते थे, ख़्वाह डॉक्टर ने उन्हें हाथ हिलाने से भी मना कर रखा हो। इस पुराने लेकिन गर्मजोशी से भरे इस्तक़बाल (स्वागत) के फौरन बाद ही नवाब साहब बेगम सहिबा को आवाज़ देते, "रज़िया साहिबा! फ़लाँ साहब तशरीफ़ लाये हैं।"

नवाब साहब की सबसे बड़ी .ख़ूबी उनकी एख़लाकी याददाश्त थी। मसलन, वह हमेशा याद रखते थे कि उनके किस मेहमान के किस सिगरेट के ब्रांड से देरीना ताल्लुक़ात हैं। फिर एक जुम्बिशे निगाह होती और उनकी मुलाज़िमा फ़रीदा उसी ब्रांड की सिगरेट लाकर मेहमान के सामने रख देती। मुझे तो उनकी सिगरेटों में शराबे दो आतिशा (कॉकटेल) का-सा मज़ा मिलता था। उन्होंने किसी मेहमान का इस्तक़बाल सिर्फ़ चाय से कभी नहीं किया कहते थे राना साहब! चाय सस्ती ख़ुश एख़लाकी का सर्टीफ़िकेट है और जल्द रवाना कर देने का बक़्रिया (टेलीग्राम)। वह यह भी कहते थे कि नाश्ते का एहतमाम .ख़ुलूस या अमारत (रईसी) जताने की चीज़ नहीं है बल्कि यह एक बहाना है साहिबेख़ाना का अपने मुलाक़ातियों को देर तक क़रीब रखने का। शकर नवाब साहब के लिए मना थी इसके बावजूद उनकी नाश्ते की ट्रे में मिठाई का होना उतना ही ज़रूरी था जितना हिन्दुस्तान में फ़साद होना ज़रूरी है। वह हमेशा शुस्ता (शुद्ध) उर्दू में गुफ़्तगू करते थे। उन्हें करेला खाते और हिन्दी बोलते कभी नहीं देखा गया। दरअसल उनका वजूद गर्मियों में पेड़ के साये की तरह था, ऐसे की तरह जहाँ बैठने वाले को फल भी खाने को मिलते थे।

नवाब साहब की फ़िज़ूल .ख़र्ची का यह आलम था कि वह ज़िन्दगी को भी पड़ी पायी हुई दौलत की तरह ख़र्च करते थे। लफ़्ज़ 'परहेज़' के मानी उनकी यहाँ वह नहीं थे जो डॉक्टर बताते हैं। उनका क़ौल था कि आदमी को बुराई से परहेज़ करना चाहिए, खाने पीने में क्या परहेज़। वैसे इस ज़ेह्नी .ख़ुदख़ुशी की वजह उनकी सेहत की ख़राबी थी क्योंकि जिस तरह आबरू अगर बची हो तो उसकी हिफ़ाज़त की जाती है उसी तरह सेहत अगर अच्छी हो तो आदमी उसका ख़याल करता है और परहेज़ करता है :

जिस कबूतर पे शाहीं झपटते रहें
वो ग़रीब एहतरामे .ख़ुदी क्या करे

सिगरेट नवाब साहब के लिए ज़हर का दर्जा रखती थी लेकिन नवाब साहब ने तमाम ज़िन्दगी या तो अपनी बेगम से मोहब्बत की या फिर सिगरेट से। कहते

थे मैं वफ़ादार आदमी हूँ। जिसका हाथ पकड़ता हूँ सारी ज़िन्दगी नहीं छोड़ता। बेगम रज़िया लतीफ़ी उनकी सिगरेट नोशी से बहुत नाराज़ रहती थीं लेकिन मोहब्बत करने वाली बीवियाँ अपनी शौहरों की बुराईयों से भी मोहब्बत करने लगती हैं :

तेरी बरहना पाई का दुःख बाँटते हुए
मैंने ख़ुद अपने पाँव में काँटे चुभो लिए

एक दिन की बात की बात है मैं नवाब साहब के कमरे बैठा हुआ सिगरेटें फूँक रहा था। नवाब साहब भी मेरे इस कारे बद में शरीक थे। अचानक बेगम साहिबा तशरीफ ले आयीं और नवाब साहब को सिगरेट पीते देखकर नाराज हो गयीं। कहने लगीं कि अब मुझे दरवाज़े पर लिखवाना पड़ेगा कि यहाँ सिगरेट पीना मना है। नवाब साहब खाँसते हुए बोले, "बेगम साहिबा, मज़मून की तवालत से गुरेज़ कीजिए और सिर्फ़ गुरुद्वारा लिखवा दीजिए।"

नवाब साहब की शख़्सियत का सबसे दिलचस्प पहलू उनकी बज़लासन्जी (तबीयत की शोख़ी) थी। हालाँकि उन्हें अपनी मुस्कुराहट की बहुत क़ीमत अदा करनी पड़ती थी। ग़ालिबन मुस्कुराहट के पर्दे वह अपने ग़मों को छुपाये रखते थे। जिस तरह सलीक़ेमन्द औरतें दीवार के उखड़े हुए प्लास्टर का ज़ख्म छुपाने के लिए कैलेण्डरों का इस्तेमाल करती हैं। काफ़ी पहले की बात है उनके घर पर एक नशिस्त (गोष्ठी) हुई थी, जब शमा घायल आज़मी के चेहरे के करीब पहुँचकर मुस्कुराने लगी और घायल साहब ग़ज़ल सुनाने का इरादा कर ही रहे थे कि नवाब साहब ने कहा कि जनाब ऐसी ग़ज़ल सुनाइये जिसमें 'शीन' और 'क़ाफ़' का इस्तेमाल न हो। चूँकि इन हुरूफ़ की अदायगी में आपको जितनी दुश्वारी होती है उतनी दुश्वारी तो लेबर रूम में किसी औरत को भी नहीं होती।

इसी तरह का एक और दिलचस्प वाक़िया है, नवाब के घर पर एक नशिस्त बरपा थी, बज़्में अरबाबे अदब के काफ़ी शोअरा मौजूद थे। बैरूनी शोअरा में ग़ालिबन रईस आँवलवी, हबीब हाशिमी और मैं शमिल थे। बशीर अहमद बशीर साहब कोई मक़ाला पढ़ना चाहते थे, उनके शागिर्द अपने साथ टेप रिकार्डर और कैसेट लेकर आये थे (जिस तरह मौलाना हक़्क़ानी बहुत से जलसों में अपना माइक लेकर जाते थे)। टेप रिकार्डर से जुड़ा हुआ तार बहुत छोटा था लिहाज़ा तार का प्लग तक पहुँचना बहुत दुश्वार हो रहा था। नतीजतन मुशायरे में ताख़ीर (देरी) हो रही थी। हम लोगों को एक शादी की तक़रीब में भी शरीक होना था लेकिन हल्कये अरबाबे अदब कैसेट के ज़रिये मक़ाला (निबन्ध) सुनवाने पर आमादा था। नवाब साहब ने हम लोगों के चेहरे पर बेज़ारी की गर्द देखी तो मुस्कुराकर कहने लगे, "मक़ाला ज़रूर पढ़ा जायेगा क्योंकि शेर सुनने वाले तो हर जगह मिल जायेंगे लेकिन यह मक़ाला सुनना सब के बस की बात नहीं है।"

मालूम नहीं यह मेरी ख़ुशफ़हमी है या हक़ीक़त कि मैं समझता था कि नवाब

साहब मुझसे बहुत मोहब्बत करते थे, भाभी भी मुझे बेपनाह चाहती थीं, रूही और शादाँ भी मुझसे हक़ीक़ी चचा जैसा बर्ताव करती थी (हालाँकि मेरी शख़्सियत में ऐसी कोई जाज़बियत नहीं है लेकिन मोहब्बत तो नसीब से मिलती है, शख़्स्यित, जाज़बियत और क़ाबलियत तो लुग़त की चीज़ें हैं) चूँकि इन लोगों को मालूम था कि मुझे मीठी चीज़ें बहुत पसन्द हैं लिहाज़ा ईद के मौक़े मेरे लिए भाभी ख़ासतौर से सिवइयों का एहतमाम करती थीं। एक बार ईद के मौक़े पर मैं उनके यहाँ नहीं जा सका क्योंकि एक ट्रक के हादसे के सिलसिले में शहर से बाहर चला गया था। तक तक़रीबन एक माह के वक़्फ़े के बाद नवाब साहब के घर पर हाज़िरी देने गया। पहले तो देखते ही नाराज़ हो गये लेकिन मेरी परेशानियाँ सुनकर मुझसे ज़्यादा परेशान दिखाई देने लगे। मैंने माहौल की संजीदगी ख़त्म करने के लिए भाभी से अपनी सिवइयों के बारे में दरयाफ़्त किया और भाभी ने फ़ौरन मेरे सामने रख दीं और मुस्कुराते हुए बोलीं कि मुनव्वर भाई, यह ईद की सिवइयाँ हैं, आपका हिस्सा रेफ़्रीजरेटर में रखवा दिया गया था (वैसे यह बात अब शहर के तमाम शायरों और अदीबों को मालूम हो गई कि मैं मिठाई का बहुत शौक़ीन हूँ चुनांचे अब तो मुझे गालियाँ भी क़िवामी दी जाती हैं।)

नवाब साहब कितने ही बीमार क्यों न हों उर्दू के अक्सर प्रोग्रामों में शामिल होते थे। कई बार तो यह भी देखा गया कि लोग उनको सहारा देकर लाते थे। उर्दू आर्ट्स के मुशायरे में उनकी मौजूदगी ज़रूरी थी। जब मैं पहली बार अपने मुशायरे का दावती कार्ड नवाब साहब को देने गया तो नवाब साहब ने मुझे मुबारकबाद दी। मैं रुख़सत होने लगा तो मुझसे लिपट गये। घर आने पर मुझे अपनी जेब में कुछ गर्मी महसूस हुई। मैंने जेब में हाथ डाला तो मालूम हुआ कि पाँच सौ रुपये का एक चेक मेरी जेब में रखा है (यूँ भी रुपया अगर कोल्डस्टोरेज में भी रखा जाये तब भी गर्म ही रहता है)।

सार्दियों का ज़माना था और दुर्गा पूजा का मौसम। मेरी बेगम मायके गयी हुई थीं और मैं हर तरह के शर से महफ़ुज़ था। एक शब प्रोग्राम बना कि तमन्ना परवीन की क़व्वाली सुनी जाये। लिहाज़ा उर्दू आर्ट्स का तिकोन (हबीब, रईस, राना) इस ग़ैर शायराना महाज़ (मोर्चा) पर रवाना हुआ। पर हम लोग महफ़िल में पहुँचे तो मालूम हुआ कि अब्बास भाई भी मौजूद हैं। बेचारे शरीफ़ आदमी हैं, कम बोलने वाले लेकिन कारामद हैं, शायरों से बेपनाह मोहब्बत करते हैं। ख़िज़्रपुर के इलाक़े के रईस हैं। मिज़ाज क़लन्दरों वाला पाया है। उन्होंने हम लोगों को उस जगह बिठा दिया जहाँ से हम लोग कव्वालों और कव्वाल हम लोगों की औक़ात को देख सकते थे। हमें अपनी फटी पुरानी जेबों को छुपाना भी दुश्वार था। रात के तक़रीबन बारह बजने वाले थे। हम लोग पैसा लेने भी कहीं नहीं जा सकते थे लिहाज़ा ऐसे मौक़े पर नवाब ही याद आये। फ़ौरन उनके घर पर नाज़िल हो गये। नवाब साहब ने हम लोगों का इस्तक़बाल इस तरह किया जैसे वह हमारे ही इन्तिज़ार में हो। हम लोगों ने आमद

की वजह बतायी और पाँच सौ रुपये उधार माँगे, नवाब साहब ने रुपये फ़ौरन हम लोगों के हवाले किये और दरवाज़े पर आकर राज़दाराना तरीक़े से पूछा, "क़व्वाला कैसी है?" मैंने अर्ज़ किया बहुत ख़ूबसूरत है। कहने लगे फिर पैसे वापस करने की ज़रूरत नहीं।

एक मुशायरे में नवाब साहब से मुलाक़ात हो गयी। बेगम भी मेरे हमराह थीं। मैंने नवाब साहब से बेगम का तआरूफ़ कराया कि जनाब यह मेरी ग़ज़ल हैं। नवाब साहब मुस्कुराते हुए बोले, "यक़ीनन इस ग़ज़ल में वालिदैन की इस्लाह शामिल है वर्ना आप बहुत घटिया ग़ज़ल कहते हैं।"

गुलशने अदब का यह चहचहाता हुआ परिन्दा अपने आबायी (पैतृक) वतन से सैकड़ों मील के फ़ासले पर अस्पताल के एक शिकन आलूद बिस्तर पर महीनों मौत से मुक़ाबला करता रहा और फिर एक वीरान-सी सुबह को बादे नसीम (सुबह की हवा का झोंका) ने रज़िया लतीफ़ी की माँग के सिन्दूर को काली धूल में तब्दील कर दिया और नवाब साहब की ज़िन्दगी ने अपने बँधे हुए हाथों से उनका जिस्म मलकुलमौत के हवाले कर दिया। अस्पताल वालों की बदसुलूकी और पुलिस वालों की दैरीना काहिली ने उनकी लाश को काफ़ी ताख़ीर से वारिसों के हवाले किया क्योंकि वह लोग नवाब साहब के मुर्दा जिस्म की छानबीन करना चाहते थे। वह तो ख़ुदा का शुक्र है कि कलीमुद्दील 'शम्स' इस शहरे बेमसरफ़ में मौजूद हैं जिनकी कोशिशों से पोर्ट के इलाक़े के डिप्टी कमिश्नर ने अस्पताल वालों का इरादा बदलवा दिया वर्ना लाश की बेहुरमती (अनादर) भी होती और पता नहीं कब उसकी तजहीज़ और तदफ़ीन होती। शहर के सियासी दुकानदार कुछ भी कहें लेकिन यह हक़ीक़त है कि कलीमुद्दीन 'शम्स' इस अँधेरी शब में चिराग़ेराह की मानिन्द हैं। कभी-कभार चिराग़ से घर भी जल जाते हैं लेकिन चिराग़ जलाना तो छोड़ना नहीं चाहिए। इनसान तो नेकी और बदी का मुजस्मा होता है। अगर कलमुद्दीन 'शम्स' में कुछ ख़ामियाँ हैं भी तो उन्हें नज़रअन्दाज़ करके उनकी अच्छाइयों से सबक़ लेना चाहिए क्योंकि हमारी क़ौम उस प्यासे की तरह है जिसके पास एक ही गिलास पानी है, बिलफ़र्ज पानी में मक्खी पड़ गयी है तब भी पानी फेंकने से ज़्यादा अच्छा तो मक्खी को निकालना है। मेरे ख़्याल से कलीमुद्दीन 'शम्स' का वजूद गाँव के दोराहे पर लगे हुए उस लैम्प पोस्ट की तरह है जिससे मुसाफ़िर फ़ैज़याब होते रहते हैं। ग़ालिबन यही एक सियास दरबार है जहाँ हर शख़्स की रसाई मुमकिन है वर्ना इस शहर के हालात तो बहुत ख़राब होते जा रहे हैं :

कूफ़े से क़रीब हो गया है
कलकत्ता अजीब हो गया है
क्या हँसता-हँसता शहर यारो
हासिद का नसीब हो गया है

यूँ भी अगर नवाब साहब के जिस्म की छानबीन होती तो डॉक्टरों को न तो दिल मिलता, न फेफड़े, न जिगर, न दिमाग़, सिर्फ़ और सिर्फ़ मुहब्बत मिलती। कहीं दिल की शक्ल में कहीं दिमाग़ की शक्ल में। उसी दिन उनके घर पर सोगवारों की पूरी की पूरी सफ़ मौजूद थी। टूटे-फूटे से रज़ी नातिकी, बुझे-बुझे मुबीन मुनावी, ख़ामोश-ख़ामोश से आशिक़ फ़ैज़ाबादी, बिखरे-बिखरे से परवेज़, अंजुम, उजड़े-उजड़े से जज़्ब आँवलवी और खोये-खोये से अय्यूब नासिर ने अपनी खामोश आँखों से नवाब साहब के फ़िराक़ की कहानी बयान की। इलियास इस्लाही ने भाग दौड़ कर के ग्यारह बजे शब में लाश हासिल की और वारिसों के हवाले कर दी। ज़हीर भाई रोते हुए लहजे में बताने लगे कि लाश को उनके आबायी वतन बनारस ले जाना है लिहाज़ा एक ट्रक पर नवाब साहब के मुर्दा जिस्म को बनारस के लिए रवाना कर दिया गया :

भटकती रूह बदन को तलाश करती रही
हमारी मिट्टी वतन को तलाश करती रही

वक़्त ऐसा मरहम है जो हर ज़ख़्म को मुन्दमिल कर देता है लेकिन ज़ख़्मों के निशानात बाक़ी रह जाते हैं। नवाब की जुदाई भी ऐसा ही एक ज़ख़्म है जो अदब और सख़ावत की पेशानी पर एक ख़ुशनुमा दाग़ छोड़ गया है। मुझे यक़ीन है कि जब भी कोई अच्छा शेर तख़लीक़ होगा तो नवाब साहब को तलाश करेगा। मुनासिब दाद और वाह-वाह से मख़्सूस अन्दाज़ के लिए यूँ तो इस शहरे बेपनाह में रईसों और नवाबों की कमी नहीं हैं लेकिन मतीन लतीफ़ी जिन्हें लोग मोहब्बत से नवाब साहब कहते थे, उनका बदल इस शहर को मिलना दुश्वार है :

मौत उसकी है करे जिसका ज़माना अफ़सोस
यूँ तो दुनिया में सभी आते हैं मरने के लिए

हज़ारहा दिलचस्प वाक़ियात नवाब ने अमानत के तौर पर मुझे सौंपे हैं लेकिन भाभी की उजड़ी हुई माँग ने इतना अँधेरा कर दिया है कि कुछ सुझायी नहीं देता। उनकी टूटी चूड़ियों की किर्चें मेरी आँखों को इस तरह ज़ख़्मी कर गयीं हैं, उनकी सिसकियों के शोर ने कानों को इतना मफ़लूज कर दिया है कि दिल की आहट भी सुनाई नहीं देती। उनकी चीख़ती हुई आँखों ने दिल के सब तारों को झँझोड़कर रख दिया है। रूही और शादाँ के चेहरे मुझे अपनी बेटियों के चेहरों की तरह दिखाई दे रहे हैं, ख़ासतौर से भाभी का यह कहना कि तुम कहाँ थे मुनव्वर, नवाब साहब आख़िर वक़्त में तुम को बहुत याद कर रहे थे। इस जुमले ने मुझे बोझल और उदास कर दिया है कि मैं शायद बहुत दिनों तक अपने आप को कोसता रहूँगा :

ज़िन्दगी में ये बदन शोलये जव्वालाँ था
मौजये सर्द मेरी लाश ठिकाने से उठा

ख़ुश रहो अह्ले वतन हम तो सफ़र करते हैं

उर्दू अदब में कुरअतुलऐन हैदर की आवाज़ जल तरंग की हैसियत रखती है। उत्तर प्रदेश के ज़िला बिजनौर और उसके क़स्बात ने हिन्दी, उर्दू, फ़ारसी और अरबी के हज़ारों सूरजमुखी पैदा किये लेकिन कुरअतुलऐन हैदर वाहिद (अकेली) अदीबा थीं जो अदब की चन्द्रमुखी का दर्जा रखती थीं। वो शायरी में नस्र (गद्य), नस्र में शायरा इतने भोलेपन से करती थीं कि उनकी दूधिया रंगत की तहरीरें भी शर्बती हो जाती थीं।

1927 ई. में पैदा होने वाली कुरअतुलऐन हैदर को उर्दू, हिन्दी, अंग्रेज़ी और फ़ारसी पर यकसाँ कुदरत (वर्चस्व) हासिल थी। उन्होंने बहुत शानदार ज़िन्दगी गुज़ारी। बक़ौल कुरअतुलऐन हैदर जब वह छह दिन की थीं तो उनका नाम नीलोफ़र रखा गया था लेकिन उनके ख़ालू ने *ताज ताहिरा* के नाम पर उनका नाम कुरअतुलऐन हैदर रखा। उनका ख़ानदानी सिलसिला हज़रत इमाम हुसैन तक पहुँचता है। उन्हें प्यार से तोता भी कहा जाता था लेकिन अदबी दुनिया में वो ऐनी आपा कहलायीं। उन्होंने उर्दू अदब को ख़ूब मालामाल किया। उनकी लिखी हुई कई किताबें निसाब (पाठ्यक्रम) में शामिल हैं। तक़रीबन दो दर्जन ज़बानों में उनके अफ़सानों और नाविलों का तर्जुमा हुआ। उन्होंने अपनी ज़िन्दगी का एक ख़ूबसूरत हिस्सा लखनऊ में गुज़ारा।

वो लखनऊ आई.टी. कॉलेज की तालिबा (छात्रा) थीं। उनकी एक नज़दीकी सहेली दाराब बानो वफ़ा उर्दू की बेहतरीन शायरा थीं जिनका अभी पिछले दिनों इन्तिक़ाल हो गया। उनकी मौत पर ऐनी आपा ने बड़ा ख़ूबसूरत और पुरअसर (प्रभावी) मज़मून लिखा था जिसको पढ़कर आँखें नम हो जाती हैं। उनकी पहली कहानी 'काठ गोदाम का स्टेशन' है जो उन्होंने छः बरस की उम्र में लिखी थी। उनके अफ़सानों के मजमूओं (संग्रहों) *'सितारों से आगे'*, *'शीशे का घर'*, *'पतझड़ की आवाज़'* और *'मेरे भी सनम ख़ाने'*, *'आग का दरिया'*, *'आख़िरे शब के हमसफ़र'*, *'कारे जहाँ दराज़ हैं'* ने उर्दू अदब के आसमान पर उनके नाम की कहकशाँ सजायी। *'गर्दिशे रंगे चमन'* की चाँदनी बेगम, *'चाय के बाग'*, *'अगले जनम मोहे बिटिया न कीजो'*, *'दिलरुबा'*, *'सीता हरन'* और *'हाउसिंग सोसाइटी'* वग़ैरा ने सारी दुनिया से उनकी अनोखी तहरीरों का लोहा मनवा लिया।

उनके वालिद सज्जाद हैदर यल्दरम उर्दू के बड़े अफ़साना निगार थे। वो बड़े-बड़े सरकारी ओहदों पर फ़ाएज़ (पदासीन) रहे। 1943 ई॰ में उनका इन्तिक़ाल लखनऊ में हुआ और वह ऐशबाग क़ब्रिस्तान में सुपुर्दे ख़ाक किये गये। ऐनी आपा लखनऊ के आई.टी. कालेज में अंग्रेज़ी की लेक्चरार भी रहीं। वो बी.बी.सी. से भी वाबस्ता (सम्बद्ध) रहीं। उन्होंने एक फ़िल्म *एक मुसाफ़िर एक हसीना* भी लिखी लेकिन फ़िल्मी ज़िन्दगी उन्हें रास नहीं आयी और वह सहाफ़त (पत्रकारिता) की तरफ़ दोबारा लौट आयीं। उन्होंने लन्दन से जर्नलिज़्म का कोर्स भी किया। तीन बरस तक Imprint मुम्बई में मैनेजिंग एडीटर और एक साल बहैसियत एडीटर काम किया लेकिन जब गोवा के एक कारोबारी ने इस अंग्रेज़ी मैगज़ीन को ख़रीद लिया तो उन्होंने इस्तीफ़ा दे दिया और फिर Illustrated Weekly of India के एडीटोरियल बोर्ड में शामिल हो गयीं। वो जामिया मिल्लया इस्लामिया और अमेरिका में विज़िटिंग प्रोफ़ेसर भी रहीं। ऐनी आपा को साहित्य एकेडमी अवार्ड, सोवियत लैण्ड नेहरू अवार्ड, ग़ालिब एवार्ड, ज्ञानपीठ एवार्ड और इक़बाल सम्मान के अलावा दीगर कई एवाडूर्स भी मिल चुके हैं। अगर वो एक हिन्दुस्तानी ज़बान की क़लमकार न होतीं तो अदब में नोबुल प्राइज़ की हक़दार होतीं। वो सुल्तान शाह मोहम्मद आरिफ़ (सज्जादानशीन, मजगवाँ शरीफ़) से बेपनाह अक़ीदत रखती थीं। अपने नॉविल *गर्दिशे रंगे चमन* में उन्होंने तक़रीबन पचास अवराक़ (पन्नों) पर सुल्तान शाह मोहम्मद आरिफ़ और उनके ख़ानवादे (घराने) को अपनी अक़ीदत और एहतराम से सजाया है। बज़ाहिर वो बहुत तुनक मिज़ाज और गुस्सेवर ख़ातून मशहूर थीं मगर अन्दर से रेशम जैसी मुलायम और खिरनी जैसी मीठी थीं। सुल्तान शाह मोहम्मद आरिफ़ उनकी ज़िन्दगी में जब भी देहली जाते तो उन्हीं के घर पर क़याम फ़रमाते थे।

अस्सी बरस की ऐनी आपा आरिफ़ मियाँ पर अक़ीदतों के फूल निछावर करते वक्त दस बरस की मासूम बच्ची जैसी लगती थीं। बेहद ख़ूबसूरत होने के बावजूद ताउम्र (आजीवन) कुँवारी ही रहीं। एक वाक़िया मशहूर है कि उनके वालिद के ज़माने में एक आई.सी.एस. अफ़सर उनको देखने के लिए उनके घर तशरीफ़ लाये, मेज़ पर नाश्ता सजाया गया, ऐनी आपा भी बैठी थीं। जैसे ही उस आई.सी.एस. अफ़सर ने चाय में बिस्कुट डुबोकर खाना शुरू किया, ऐनी आपा फ़ौरन उठकर अन्दर चली गयीं। वालिद साहब के पूछने पर उन्होंने कहा कि जिस शख़्स को चाय पीने की तमीज़ न हो उसके साथ ज़िन्दगी कैसे गुज़ारी जा सकती है।

उर्दू में फ़िक्शन निगारी की शहज़ादी ऐनी आपा मिज़ाजन बहुत सख़्त या बहुत ज़्यादा Choosy थीं। उनसे अपनी किताबों पर राय लिखवाने के लिए हिन्दुस्तान और पाकिस्तान के नामवर शायर और अदीब हज़रात उनके घर का चक्कर काटते रहते थे। सिफ़ारिशों और ताल्लुक़ात का बेजा इस्तेमाल करने से भी नहीं चूकते थे। एक बहुत मशहूर शायर जिनको पदमश्री से भी नवाज़ा गया था, ऐनी आपा से अपनी

किताब पर उनकी राय लिखवाने के लिए कई दिनों से देहली में मुक़ीम थे। मलिकज़ादा जावेद, ऐनी आपा के पसन्दीदा नवजवानों में शुमार किये जाते थे। उन शायर साहब ने मलिकज़ादा जावेद को बहला फुसलाकर इस बात पर आमादा कर लिया कि ऐनी आपा के दस्ते मुबारक (शुभ हाथों) से उनके शेरी मजमुये पर एक मज़मून लिखवा दीजिए। मलिकज़ादा जावेद कई दिनों तक आदत के मुताबिक़ मीठी मीठी बातों के ज़रिये ऐनी आपा को इस बात पर आमादा करने में मसरूफ़ रहे और एक दिन मुनासिब मौक़ा देखकर उन्होंने ऐनी आपा तक उन शायर साहब की गुज़ारिश पहुँचा दी। ऐनी आपा जंगल की आग की तरह भड़क उठीं। मलिकज़ादा जावेद ने ऐनी आपा से हाथ जोड़कर अर्ज़ किया कि आपा! ये बेचारा शायर आपके क़लम से निकले हुए चन्द जुमलों के लिए कई दिनों से होटल का किराया अदा कर रहा है। ऐनी आपा ने झुँझलाते हुए कहा कि जावेद! मैं इस शायर के होटल का किराया तो अदा कर सकती हूँ लेकिन नमाज़े अदब क़ज़ा नहीं कर सकती।

ऐनी आपा के बारे में पूरे इलाक़े में ये मशहूर था कि वो लिपस्टिक के बग़ैर घर के एक कमरे से दूसरे कमरे में नहीं जाती थीं। ये और बात है कि दुनिया जिसे लिपस्टिक समझती थी वो उनके अन्दर की वीरानी को छुपाने के लिए एक ख़ुशरंग नक़ाब थी जो हमेशा उनके चेहरे पर पड़ी होती थी।

उनकी सब से क़रीबी सहेली दाराब बानो वफ़ा ने भी शादी नहीं की थी। मैं अक्सर उनसे कहता था कि बा जी! जब औरत शादी नहीं करती है तो Abnormal हो जाती है और जब मर्द शादी कर लेता है तो Abnormal हो जाता है।

हम सिखा देंगे हर इक क़तरे को तूफ़ाँ होना

बाज़ शख़्सियतें ऐसी होती हैं कि उन पर क़लम उठाने से पहले हर ज़ाविये (कोण) से सोचना पड़ता है, हर तरीके से देखना पड़ता है, दिल अन्दर से ग़रीब आदमी की तरह डरा रहता है कि कहीं क़लम उठाते ही शख्सियत की पार्टी के लोग पत्थर न उठा लें, हिम्मत *स्टोन मैन* से डरे हुए आदमी की तरह जवाब देने लगती है। सियासत के बिखराव ने हर गली, हर मोहल्ले में पार्टियाँ बना दी हैं। पार्टियों की ज़्यादतियों से पार्टीशन का ख़तरा हर वक़्त रहता है। पार्टी तो मौजूद ही रहती है कहीं से लाकर या निकालकर सिर्फ़ *'शन'* जोड़ देने से पार्टीशन हो जाता है। पत्थर उठाने वालों से ज़्यादा ख़तरा महसूस करने की वजह कलकत्ता कार्पोरेशन की सड़कें हैं। हालाँकि पत्थरों के बेजा ढेर को सड़क कहना ऐसा ही है जैसे फटे हुए दूध को राबड़ी कहा जाये। मैं राबड़ी के साथ देवी इसलिए नहीं लगाता कि इस बह्र (Tune) में सिर्फ़ लालू प्रसाद यादव ही ग़ज़लें कह सकते हैं। मैं तो *'मैया मोरी मैं नहीं माखन खायो'* कहने के बावजूद मश्कूक (सन्दिग्ध) समझा जाता हूँ! कलकत्ता कार्पोरेशन की *'सड़कों'* से तेज़ रफ़्तार गाड़ियाँ जब गुज़रती हैं तो उनके टायरों की नाल से बन्दूक़ की गोलियों की तरह पत्थर निकलते हैं। ये अलग बात है कि निशाना तो इनसान का होता है, पत्थर तो बेचारे बेजान पत्थर होते हैं, उन्हें तो लोग भगवान भी कह दें तो वह कुछ नहीं बोलते और अगर पत्थर बोल ही देते तो बाबरी मस्जिद और राम जन्म भूमि के मुक़दमें की फ़ाइल पचास साल से भी ज़्यादा अर्से तक कोर्ट में धूल क्यों फाँक रही होती।

कलकत्ता कार्पोरेशन की कुछ सड़कों की एक ख़ूबी है कि वहाँ किसी नाज़ुक हसीना का पर्स तो मिल जायेगा लेकिन जल्दी से पत्थर नहीं मिलेंगे। ये मौक़ा कलकत्ता कार्पोरेशन के हुक्काम (अधिकारियों) के ख़ुश होने का नहीं है न कलकत्ता पुलिस की नुमाइशी मुस्कुराहट का, हालाँकि मुस्कुराहट से पहले मैं ज़हरीली भी लिख सकता था लेकिन पुलिस के साथ मुस्कुराहट लिखना ऐसा ही है जैसे किसी तवायफ़ (वेश्या) को शादीशुदा लिखा जाये क्योंकि सड़क पर पड़े पर्स के महफ़ूज़ रहने की वजह पुलिस की बेहतरीन चौकसी नहीं है बल्कि झोलों, बैगों और ब्रीफ़केस में मिलने वाले बम हैं जिसकी दहशत से माहिर गिरहकट भी इन दिनों आदमी देखकर जेब

में हाथ डालते हैं। बीवियाँ जो शौहार की जेब को अपने ब्लाउज़ का हिस्सा समझती थीं वह भी अब अपने सिदयों पुराने हक़ के इस्तेमाल से गुरेज़ करती हैं और शौहर की जेब से पैसे इतनी सफ़ाई से निकालती हैं जैसे स्मगलर बार्डर से माल निकालते हैं, जैसे मिस्त्री गैराज की गाड़ी से पेट्रोल निकालते हैं, जैसे बेरोज़ादार टोपी निकालता है, जैसे कंजूस आदमी ज़कात निकालता है, जैसे धोबी पाजामे से इज़ारबन्द निकालता है, जैसे पोस्टमैन डाक-टिकट निकालते हैं, जैसे बूढ़े हज़रात जवान औरत को देखकर हसरत निकालते हैं और जैसे शार्गिद माइक पर सलीक़े से उस्ताद की ग़ज़ल निकालता है। सड़क पर पत्थर न मिलने की वजह कलकत्ता कार्पोरेशन की लियाक़त (योग्यता) नहीं है बल्कि बेचारी सड़क के सभी पत्थर दुबई की तवायफ़ों की तरह महीनों पहले बुक रहते हैं। हर पत्थर हमेशा किसी न किसी हाथ में होता है और हाथ किसी न किसी जानिब उठा होता है। इस आपसी संगबारी की वजह से हुकूमत बिल्कुल महफ़ूज़ रहती है बल्कि बक़ौल हकीम साहब अब हुकूमतें सड़क बनवाने के टेंडर के साथ ही साथ सड़क के पत्थरों को इनसानी हाथों के लायक़ बनाने का टेंडर भी तलब करती हैं। कहने वाले तो यहाँ तक कहते हैं कि पत्थरों की इतनी बोहतात हो गयी है कि अब सड़क किनारे आबाद लोग अपने-अपने घरों में सिल बट्टा नहीं रखते बल्कि सड़क से मसाला पीस लाते हैं। ना क़द्रिये संग (पत्थर का अनादर) का ये आलम है कि इस अह्द की लैलाएँ अपने मजनुओं को लात, घूँसों से पिटते देखकर गुज़ारिश करती हैं कि... *'कोई पत्थर से* भी *मारे मेरे दीवाने को।'*

बात शुरू यहाँ से हुई थी कि कुछ शख़्सियतें ऐसी होती हैं कि जिन पर क़लम उठाने से पहले सोचना पड़ता है। उनमें एक नाम जनाब क़ैसर शमीम का है जिनकी अदबी सलाहियत उस गहरी झील की तरह है कि जिसका पता लगाने वाला लौटकर ही नहीं आता, वहीं का हो रहता है। जिनकी इल्मी लियाक़त के आगे बहुत-से क़लमी डॉक्टर गर्दन डाले रहते हैं। जिनकी तर्बियत (प्रशिक्षण) कबूतर को उक़ाब बना देती है। उनके अदबी बेड़े में शायर, अदीब, ड्रामा निगार, इंजीनियर, डॉक्टर, लीडर, प्रोफ़ेसर, पुलिस वाले, मुजरिम, नास्तिक, अल्लाह वाले, कम्युनिस्ट, भाजपाई, कांग्रेसी, नक्सली और इधर-उधर वाले शामिल हैं। मुमकिन है अण्डरग्राउण्ड तौर पर ख़ाकी नेकर वाले भी शामिल हों लेकिन मैं तस्दीक़ (पुष्टि) नहीं कर सकता क्योंकि उनकी शाखा बहुत सवेरे लगती है और मैं बहुत देर से सोकर उठता हूँ बल्कि उठता कहा हूँ घर वालों के हाथों ज़लील करके उठाया जाता हूँ। इस बह्‌री (समुद्री) बेड़े में शामिल कई शागिर्दों के पास मोहलक (घातक) हथियार भी हैं और कई बज़ाते खुद अस्लहा हैं। सुनने में तो ये भी आया है कि उनके पास एक ख़ुदकुश (आत्मघाती) दस्ता भी है जो हर वक़्त मरने-मारने पर तैयार रहता है। उनके दुबले-पतले शार्गिद हवा में मार करने वाले लड़ाकू जहाज़ हैं और मेरे जैसे मोटे-ताज़े ज़मीनी लड़ाई में काम आते हैं। जंग के दौरान कुछ शागिर्द उनका कलाम पढ़ते हैं बाक़ी अल्लाह का कलाम पढ़ते

हैं। जो तैरना जानते हैं वह पनडुब्बी के तौर पर इस्तेमाल होते हैं, जो तैरना नहीं जानते उन्हें हुगली से कार्य मुक्त करके सेंट्रल एवेन्यू और राजा बाज़ार में माल बरदार (माल वाहक) बना दिया जाता है। उनमें से चन्द को नये फ़ौजियों की भर्ती पर लगा दिया जाता है। कुछ यह काम बहुत ईमानदारी से करते हैं और कुछ अपनी अलग छापा मार फ़ौज बना लेते हैं जैसे मदरसों के लिए चन्दा वसूलने वाले बहुत-से अलग से अपनी रसीदें छपवा लेते हैं।

क़ैसर शमीम साहब यूँ तो उर्दू के तालीमी शोबे (शिक्षण संवर्ग) से ताल्लुक रखते हैं लेकिन खुफ़िया तौर पर एक अदबी गैराज के मालिक भी हैं। हालाँकि इस गैराज से उनको आमदनी बिल्कुल नहीं होती बल्कि कभी-कभी तो मरम्मत के लिए आयी हुई गाड़ियों में उन्हें अपने पास से पेट्रोल भी भरवाना पड़ता है लेकिन पठान पैसे के लिए नहीं, इज़्ज़त के लिए लड़ता है। यहाँ तक कि जब ग़ालिब भी मुआसिरीन (समकालीनों) की *'छेड़ ख़ूबाँ से चली जाये असद'* से परेशान हो गये तो उन्होंने भी कलम को तलवार की तरह पकड़कर हमअर्सों को ख़बरदार किया कि :

सौ पुश्त से है पेशये आबा सिपहगरी
कुछ शायरी ज़रीयए इज़्ज़त नहीं मुझे

हालाँकि हकीम साहब ने हमेशा इस वस्फ़े इनफ़रादियत (पृथक पहचान की ख़ूबी) को तज़हीक (मज़ाक़ उड़ाना) की निगाह से देखा। कहते थे ये शेर उन्होंने मुआसिरीन की चश्मकों (छेड़छाड़) से आजिज़ आकर नहीं कहा था बल्कि ये शेर मिर्ज़ा ग़ालिब की दहशत गर्दाना (आतंकवादी) हरकतों की पोल-पट्टी खोलता है। यह शेर सिर्फ़ और सिर्फ़ उस डोमनी को धमकाने के लिए कहा गया था जिसकी जिस्मानी सल्तनत पर शहर कोतवाल मुंशी सदरुद्दीन का क़ब्जा था और ग़ालिब सिर्फ़ उस डोमनी के रूहानी (आध्यात्मिक) पेशवा बनकर रह गये थे। हालाँकि ग़ालिब और बशीर बद्र अगर पेशये सिपहगरी (सैन्य व्यवसाय) की तरफ़ जाते तो अंग्रेज़ों के ख़िलाफ़ नहीं बल्कि अंग्रेज़ों के लिए सिपहगरी के जौहर दिखाते। शायरी में तो अंग्रेज़ों को अपने जौहर दिखा नहीं सकते थे। जिस तरह हम अगर बंगला ज़बान जानते तो बंगला में शायरी करते...उर्दू में शायरी करके कवाब गली के कुत्तों की ग़िज़ा कभी न बनते। बंगला में शायरी करते और ठाठ से छोटे-मोटे नज़रूल इस्लाम बनकर घूमते, उर्दू एकेडमियों के अरबाबे इक़्तिदार के शर (शरारत) से महफ़ूज़ रहते और ऐश करते।

हाँ, तो मैं अर्ज़ कर रहा था कि क़ैसर साहब का गैराज घाटे की मुर्ग़ी है लेकिन मुर्ग़ों को रिझाने के लिए मुर्गी बहुत ज़रूरी होती है। उड़ान वाले कबूतर पकड़ने के लिए कुछ पर कटे गोले कबूतरों की बहुत ज़रूरत होती है क्योंकि कबूतर बाज़ नये कबूतर को *'भड़की'* तो इन्हीं कबूतरों से देता है। जिस तरह रिटायर होने के बाद जो बुज़ुर्ग मोलवी होने से बच जाते हैं वह मसनुई (बनावटी) ख़िदमते ख़ल्क (जन

सेवा) के जज़्बे की तस्कीन (सन्तुष्टि) के लिए होम्योपैथिक की एक किताब और मीठी गोलियों का एक बक्स ख़रीद लेते हैं और मोहल्ले के तमाम ऐसे पुर उम्मीद मरीज़ों के डॉक्टर बन जाते हैं जिनको ये यक़ीन रहता है कि दवाएँ आदमी को मौत से बचा लेती हैं। क़ैसर शमीम साहब का ये गैराज दरअस्ल अदबी गैराज है जहाँ ग़ज़लों, नज़्मों, नस्रा मज़ामीन (गद्य के लेख) यहाँ तक कि मुरासलात (पत्रालेखों) की मरम्मत भी हो सकती है बल्कि तख़्लीक (रचना) के नाकारा पुर्ज़ों को या तो ज़बान की ख़राद पर रखकर ठीक किया जाता है या बिल्कुल नये पुर्ज़े लगा दिये जाते हैं। बक़ौल हकीम साहब किसी गाड़ी में नम्बर प्लेट के अलावा सब कुछ बदल जाता है। कुछ बिगड़ी हुई गाड़ियाँ गैराज तक लायी जाती हैं और कुछ बड़े लोग अपने घर पर ही अपनी अदबी गाड़ी ठीक करवाते हैं। ये ऐसे लोग होते हैं तो गैराज मालिक के सिलसिले में इस शुब्हे में रहते हैं कि कहीं मेरी गाड़ी का कोई पुर्ज़ा किसी दूसरे की गाड़ी में न फ़िट कर दिया जाये। बक़ौल हकीम साहब ये वही लोग हैं जो दवाख़ाने में आते हुए शर्माते हैं और अपने घरों पर ही जवानी की ग़लत कारियों की रिपेयरिंग करवाते हैं। यूँ तो शहर में कई अदबी गैराज हैं लेकिन :

दुकान चलती नहीं है ख़ुदा चलाता है

इस अदबी गैराज की बनायी हुई गाड़ियाँ सारे हिन्दुस्तान में चलती हैं, जैसे नक़ली नोट चलते हैं, जैसे मेले में खोटी अठन्नी चलती है और जैसे किराये पर सीढ़ी चलती है। दरअस्ल दूसरे गैराज आमतौर पर छुट्टी के दिन बन्द रहते हैं या बन्द के दिन छुट्टी रहती है लेकिन जो गैराज दिन रात खुला रहे, मालिक मिलनसार हो, मोहब्बती हो, अपनाइयत से मिलता हो, लफ़्ज़ के हर पुर्ज़े को पसीने के पेट्रोल से धो-माँजकर फ़िट करता हो, उसकी बात ही अलग होती है।

बंगाल के बुज़ुर्ग शायरों में क़ैसर शमीम साहब सबसे ज़्यादा ख़ुश मिज़ाज शायर हैं। उनके चेहरे पर हमेशा ख़ूबसूरत हँसी खेलती रहती है जो लेमूँ चाटने से भी ग़ायब नहीं होती। मिज़ाज में ख़ाकसारी सय्यदों वाली है। अल्लाह बस, बाक़ी हवस पर भरोसा करते हैं। एक दिन जितनी ग़ज़लों को सुधार देते हैं उतनी तो बहुत-से शायर सारी ज़िन्दगी में नहीं सुधार पाते। अपने लिए उन्होंने ज़िन्दगी में किसी से कुछ नहीं माँगा लेकिन शागिर्दों के लिए उधार तक माँगने को तैयार रहते हैं।

वजीह (आकर्षक) चेहरे पर सूजी हुई आँखें, होंठों पर जान-पहचान वाली मुस्कुराहट, मुस्कुराहट को पान की पीक से गुलाबी किये हुए, मुस्तक़िल कहीं खोये हुए-से, हमेशा एक जैसा लिबास पहने, लिबास में इतनी यकसानियत की धोबी उनके कपड़ों को घर से बैठे-बैठे घाट पर पहचान ले, अगर कुर्ते-पाजामे की जगह पैंट पहनना शुरू कर दें तो लोग किसी अमेरिकन दवा की कम्पनी की यूनिफ़ार्म समझें। लेकिन लिबास हमेशा अपनी शख़्सियत की तरह साफ़-सुथरा। धुले-धुलाये कुर्ते-पाजामें में चेहरे के खिंचे-खिंचे ख़दो ख़ाल की वजह से बंगाली दादा मुनि मालूम

होते हैं। बाल सलीक़े से कढ़े हुए लेकिन एकाध लट उर्दू ग़ज़ल की जुल्फ़े परेशाँ की तरह उड़ती हुई, साथ में एक Intellectual झोला जिसमें शागिर्दों का कलाम, पान की दो चार पुड़ियाँ, उर्दू का एकाध रिसाला, दवा की दो चार गोलियाँ और दो अदद क़लम, एक क़लम से शायरों को इस्लाह देते हैं और दूसरे क़लम से शायरात (कवयित्रियों) की इमदाद करते हैं। क़लम कभी तब्दील नहीं होने देते कि कहीं लम्से तहरीर (लेखन के स्पर्श) से निस्वानियत (नारीत्व) इश्क़ के चक्कर में न पड़ जाये। बहुत ज़्यादा मुनकसिरुल मिज़ाज (विनम्र स्वभाव) हैं। अपने शागिर्दों के मज़हबो मिल्लत और आदतो इल्लत से कोई वास्ता नहीं रखते। कहीं कुआँ भी प्यासे का मज़हब पूछता है, कहीं छाँव भी किसी से ज़ात पूछती है, कहीं फ़क़ीर भी किसी से मसलक (पन्थ) पूछता है? और फिर बेजा तलाश और जुस्तजू हमेशा नफ़रत और दहशत गर्दी पैदा करती है। अरबाबे हुकूमत चाहें तो उनसे ये हुनर सीख लें और इत्मीनान से हुकूमत करते रहें। आज तक उनको किसी ने गाली बकते नहीं सुना है न अल्लाह का नाम लेते देखा है। रमज़ान में वह दिन में किसी को दिखाई नहीं देते, आईने को भी नहीं क्योंकि आईने सच बोलते हैं। उनके पास बहुत तेज़ जासूसी निज़ाम (प्रबन्धतन्त्र) है...सी.बी.आई. का तो बस नाम ही नाम है। शहर के हर अदबी ग़ीबत कदे (चुग़ली गृह) के ब्लू प्रिंट उनके पास मौजूद हैं लेकिन वह उन्हें इस्तेमाल नहीं करते हैं सिर्फ़ ऐटम बम की तरह सँभालकर रखते हैं। अपने कट्टर से कट्टर मुख़ालिफ़ को भी इतने प्यार से बाबू कहते हैं कि वह अपने आपको चन्द्र बाबू नायडू समझता है और बर्बाद हो जाता है। वह अपनी मुस्कुराहट और पान की वजह से दूर से पहचान लिए जाते हैं। पता नहीं वह मुस्कुराने के लिए पान खाते हैं या पान खाने के लिए मुस्कुराते हैं। हमेशा मुँह बन्द रखते हैं और अगर कभी खोलते भी हैं तो पान की पीक को नजात देने के लिए या शागिर्दों को इस्लाह की सौग़ात देने के लिए। पान में ग़ालिबन पिपरमिंट की मिक़दार ज़्यादा रखते होंगे इसलिए हर वक़्त ठण्डे रहते हैं...गुस्से की हालत में भी, मई-जून में भी और बुख़ार में भी। कभी किसी की ग़ीबत नहीं करते, किसी का शिकवा नहीं करते, कोई एहतिजाज नहीं करते, इन्क़लाब ज़िन्दाबाद नहीं करते...सिर्फ़ अपना काम करते रहते हैं। अगर आर.एस.एस. में होते या मुसलमानों में आर.एस.एस. होता तो उसके ता हयात (आजीवन) प्रबन्धक होते और मेरे जैसे आतंकवादी उनके मुस्तक़िल बन्धक होते। कबीरदास जी ने उनके बारे में छः सौ बरस पहले कह दिया था कि :

कबिरा खड़ा बजार में सबकी माँगे खैर
न काहू से दोस्ती न काहू से बैर

उनके शागिर्दों में कुछ तो उनके हम उम्र हैं और कुछ बिल्कुल कम उम्र। शागिर्दाएँ भी यक़ीनन कई हम उम्र होंगी लेकिन क़ैसर साहब उनका नाम छुपाते हैं और वह अपनी उम्रें छुपाती हैं। ढलती धूप की उम्र वाली शागिर्दाएँ मदर टेरेसा का रोल अदा करती हैं, जो कम उम्र हैं वह सिस्टर कहलाती हैं, जिनकी उम्र समझ में

नहीं आती उन्हें कुछ नहीं कहा जाता। यहाँ तक कि शेर कहने को भी नहीं। उनकी हाज़िरी सिर्फ़ फ़ौज का हौसला बढ़ाने के लिए होती है।

क़ैसर साहब इस एतबार से बेहद ख़ुश नसीब हैं कि इस ज़माने में जब अपनी औलादों के फ़रमा बरदार होने की कोई कम्पनी गारण्टी नहीं होती...उनके शागिर्द उन्हें दिलो जान से चाहते और एहतराम करते हैं। अगर इलेक्शन हो जाये तो उनके हरीफ़ों (प्रतिद्वन्द्वियों) को ज़मानत बचाना तो कुजा अपनी जान बचाना भी दुश्वार हो जायेगा क्योंकि हर अदारे, हर गलियारे, हर तय्यारे (हवाई जहाज़), यहाँ तक कि गुरुद्वारे तक में उनके शागिर्द ऐक्शन प्लान लिए बैठे होंगे। लेकिन एक हक़ीक़त ये भी है, उन्होंने अपने शागिर्दों को सिर्फ़ पाला ही नहीं है बल्कि उनकी परवरिश भी की है। आप सोचेंगे कि पालने और परवरिश करने में क्या फ़र्क़ है तो मैं अर्ज़ करता चलूँ कि शेर अपने बच्चों को पालता नहीं है बल्कि उनकी परवरिश करता है। बिल्कुल अपने जैसा बना देता है। यही वजह है कि क़ैसर शमीम साहब के अदबी मदरसे में बड़े-बड़े आलिमे दीनो अदब के बच्चे दाख़िले के लिए क़तार में खड़े रहते हैं :

हम सिखा देंगे हर इक क़तरे को तूफ़ाँ होना
बे अदब हमसे न ऐ गर्दिशे दौराँ होना

मर गये हम तो ज़माने ने बहुत याद किया

यह ग़ालिबन 1975 ई. के आसपास का ज़माना था जब मुझे रशीद साहब से शरफ़े मुलाक़ात हासिल हुआ। मौसूफ़ मेरे वालिदे मोहतरम के नवजवान दोस्तों में थे। ज़ाहिर है कि वह नवजवानी का ज़माना था। अच्छे से अच्छे ख़ूबरू नवजवान भी उनको रश्क (ईर्ष्या) की निगाह से देखते थे। मुमकिन है कि कई ख़वातीन भी अपने फ़ैसले बदलने पर ग़ौर करती रही हों। उन्हें नज़र भर के देखने की हिम्मत नहीं हो रही थी और यह भी धड़का लगा हुआ था कि कहीं बग़ौर देखने से नज़र न लग जाये, दूध और मैदे जैसी रंगत वाले ऐन रशीद मैले न हो जायें :

.ख़ुदा ने .ख़ूब किया 'दाग़' ख़ूबरू न किया
नहीं तो सौ में पछत्तर की आबरू जाती

वालिदे मोहतरम के दोस्त होने की वजह से मौसूफ़ से कभी मेरी बेतकल्लुफ़ी नहीं हो सकी। मैंने कभी इसकी ज़रूरत भी नहीं महसूस की क्योंकि एक बार क़िब्ला वालिद साहब ही से बेतकल्लुफ़ होने की कोशिश की थी, नतीजे के तौर पर आज भी जब पुरवाई चलती है तो बदन के कई जोड़ दुःखते हैं। फिर ऐन रशीद साहब तो माशाअल्लाह उस नर्म नाजुक महकमे से ताल्लुक़ रखते हैं जिसके बारे में एक शायर ने पहले ही कह रखा है :

कुचल चुका है कई फूल अपने बूटों से
जो बाज़ुओं पे सितारे सजाये फिरता है

हालाँकि मौसूफ़ निहायत पुरमज़ाक, .ख़ुश तबीयत और अदब शनास हैं। अच्छे जुमलों पर ख़ुश होते हैं, दाद दते हैं लेकिन बक़ौल हकीम साहब पुलिस की निगाह और तवाएफ़ से निकाह का कोई भरोसा नहीं होता। इस मक़ौले पर अमल करते हुए मैं उनसे बेतकल्लुफ़ होने से गुरेज़ करता हूँ क्योंकि उनसे बेतक़ल्लुफ़ होने का मतलब यह भी हो सकता है कि मेरा दर्द तो जाता रहे लेकिन ममता की छाती सारी ज़िन्दगी के लिए शक़ हो जाये :

हाल ज़ालिम सिपाही की सूरत मुझे वक़्त की ज़ीन से बाँधकर ले चला
मेरा माज़ी मेरे साथ चलता रहा दूर तक एक मजबूर माँ की तरह

इसी पहली मुलाक़ात के दौरान किसी शनासा ने रशीद साहब को समझाया कि नक्सलियों के इलाक़े में जो इस तरह बेधड़क दाख़िल हो जाते हैं यह ख़तरनाक भी हो सकता है। रशीद साहब पहले तो मुस्कुराये फिर उन साहब से बोले कि जनाब जब मैं पैदा हुआ था तो दाई ने वालिद साहब से यह कहकर नज़राना लिया था कि बेटा हुआ है। इस जुमले की अदायगी के वक़्त उनके होंठों पर वही मुस्कुराहट थी जो पठानों का ख़ास हिस्सा है। हिन्दुओं में इस मुस्कुराहट का कुछ हिस्सा राजपूतों के यहाँ भी नज़र आता है। अंग्रेज़ों के बारे में मेरी मालुमात अक़लियती कमीशन की तरह महदूद हैं। इसकी कई वजूहात हैं। अव्वल तो मुझे ठीक से अंग्रेज़ी नहीं आती फिर अंग्रेज़ों के बारे में जो शख़्स ज़्यादा मालुमात हासिल कर लेता है अंग्रेज़ उसे दामाद के तौर पर हासिल कर लेते हैं। (हालाँकि अपने इस फ़लसफ़े से मैं इमरान खाँ को भी आगाह कर चुका था लेकिन ग़रीब झड़कड़ी खा गया) :

राज़ अपना वो बता देता है जिन लोगों को
फिर उन्हें बोलने वाला नहीं रहने देता

अज़ीम हिन्दुस्तान के नक्शे पर नज़र दौड़ाइए फिर आप ख़ुद सोचिए इस कुर्सी पर या इस कुर्सी के आसपास की किसी कुर्सी पर क्या कहीं भी इतना ज़हीन शख़्स विराजमान है जो दुनिया की कई ज़बानें अह्ले ज़बान की तरह बोल सकता हो। यानी अंग्रेजी ज़बान में मुख़ातिब हो तो 'शेक्सपियर' और 'शेली' का बाँकपन आँखों के सामने रक्त करने लगे। बंगला ज़बान की मिठास तक़सीम करे तो टैगोर की नज़्में याद आने लगें। फ़ारसी ज़बान में गुफ़्तगू करे तो ख़य्याम की रुबाइयों का नशा दोबाला हो जाये। हिन्दी ज़बान का सहारा ले तो कबीर और तुलसी के दोहों का रस उसके होंठों से छलकने लगे। लेकिन अपने आप को उर्दू ज़बान का तालिब इल्म कहकर यूँ ख़ुश होता हो जैसे बादशाहत हाथ लग गयी हो। किसी भी मौज़ू पर लफ़्ज़ों के ख़ज़ाने लुटा सकता हो। नयी नस्लों के लिए नयी फ़िक्रों के दरीचे खोल सकता हो, लेकिन जिस तरह हमारे मुआशरे (समाज) में किसी भी शादी शुदा ख़ातून को सफ़ेद लिबास ज़ेबेतन करने के लिए पहले बेवा होना पड़ता है उसी तरह हमारे क़सरे अदब में दाख़िले के लिए कई मुसाहिबाना (ख़ुशामदाना) और सियासी हर्बे इस्तेमाल करने पड़ते हैं। ज़ाहिर है कि इन तमाशों की कलन्दरों को कभी ज़रूरत नहीं पड़ती। अगर रशीद साहब पेशावराना तौर पर लिखने-पढ़ने पर ध्यान देते तो अपनी ही तहरीरों से एक लाइब्रेरी भर सकते थे। अगर दौलत कताने का शौक़ होता तो जिस शहर में सिपाहियों तक की कोठियाँ और कारें हों उसी शहर में उनका रेफ़्रीजरेटर सिर्फ़ डेढ़ हज़ार रुपयों के लिए दो बरस तक क्यों ख़राब पड़ा रहता :

अगर चे काम यह दुशवार है बहुत लेकिन
हलाल रिज़्क़ इसी नौकरी से लेना है

महकमये पुलिस से वाबस्तगी के बावजूद रशीद साहब अपनी मासूम मिज़ाजी,

बेतकल्लुफ़ाना लहजे और पुरख़ुलूस मुस्कुराहट से भी वर्दी पहनकर भी पुलिस वाले नहीं दिखाई देते।

मुग़लसराय में जीलानी का मुशायरा था। रशीद साहब बंगला शायर भास्कर चौधरी के साथ स्टेज पर तशरीफ़ फ़रमा थे। निज़ामत की ज़िम्मेदारी मेरे कन्धों पर थी। मुशायरा अपनी मंज़िल की तरफ़ कामयाबी के साथ रवाँ दवाँ था। रशीद साहब बज़िद कि अब उन्हें पढ़वा दो। मैं उन्हें उनके रुतबे और मक़ाम के लिहाज़ से पढ़वाना चाहता था। मेरी मुस्तक़िल नाफ़रमानी से आजिज़ आ गये तो फ़रमाया कि मैं तुम्हें चचा की हैसियत से हुक्म देता हूँ कि मुझे फ़ौरन पढ़वा दो लिहाज़ा मैंने उन्हें फ़ौरन ज़हमते कलाम दी और साथ-साथ सद्रे मुशायरा हज़रत ख़ुमार बाराबंकवी को भी अपने इरादे से आगाह कर दिया। सद्रे मुशायरा मुस्कुराते हुए कहने लगे "मियाँ! इरादे का इज़हार फ़ैसले से पहले किया जाता है।" मैंने दस्तबस्ता अर्ज़ किया कि हुज़ूर इस मुल्क में तो हुकूमत भी बाबरी मस्जिद की शहादत के बाद सद्रे ममलिकत (राष्ट्राध्यक्ष) को आगाह करती है, आप तो एक छोटे-से मुशायरे के सद्र हैं। आबरूये ग़ज़ल (खुमार साहब) ने मसनदे सादारत मुझे सौंपने की कोशिश की तो मैंने यह वह कर इनकार कर दिया कि मोहतरम जिसको हिन्दुस्तान की सदारत करना हो वह मुशायरों की सदारत नहीं करता।

ग़रज़ कि ऐन रशीद साहब माइक पर आये और मुशायरे को कामयाबी की उस बुलन्दी पर ले गये कि कई शायर उनके बाद पढ़वाये जाने के ख़ौफ़ से स्टेज से पस्ती की तरफ़ निकल लिए। कुछ पेशावर क़िस्म के मुशायरा बाज़ शोअरा ने कोई दूसरा कारोबार शुरू करने का इरादा कर लिया। मैं निज़ामत के दौरान जब किसी ज़रूरत से नीचे उतरता तो लोग पूछते, ये ऐन रशीद साहब क्या करते हैं। मैंने कहा, कुछ नहीं करते और अगर कुछ करते ही होते तो मुग़लसराय क्यों आते। कई कन्विनरों ने मुझसे पूछा कि उनका रेट क्या है? मैंने अर्ज़ किया कि रेट तो तवायफ़ों का होता है, शायर को सीर्फ़ एज़ाजिया पेश किया जाता है। एक साहब ने पूछा यह आपके कौन हैं? मैंने कहा वालिद के रिश्ते से मेरे चचा होते हैं। इन साहब ने कहा, माफ़ कीजियेगा राना साहब, आपसे ज्यादा मस्त चीज तो आपके चचा हैं। याद रहे कि आनन्द बख़्शी ने इसके बाद ही "तू चीज़ बड़ी है मस्त मस्त" तहरीर किया था । एक कन्विनर साहब जो रशीद साहब को अपने मुशायरे में बुलाने के लिए काफ़ी उतावले हो रहे थे उन्होंने मेरी PRO SHIP को नज़रअन्दाज़ करते हुए जाती तौर पर रशीद साहब से उनका ऑटोग्राफ़ और तफ़्सीली पता हासिल कर लिया। मुशायरा ख़त्म हुआ तो वही साहब जिन्होंने रशीद साहब से आटोग्राफ़ और तफ़्सीली पता हासिल किया था मेरे पास आये और शिकायती लहजे में कहने लगे "मैंने तो सोचा था कि इनको इस बरस अपने मुशायरे में भदोही बुलवाऊँगा लेकिन यह बहुत पीते हैं।" मैंने कहा तुम्हें इस पर क्यों एतराज़ है, बहुत से शायर पीते हैं। वह साहब

झुँझलाकर बोले “जी हाँ, पीते तो बहुत से शायर हैं लेकिन वे लोग अपने को आई. जी. पुलिस नहीं बताते।” अगर इस बेरब्त अवामी राय का जायज़ा लिया जाये तो यह बात साबित हो जाती है कि अच्छा पुलिस अफ़सर वही होता है जिसे शरीफ़ लोग किसी भी हाल में पुलिस अफ़सर न तस्लीम करें।

लेकिन हमें निहायत फ़राख़ दिली से यह तस्लीम कर लेना चाहिए कि हम एक मुर्दा परस्त शहर के बाशिन्दे हैं। यहाँ ‘ज़फ़र’ औगानवी के सब मुख़ालिफ़ थे लेकिन मरहूम ज़फ़र औगानवी के सब शैदायी हैं।

घर का चूल्हा मुफ़लिसी की चुग़लियाँ खाने लगा

पिछले दिनों रिज़वान अहमद कलकत्ता आये थे। उन्होंने ख़बर भिजवायी थी कि बेगम के हमराह आ रहे हैं लेकिन तन्हा ही वारिद हुए। हालाँकि मैंने दो बिस्तरों वाला कमरा बुक करवा दिया था। यानी बेगम रिज़वान और रिज़वान अहमद के लिए लेकिन उनके अकेले आने से होटल वाले ने कमरा देने से इनकार कर दिया। कहने लगा, यह तो सरासर झूठ बोलकर कमरा हासिल करना हुआ। मैंने सोचा कि लगता है अब इनके लिए बीवी का इन्तिज़ाम भी करना पड़ेगा। वैसे भी कलकत्ता में बस यही एक सप्लाई है जो टेलीफ़ोन या इलेक्ट्रिक सप्लाई की तरह नाकारा नहीं है। आप सूरज डूबने के बाद शहर के किसी बड़े रास्ते पर खड़े हो जायें, टैक्सी आये या न आये, मिनी क्वीन फ़ौरन आपके पास आकर खड़ी हो जायेगी। यह मिनी टैक्सी आरामदेह भी होती है और मीटर भी कम उठता है। आप इस पर कितना ही सामान क्यों न लाद दें पुलिस वाले नहीं पकड़ते, पहले से Manage होते हैं। आप अगर तजरुबेकार परदेसी हैं तो ठगे भी नहीं जायेंगे, कभी-कभी ज़बान (भाषा) का मसला दर पेश आता है लेकन भूख कोई ज़बान नहीं जानती फिर भी हर ज़बान समझ लेती है। भूखी लड़की को चाँद रोटी जैसा लगता है और बुलहवस (अय्याश) आदमी को रोटी चाँद मालूम होती है। हवस की कोई ज़बान न होते हुए भी बहुत ज़बान दराज़ होती है।

कलकत्ता में कई होटल ऐसे भी हैं जहाँ लड़कियाँ वेटर का काम करती हैं। मुझे आज तक यह समझ में नहीं आया कि लोग वहाँ क्या खाने जाते हैं। कलकत्ता के कुछ इलाक़ों में रिक्शे वाले जब घंटी बजाकर आपको मुख़ातिब करें तो समझ लीजिए कि आपकी मंज़िल वहीं है। रात ज़ब शहर पर अपने गेसुओं (केशों) को बिखेर देती है तो बहुत-से लोग गेसुए जानाँ की तलाश में निकल खड़े होते हैं। चौराहों पर, सिनेमा हालों के आस-पास, पार्कों में और इसी तरह की मुख़्तलिफ़ जगहों पर यह सजी हुई दुकानें रात गये तक गाहकों के इन्तिज़ार में खुली रहती हैं :

मैंने कहा कि देख ये मैं, ये हवा, ये रात
उसने कहा कि मेरी कमाई का वक़्त है

लैम्प पोस्टों की रौशनी में मेकअप के सहारे अपनी झुर्रियों को छुपाती हुई औरतें, बीमार शौहरों की दवा का इन्तिज़ाम करने के लिए कोमल जिस्म का सौदा करती

हुई बहनें, बच्चों के दूध की क़ीमत हासिल करने के लिए बिकती हुई माँएँ। इस लैम्प पोस्ट ने कितने शरीफ़ों के चेहरों की तस्वीरें देखी होंगी,कितनी रहनुमाओं को रहज़नी (लूट) करते हुए देखा होगा लेकिन लैम्प पोस्ट तो सिर्फ़ सही रास्ता बता सकता है, सही रास्ते पर चलने की हिदायत नहीं दे सकता।

कई नर्म आँखों में सुर्ख़-सुर्ख़ डोरे लेकिन यह डोरे नशे के नहीं, गुस्से और निदामत (शर्मिन्दगी) के होते हैं, बेचारगी और झुँझलाहट के होते हैं, ग़रीबी और मुफ़लिसी के होते हैं।

बहरहाल जब मैंने होटल के मैनेजर को यह बताया कि मौसूफ़ अख़बार के एडीटर हैं तो वह फ़ौरन मरऊब (रोब में आना) हो गया और रजिस्टर पर उनका नाम तहरीर करते हुए कहने लगा, जब आप अख़बार के एडीटर हैं तो मुझे आपसे हमदर्दी है क्योंकि आपका कारोबार ही ऐसा है, लीडरों का भी यही ज़रियये मुआश (रोज़ी का ज़रिया) है लेकिन उन लोगों की दुकान ज़रा बड़ी होती है। फिर उसने रिज़वान अहमद से पूछा कि आपका अखबार किस ज़बान में निकलता है? रिज़वान भाई ने राज़दाराना तौर पर बताया कि उर्दू में। मैंने अन्दाज़ा लगाया कि अगर उनको अंग्रेजी आती तो यह उर्दू में अख़बार कभी न निकालते जिस तरह एम.जे. अकबर सिर्फ़ अंग्रेज़ी में लिखते हैं, अंग्रेज़ी बोलते हैं। होटल वाला अफ़सोस का इज़हार करते हुए बोला कि मुझे उर्दू अख़बारों से हमदर्दी है क्योंकि एक उर्दू अख़बार की इशाअत (प्रकाशन) की तादाद उतनी भी नहीं होती जितनी तादाद दूसरी ज़बानों के बच जाने वाले अख़बारों की होती है। मैं काउंटर के किनारे खड़ा होकर सोचने लगा कि उर्दू मुसलमानों की ज़बान कहाँ है? उर्दू तो ग़रीब मुसलमानों की ज़बान है क्योंकि खाते पीते घराने तो अपने बच्चों को अंग्रेज़ी धुनों में तालीम दिलवाते हैं। उर्दू की ज़रूरत तो सिर्फ़ निकाहनामे पर दस्तख़त के वक़्त पड़ती है।

मैं होटल मैनेजर से इस मसले पर गुफ़्तगू करना चाहता था लेकिन मैंने महसूस किया कि वह भी हम लोगों से एक दिन का मज़ीद (अधिक) किराया वसूल करने की फ़िक्र में है। लिहाज़ा हम लोगों ने कमरे की तरफ़ चल देना ही मुनासिब समझा। थोड़ी देर के आराम के बाद रिज़वान भाई ने आने का मक़सद बताया। उन्हें एक मकान की रजिस्ट्री करानी थी जो उन्होंने पटना में किसी मारवाड़ी से ख़रीदा था। वह मारवाड़ियों से बहुत ख़ौफ़ ज़दा थे और जब मैंने उनको यह बताया कि मारवाड़ी की कोठी किसी न किसी बैंक मैनेजर के दोश (काँधा) पर तामीर होती है तो वह मज़ीद परेशान दिखाई देने लगे। मैंने उनको तस्सली दी कि आप बैंक मैनेज़र नहीं हैं, अख़बार वाले हैं और यूँ भी कौआ कौवे का गोश्त नहीं खाता। वह खिलखिलाकर हँस दिये। उनकी हँसी रुकते ही बाहर की दीवार पर कोई कौआ काँय-काँय करने लगा। मैं डर गया कि शायद मज़ीद कोई मेहमान आने वाला है :

घर की दीवार पे कौवे नहीं अच्छे लगते
मुफ़लिसी में ये तमाशे नहीं अच्छे लगते

रिज़वान भाई ने मुझसे रजिस्ट्री के सिलसिले में किसी मुनासिब वकील का पता दरयाफ़्त किया। मैंने उन्हें अपने एक आदमी के ज़रिये वकील के पास रवाना कर दिया। शाम को वह लौटे तो कुछ उखड़े-उखड़े दिखाई दिये। मेरे पूछने पर उन्होंने बताया कि आपने मुझे जिस वकील के पास भेजा है वह तो क्राइम का वकील है, क्या आपने कभी किसी मकान की रजिस्ट्री नहीं करायी है? मैंने कहा भाई! मकान क़ारी (पाठक) कहाँ खरीदता है, मकान तो मुक़र्रिर (वक्ता) ख़रीदता है या एडीटरों के मुक़द्दर में होता है। मुस्लिम पर्सनल लॉ के मसले की वजह से कई मुक़र्रिरों की कोठियाँ खड़ी हो गयीं। आठ हजार और दस हज़ार की फ़ीस लेकर इस्लाम का प्रचार कर रहे हैं :

दाम के दाम मिले काम भी इस्लामी है

और यूँ भी शोहरत किसे नहीं अच्छी लगती, वह लोग भी मुस्कुराते हुए तस्वीरें खिँचवाते हैं जो कहते हैं कि तस्वीर खिंचवाना गुनाह है। मैं तो रिज़वान भाई, क़ायदे का किराये का मकान भी हासिल नहीं कर सका :

लोगों ने रेत खोद के पानी भी पी लिया
मैं ख़ुश्क होंठ सबको दिखाने में रह गया

रिज़वान भाई कहने लगे कि आपने मकान के सिलसिले में कोशिश नहीं की होगी। मैंने उन्हें बताया कि बहुत कोशिश की, कई बार घर से सत्तू बाँधकर भी निकला लेकिन कामयाबी नहीं हुई। एक मालिक मकान क़ायदे के नसीब भी हुए (उनके घर 'कुत्तों से होशियार' की तख़्ती नहीं थी) लेकिन उन्होंने जो पगड़ी बतायी उसे सुनकर मेरी पगड़ी फिसलकर मेरी मुफ़लिसी के पैरों पर गिर पड़ी। साथ में उनकी यह शर्त भी थी कि किरायादार मुसलमान होना चाहिए। मैंने उनको समझाया कि हज़रत अगर आप इतनी ही रक़म चाहते हैं तो मुसलमान न ढूँढ़िए और अगर मुसलमान चाहते हैं तो इतनी रक़म की आरजू (कामना) न कीजिए। वह नाराज़ नहीं हुए लेकिन उन्होंने अपने लड़के को जिस नाम से आवाज़ दी वह अंग्रजों के यहाँ कुत्तों के रखे जाते हैं लिहाज़ा मैंने वहाँ से चला आना मुनासिब समझा क्योंकि असली कुत्ता अगर काट ले तो चौदह सुइयों से आराम हो जाता है लेकिन इनसाननुमा कुत्ते का काटा कभी नहीं बचता।

रिज़वान भाई कहने लगे कि आप को दरअसल तजरुबा नहीं है। मैंने उनको समझाया कि असल में मैं किराया तक नहीं दे पाता हूँ, नतीजे के तौर पर मकान मालिक हर वक़्त तगादी करता रहता है। कभी-कभी मुझे गुस्सा आ जाता है और मालिक मकान से मारपीट की नौबत आ जाती है लिहाज़ा आख़िर में उसी वकील की ज़रूरत पड़ती है जो क्राइम का होता है। वह बताने लगे कि मैंने कलीमुद्दीन शम्स से गुफ़्तगू कर ली है, उन्होंने वादा किया है कि मेरे पास आदमी हैं, यह काम मैं करवा दूँगा। मैंने फ़ौरन हाँ करते हुए सर हिला दिया कि वह यक़ीनन आपका काम करवा देंगे क्योंकि माशाअल्लाह वह ऐसे ही दश्त (मैदान) के शहसवार हैं।

मेरे दोस्तों ने मुझे मश्विरा दिया कि रिज़वान साहब के एज़ाज़ (सम्मान) में नशिस्त करवा दो। मैंने कहा कि खाना भी खिलाना पड़ेगा और मैं अभी ज़्यादा पैसे ख़र्च करने की पोज़ीशन में नहीं हूँ। वह लोग कहने लगे, परहेज़ी पकवान मत पकवाइएगा (परहेज़ी का मतलब ख़स्सी का गोश्त) मैंने कहा कि मसला सिर्फ़ गोश्त का नहीं है, जगह का भी है, मदऊ (आमन्त्रित) हज़रात को कहाँ बिठाया जायेगा, कलकत्ता में कमरे कंजूस आदमियों के दिल के बराबर होते हैं । घरों में भी कारख़ानों की तरह शिफ़्ट के हिसाब से सोते हैं बल्कि कई लोग जिनकी नींद पूरी नहीं हो पाती वह पाख़ाने में सोते रहते हैं और बाहर अपने नम्बर के इन्तिज़ार में बैठा हुआ शख़्स यह कहता रहता है :

तू अगर अब भी न लौटा तो बिछड़ने वाले
बात रह जायेगी और वक़्त गुज़र जायेगा

बल्कि बक़ौल हकीम साहब कई लोग तो गुस्लख़ाने में साबुनदानी पर बैठकर सोने की कोशिश करते हैं। अब हकीम साहब को कौन बताये कि नींद तो साबुनदानी पर भी आ जाती है। फिर पिछले दिनों कमाल जाफ़री की आमद पर नसीम अख़्तर ने इतना अच्छा खाना खिलवाया है कि अपनी बेगम से खाना पकवाकर उनकी बेआबरूई नहीं करवा सकता। खाना मेरी बेगम भी अच्छा पकाती हैं बल्कि हर बेगम अच्छा खाना पका लेती हैं लेकिन सिर्फ़ मायके वालों के लिए बक़िया ससुराल वालों के लिए वैसा ही खाना पकाती हैं जैसी अफ़तारी बड़े लोग मस्जिदों में भिजवाते हैं। नसीम अख़्तर के दावतनामे के मुताबिक़ मैं अहमद रईस और हबीब हाशिमी के हमराह उनके दौलतकदे पर पहुँचा। सीढ़ी पर लिखा हुआ था 'कुत्ते से होशियार'। मैं बहुत ही डरते-डरते सीढ़ी पर पहुँचा और पहुँचते ही अनीस रफ़ी से मुलाकात हुई जो अकेले खाना खाने में मुनहमिक (व्यस्त) थे। वीडियो और टेलीविज़न के इश्तहार का सबसे बड़ा फ़ायदा यह है कि बेमसरफ़ चीजें भी बिक जाती हैं। मैंने सोचा कि शायद खाना ख़त्म होने वाला है लिहाज़ा मैं उन्हीं के साथ खाने पर बैठ गया। अनीस रफ़ी बच्चों की तरह चिल्लाये कि यह मेरे हिस्से का खाना है। मैंने कहा प्यारे भाई! जब आप मेरे हिस्से के प्रोग्राम दूसरों को दे देते हैं तो मुझे भी जिसके हिस्से का भी मिलेगा खाऊँगा :

बेकसी जब फ़रोग़ पायेगी
ज़ुल्म की बोटियाँ चबायेगी

फेफड़ों को कारख़ाने का धुआँ खाने लगा
ये समन्दर अब बराबर कश्तियाँ खाने लगा

भूख से बेहाल बच्चे तो नहीं रोये मगर
घर का चूल्हा मुफ़लिसी की चुग़लियाँ खाने लगा

कश्मीर की वादी में बेपर्दा जो निकले हो

डॉक्टर साग़र आज़मी दीनदार घराने से ताल्लुक़ रखते थे। मुशायरों की बेदीनी से पहले ख़ुद भी बहुत दीनदार थे। आज़मगढ़ की मज़हबी और इल्मी फ़ज़ा से परवाज़ करता हुआ एक नवजवान जब बी.यू.एम.एस. का कोर्स करने के लिए शेरो अदब के दारुस्सलतनत (राजधानी) पहुँचा तो उसकी आँखों में क़स्बों की मासूमियत, चेहरे पर नये मौसमों की ताज़गी और गुफ़्तगू में शर्मीलापन मौजूद था। लेकिन लखनऊ की रंगीन आबो हवा, बादवो साग़र (शराब और पैमाना) में डूबे हुए अदबकदे और लड़खड़ाते हुए क़दमों से स्टेज पर चढ़ते और उतरते हुए शायरों की सोहबतों ने डॉक्टर साग़र आज़मी की दीनदारी और तौबा के परख़चे उड़ा दिये। ख़ुमार बाराबंकवी, नाज़िर ख़य्यामी और कृष्ण बिहारी नूर जैसे हरदिल अज़ीज़ शायरों की सोहबत में पहुँचते ही साग़र भाई ने भी अपने आपको बोतलों में क़ैद कर लिया। साग़र भाई मुमकिन है कि बहुत बड़े शायर न रहे हों लेकिन तहज़ीब के एतबार से वह सचमुच के बड़े आदमी थे। बड़ों का एहतराम और छोटों से मोहब्बत करते थे। मुशायरे की दुनिया में एक ज़माने तक वह दिलों पर हुकूमत करते रहे। इस लिहाज़ से भी वो ख़ुशनसीब थे कि उम्र के आख़िरी पड़ाव तक उनकी मक़बेलियत (लोकप्रियता) की शाख़ें हरी भरी रहीं। एक मुद्दत तक उन्होंने दिल खोलकर शराबनोशी की, लाखों रुपये कमाये और उससे ज़्यादा दौलत शराबनोशी में उड़ा दी यानी सेहत की क़ीमती दौलत भी दोस्त नवाज़ी और मयनोशी की नज़्र (भेंट) हो गयी।

तीस बरस मुशायरे के सहरा (जंगल) में गुज़ारने के बाद अन्दाज़ा हुआ कि इस दुनिया के लोग जितने बुरे, बेवफ़ा, मौक़ापरस्त और कारोबारी हैं उतने बुरे लोग दुनिया के उस घिनौने पेशे में भी नहीं होंगे जिसके बाज़ार सिर्फ़ रात के अँधेरे में लगते हैं। दुनिया के ख़राब से ख़राब पेशे के लोगों में भी आपसी एत्तहाद (एकता) बहुत होता है लेकिन मुशायरे के शोअरा तो अक्सर अपनी अदीमुलफ़ुर्सती (व्यस्तता) और कारोबारी ज़ेहनियत की वजह से अपने तीस साल पुराने शायर दोस्त की बेटी के निकाह तक में शरीक नहीं होते हैं। ये ख़ुदग़र्ज़ी की वो इन्तिहा है जहाँ पहुँचकर अपने अशरफ़ुलमख़्लूक़ात होने पर शर्मिन्दगी होती है।

यूँ तो दुनिया हमेशा उरूज वालों (ऊँचे लोगों) के साथ रहती आयी है लेकिन

वह शायर जो शहरों-शहरों एख़लाक़ और किरदार की पाक़ज़गी का इश्तिहार (विज्ञापन) बने रहते हैं, उरुजो ज़वाल (उत्थान और पतन) को एक ही सिक्के का दूसरा रुख़ बताते हैं लेकिन किसी भी दोस्त की शोहरत का चाँद गहन (ग्रहण) में आते ही सबसे पहले साथ छोड़ देते हैं। लोग बताते हैं कि जिगर साहब जब पहली बार कलकत्ता आये थे तो कैनिंग स्ट्रीट में अपने किसी दोस्त की दुकान पर रात गुज़ारी थी। उसी कलकत्ता में जब उनके उरुज का वक़्त आया तो उन्होंने सब कुछ कुबूल कर लिया मगर दोस्त की दुकान का बिस्तर नहीं छोड़ा और जब भी कलकत्ता आये, रात हमेशा अपने दोस्त की दुकान में ही बसर की। इन तहज़ीबी क़द्रों (मूल्यों) के लोग यूँ तो अब किसी भी शोबे (क्षेत्र) में नहीं रह गये हैं फिर भी तलाश करने पर इक्का-दुक्का *सदाये ज़ंजीर* की सूरत में मिल ही जाते हैं लेकिन इस मुहावरे की सदाक़त देखने के लिए किसी डूबते हुए जहाज़ पर जाने की ज़रूरत नहीं है, मुशायरे के शायरों में इस मुहावरे की सच्चाई के सुबूत मिल जाते हैं।

साग़र भाई उम्र के आख़िरी पड़ाव में कमोबेश इस तजरुबे की भेंट चढ़ गये थे। मुशायरे में सबसे ज़्यादा ठाठ बाठ के साथ शरीक होते। मुशायरों की दुनिया में सचमुच अमीरज़ादों जैसी ज़िन्दगी गुज़ारी। कभी ऐसी घटिया हरकत नहीं की जिससे बिरादरी की आबरू पर हर्फ़ आता। हमेशा हवाई जहाज़, एयरकंडीशंड डिब्बों और टैक्सियों से सफ़र किया। ख़ूब कमाया तो खूब ख़र्च भी करते थे। मेज़बानी में राहत इन्दौरी का नाम दूसरे नम्बर पर आता है। कार ख़रीद ली तो बहुत से अहबाब उनके साथ ही सफ़र करते थे। उनका दस्तरख़्वान फ़क़ीरी और बादशाही का मिला जुला असर पेश करता था। उनके घर में शायद दोस्तों की हमेशा एकाध टीम मौजूद रहती थी। बाराबंकी या आसपास के हर मुशायरे के दिनों में उनका डायनिंग रूम रेलवे स्टेशन का वेटिंग रूम बन जाता था।

कई बरस पहले की बात है, मैं अपने एक दोस्त को उनका इम्पोर्टेड वी.सी. आर. पहुँचाने के लिए रायबरेली से लखनऊ जा रहा था। रास्ते में एक पुलिस अफ़सर की कार से मेरी जीप टकरा गयी। कार को जीप के मुक़ाबले ज़्यादा नुकसान पहुँचा था। हालाँकि ग़लती सरासर पुलिस कार की थी लेकिन इस मुल्क में ग़लती पर वही होता है जो कमज़ोर होता है और अगर मामला अक़लियत (अल्पसंख्यक) का हों तो कई ऐसे शवाहिद (गवाह) भी सामने आ जाते हैं कि आदमी काँप उठता है। मैंने इन हालात में रिस्क लेना मुनासिब नहीं समझा और गाड़ी बाराबंकी वाले रास्ते पर दौड़ दी। दिल में ये डर भी बैठा हुआ था कि पुलिस अफ़सर का मामला है लिहाज़ा तमाम शहर की पुलिस मुझे तलाश करना शुरू कर देगी और अगर मैं पुलिस की गिरफ़्त में आ गया तो बीस हज़ार रुपये का वी.सी.आर. तो ज़ब्त ही होगा साथ में मुझ पर स्मगलिंग की दफ़ा भी लगायी जायेगी। लिहाज़ा मैंने पूरे होशोहवास और चालाकी के साथ बाराबंकी का रास्ता पकड़ लिया। दोपहर का वक़्त था, साग़र

भाई ग़ालिबन आराम कर रहे थे। मुलाज़िम ने जब बताया कि 'मुनव्वर राना आये हैं' तो उन्होंने फ़ौरन ही डायनिंग रूम खुलवाया, मुझसे हाथ मुँह धोने को कहा, फिर फ़ौरन ही डायनिंग टेबिल की तरफ़ ले गये जहाँ भरा पूरा दस्तरख़्वान मेरा इन्तिज़ार कर रहा था। खाना खाने के दौरान मैंने उन्हें सारा माजरा सुनाया फिर साग़र भाई मुझे अपने ख़ूबसूरत कमरे में ले गये और कहा "अभी धूप में तेज़ी बहुत ज़्यादा है, ज़रा तपिश कम होने दीजिए फिर सफ़र का इरादा कीजियेगा।" मैंने तक़रीबन पाँच बजे वहाँ से रायबरेली जाने के लिए दूसरा रास्ता अख़्तियार किया। अपने ड्राइवर के ज़रिये साग़र भाई ने मेरी गाड़ी को शहर से बाहर निकलवा दिया ताकि उन्हें इत्मीनान रहे कि मुनव्वर आराम से रायबरेली पहुँच जायें। बहरहाल मैं रायबरेली से दूसरे दिन लखनऊ पहुँचा। मेरे लखनऊ पहुँचने के थोड़ी ही देर बाद अंजुम बाराबंकवी एक स्कूटर पर मेरा वी.सी.आर. रखे हुए मेरे दफ़्तर आये और वी.सी.आर. मेरे हवाले कर दिया।

ग़रज़ कि साग़र भाई दोस्तों के इश्क़ में ख़ुद भी बर्बाद रहते थे और मेहनत से कमायी हुई दौलत भी फूँकते रहते थे। उनकी शख़्सियत के हुस्न को निखारने में सबसे बड़ा हाथ हमारी भाभी साहिबा यानी उनकी बेगम डॉक्टर सुल्ताना का था। बाराबंकी ज़िले के छोटे-बड़े अफ़सरान में भी साग़र भाई बहुत मक़बूल थे। ज़िला जज की महफ़िल हो या पुलिस के आला अफ़सरान की पार्टी, साग़र भाई हर महफ़िल में ब नफ़्से मौजूद रहते थे। एक बार मैं और रईस अंसारी, साग़र भाई के साथ इलाहाबाद के एक मुशायरे में शरीक होने जा रहे थे। शहर में दाख़िल होते ही साग़र भाई कहने लगे कि "मेरे एक दोस्त जस्टिस वाजपेयी जो इलाहाबाद हाईकोर्ट के सीनियर जज हैं, यहीं कहीं रहते हैं, मैं उनसे मिले बग़ैर मुशायरे में नहीं जाऊँगा।" ग़रज़ कि हम लोगों को लिए हुए वो जस्टिस साहब के बँगले में दाख़िल हो गये। हम लोगों के वालिहाना (पुरजोश) इस्तक़बाल के बाद जस्टिस वाजपेयी की बेगम साहिबा साग़र भाई से ग़ज़ल सुनने के लिए बज़िद थीं लेकिन साग़र भाई बार-बार यही कहते रहे कि आज मैं आपके दौलतख़ाने पर दो बहुत अहम् शायरों को लाया हूँ लिहाज़ा सिर्फ़ मुनव्वर और रईस शेर सुनायेंगे। आख़िर हम लोगों के बेहद इसरार (ज़िद) पर उन्होंने भी एक ग़ज़ल तरन्नुम से सुनायी। उनके तरन्नुम में बेपनाह गुदाज़ और रेशम जैसी मुलायमियत थी। जवानी में जब उनके जिस्म में ताक़त थी, फेफड़ों में बेइन्तिहा जान थी, उस वक़्त साग़र भाई ने मुशायरों में एक ग़ज़ल पढ़ी और पूरी रातों रात पूरे हिन्दुस्तान में नवजवानों के सबसे चहेते शायर बन गये। उस ग़ज़ल का ये शेर आज भी बेहद मक़बूल है :

कश्मीर की वादी में बेपर्दा जो निकले हो
क्या आग लगाओगे बर्फ़ीली चट्टानों में

मुशायरा गाहों में ख़ास तौर पर इस शेर की गूँज में अच्छे-अच्छे शायरों की ग़ज़लें

हवा में पत्तों की तरह उड़ जाती थीं। वो अपने भोजपुरी और अवधी गीतों की बदौलत कलकत्ता, मुम्बई और देहली के ग़रीबुल वतन (अपने वतन से दूर बसे) सामिईन (श्रोताओं) के हीरो बने रहते थे। हिन्दुस्तान के मुख़्तलिफ़ शहरों में उनका जश्न बड़े पैमाने पर मनाया गया। मुम्बई में तो उनके लिए एज़ाज़ो इकराम के ढेर लगा दिये गये। ईनाम के तौर पर उनको कई बार एक-एक लाख रुपयों की थैलियाँ पेश की गयीं।

उम्र के आख़िरी दिनों में वो शराब से ताएब हो गये थे (तौबा कर ली थी) बल्कि पंज वक़्ता नमाज़ी भी हो गये थे। पड़ोस की मस्जिद में कभी-कभी मुअज़्ज़िन (अज़ान देने वाला) के फ़रायज़ भी अदा करते थे। जब तक मयनोशी करते थे सुबह होते होते होश में नहीं रह जाते थे लेकिन अल्लाह ने हिदायत दी तो हर वक़्त होश में रहने लगे। फ़ज्र की नमाज़ के बाद देर तक कलामे पाक की तिलावत करते रहते थे और अश्के निदामत (पश्चात्ताप के आँसू) से देर तक किरदार के दामन पर पड़े हुए धब्बों को धोया करते थे। बात-बात में तौबा करते और अपनी बशरी (मानवीय) कमज़ोरियों पर शर्मिन्दा होते थे। शुरू में कई और शायरों को भी दीन की तरफ़ राग़िब करने (मोड़ने) की कोशिश की। मेराज भाई (मेराज फ़ैज़ाबादी) को भी अक्सर फ़ज्र के वक़्त फ़ोन करके नमाज़ पढ़ने का मशविरा देते और गुनाहों पर पशेमान (शर्मिन्दा) होने को कहते थे। मेराज भाई खुद ही बेख़्वाबी (अनिद्रा) के मुस्तक़िल शिकार रहते थे। नींद भी उनके पास आने के लिए रात गुज़ारने का इन्तिज़ार करती थी। एक दिन मेराज भाई ने अपनी बेख़्वाबी और साग़र भाई की तब्लीग़ से आजिज़ आकर साग़र भाई से ऊँघने के आलम में कह दिया कि "साग़र भाई! अगर आप इतनी सुबह-सुबह फ़ोन करना नहीं छोड़ेंगे तो मैं मजबूरन वही सब शुरू कर दूँगा जो आप छोड़ चुके हैं।" लेकिन साग़र भाई कहाँ बाज़ आने वाले थे। वो बराबर फ़ज्र के वक़्त उन्हें फ़ोन करते रहे और मेराज भाई ने एक दिन भी अपने दाहिने कन्धे पर बैठे हुए नेकी के फ़रिश्ते को ज़हमत नहीं दी।

खुद की नुमाइश का शौक़ पैदा करने वाले इस ज़माने में भी साग़र साहब की मासूमियत और सादगी उनके चेहरे से फूटती थी। कोई जब उनकी तारीफ़ करने लगता था तो वह लड़कियों की तरह शर्माते थे और अक्सर ये भी कहते थे कि "काहे की शोहरत, किस चीज़ का गुरूर, अरे हम तो ऐसे ही गा-बजा लेते हैं।" फिर दोस्तों की तरफ़ इशारा करके कहते थे, "शायर तो ये लोग हैं जिन्होंने अश्आर कहे हैं।' यह कहकर दोस्तों के कई शेर सुना देते थे। दरअस्ल शायरी वो नहीं होती है जिसे आप मिसरों में क़ैद कर लेते हैं बल्कि अस्ल शायरी तो वो होती है जिसकी खुशबू आपके क़िरदार से आती है, जिसकी चमक से आपकी पेशानी पर उभरी हुई पसीने की बूँदें हीरे जैसी मालूम होती हैं जबकि एक मग़रूर इंसान की कलग़ी में जड़ा हुआ हीरा सिर्फ पसीने की एक बूँद मालूम होता है। साग़र भाई की सादगी और शराफ़त उनका सबसे क़ीमती सरमाया थी।

सा.गर भाई डॉक्टर थे लेकिन वो किताबों वाले डॉक्टर नहीं थे जिनकी किताबें दीमक की ग़िज़ा बन जाती हैं। वो डिग्री के एतबार से जिस्मानी बीमारियों के मुआलिज (चिकित्सक) थे, शायर की हैसियत से ज़ेह्न और दिल की पेवन्दकारी करते थे लेकिन अच्छे मसीहा की सबसे बड़ी ख़ूबी यही होती है कि उसे अपनी टूट-फूट का पता ही नहीं चलता है और अगर पता चल भी जाये तो वह उस पर ज़्यादा ध्यान नहीं देता है। यही सूरते हाल सा.गर भाई के साथ भी थी। उन्हें इसका एहसास तक नहीं हुआ कि दिल की पेवन्दकारी में ताख़ीर (देरी) उनके लिए मुनासिब नहीं है और मौत का फ़रिश्ता तो ज़िन्दगी की इसी कोताही और छोटी-सी भूल की तलाश में रहता है ही। मैं सिर्फ़ चालीस घण्टे पहले जिस शख़्स के साथ भदोही के मुशायरागाह में बैठा हुआ था अचानक उसी शख़्स ने अपने जिस्म की मिट्टी को ज़मीन की मिट्टी के हवाले किया, आँखें बन्द कीं और हमेशा के लिए सो गया। बक़ौल कृष्ण बिहारी नूर :

मर भी जाओ तो नहीं मिलते हैं मरने वाले
मौत ले जा के ख़ुद जाने कहाँ छोड़ती है

हमारी तनक़ीदी कसौटी का सबसे बड़ा मसला तो यही रहा है कि अपनी चौधराहट को क़ायम रखने के लिए मुशायरे को कभी अदब का हिस्सा तस्लीम ही नहीं किया गया। इस गुनाह में ऐसे-ऐसे तनक़ीद निगार (विवेचक) शायर हज़रात भी पेश पेश रहे जो मुशायरे पाने के लिए सारी ज़िन्दगी ख़ुशामद के कुएँ में आरज़ुओं का डोल डाले रहे हैं। ज़रूरत इस बात की है कि आज़ादी के बाद की अदबी तारीख़ फिर से तरतीब दी जाये, ताज़ा दम और सेहतमन्द अदब तहरीर करने वालों की ख़िदमत हासिल की जायें ताकि इस पचास बरस की अदबी नाइंसाफ़ियों के चेहरे से पर्दा उठाया जा सके। ख़ास तौर से मुशायरे में पढ़ी जाने वाली शायरी का तजज़िया (विश्लेषण) ईमानदारी से किया जाना चाहिए जिससे अदबी ख़ज़ाने में ख़ातिर ख़्वाह इज़ाफ़ा हो सकेगा। इस तरह बददियानती की कालिख भी साफ़ हो सकेगी, हक़दार शायरों को उनका हक़ मिल सकेगा और नयी नस्ल मुशायरागाह में बैठकर अच्छे और बुरे शेर की शिनाख़्त करना सीख जायेगी।

हँसना न भूल जाए ये दुनिया इसीलिए

नागफनी के खुश्क काँटों से हथेली पर मेंहदी रचना, तेज़ाब को रौशनाई बनाकर सच्चाई तहरीर करना और ज़िन्दगी की रेत पर हँसते हुए चलना बच्चों का खेल नहीं है लेकिन इन तमाम सऊबतों (सख़्तियों) से गुज़रने के बाद भी हमारे अदबी समाज की नज़र में शायर की हैसियत रेशम के उस कीड़े की तरह होती है जो आदमी को साहिबे दस्तार (पगड़ी से प्रतिष्ठित) और अमीरे शहर बनाने में हमेशा पेश-पेश रहता है, यहाँ तक कि अपनी इसी तख़्लीक़ी कूव्वत (रचना शक्ति) के बेजा इस्तेमाल की बदौलत रेशम के कीड़े को अपनी जान से हाथ भी धोना पड़ता है।

ख़ासतौर पर हमारी उर्दू तन्क़ीद की कमज़ोर निगाहें अभी तक तंज़ो मिज़ाह (व्यंग्य और हास्य) के ताक़तवर कैनवस तक नहीं पहुँच सकी हैं। हालाँकि इस अदबी बददियानती और चश्मपोशी (आँखें चुराना) से फुनूने लतीफ़ा (साहित्यिक विधाओं) की किसी सिन्फ़ (विधा) को हर्गिज़ कोई नुकसान नहीं पहुँचता है लेकिन अदबी इंसाफ़ की ये बेजा देरी लफ़्ज़ों और उनके मानी पर बर्फ़ की इतनी सिलें जड़ देती है कि दोबारा इस हरियाली तक पहुँचने में हमारे अदब की कई सदियाँ सर्फ़ (ख़र्च) हो जाती हैं।

हमारे उर्दू अदब के तक़रीबन सभी क़लम के सूरमाओं का ये कारनामा है कि वह ख़लवतों (तन्हाइयों) में कलामे सीना ब सीना की लज़्ज़तों का इक़रार तो कर लेते हैं लेकिन महफ़िलों में वह उर्दू के मिज़ाहिया अदब को ख़ातिर में भी नहीं लाते हैं। हालाँकि शायर का मिज़ाहिया शायरी की तरफ़ रुख़ करना उसी कर्ब (पीड़ा) से गुज़रना है जो एक घरेलू ख़ानादार और शरीफ़ औरत कूचये अरबाबे निशात (कोठे वालियों की गली) की सजावट बनते हुए महसूस करती है।

हमारे मुहज़्ज़ब (सभ्य) समाज में दूसरों पर हँसना एक अदबी फ़रीज़ा है लेकिन अपने मसाइल (समस्याओं) पर, अपनी शख़्सियत के कमज़ोर पहलू पर और अपनी बेबसी पर खुद हँसने वाले को मिज़ाहिया शायर या अदीब कहा जाता है। अपनी साइकिल से गिर जाने वाले किसी शख़्स का चोट खाने के बावजूद हँसते हुए उठ खड़े होने का नाम मिज़ाहिया अदब तख़लीक़ करना होता है। यानी अपनी चोट को एक तमाशा बनाकर दूसरों को हँसने का मौक़ा फ़राहम (उपलब्ध) करने का नाम उर्दू का मिज़ाहिया अदब है।

एक मामूली से मामूली सियासी लीडर के इन्तिक़ाल पर स्कूल, बाज़ार, मोहल्ले, शहर और मुल्क के चेहरे को सोग की चादर से ढाँप दिया जाता है लेकिन आज तक किसी शायर या अदीब की मौत पर इज़हारे ताज़ियत (शोक व्यक्त करना) के तौर पर कभी किसी मोहल्ले का बाज़ार तक बन्द नहीं हुआ।

साग़र ख़य्यामी भी हमारे मिज़ाहिया अदब का एक ऐसा मोहतरम नाम है जो रहती दुनिया तक एक ऐसे चराग़ की तरह रौशन रहेगा जिसकी रौशनी से ज़माना हमेशा फ़ैज़ उठाता रहेगा लेकिन उनकी अदबी अज़मत को कुबूल कर लेने के तौर पर उन्हें वह एज़ाज़ (सम्मान) कभी हासिल नहीं हो सकेगा जो मामूली से मामूली सियासतदानों को भी हासिल हो जाता है। साग़र भाई का तअल्लुक़ तहज़ीब के शहर लखनऊ के एक जय्यद (शुद्ध) आलिमे दीन घराने से था। अपनी तहरीरों और तक़रीरों में लफ़्ज़ों की इल्मी काट और लहजे की सफ़्फ़ाक़ी (क्रूरता) के सहारे इस ख़ानवादे (घराने) ने हमेशा इंसानी दिलों को रहमदिली की दौलत से मालामाल करने की कोशिश की है। सदियों से ये ख़ानवादा अपने आँसुओं के चराग़ से शाहराहे अदब को मुनव्वर करता चला आ रहा है लेकिन हालात हमेशा एक जैसे नहीं रहते हैं। कभी उर्दू शायरी के सबसे बड़े शायर मीर तक़ी मीर ने देहली की मुआशी (आर्थिक) बदहाली और सियासी उथल-पुथल के सबब देहली से लखनऊ के लिए हिजरत की थी, गुज़शता (गुज़री हुई) सदी की सातवीं दहाई में अपने घरेलू मसाइल, माली दुश्वारियों और बच्चों के मासूम मुस्तक़बिल को सँभाला देने के लिए साग़र ख़य्यामी ने भी मीर की तरह बेसरो सामानी के आलम में अपने आपको हिजरत का तमाशा बना लिया लेकिन इस बार जमुना नदी को उल्टे रुख़ पर बहना था यानी देहली से लखनऊ की जानिब नहीं बल्कि लखनऊ से देहली की जानिब बहना था। साग़र भाई की उम्र का ख़ूबसूरततरीन हिस्सा मीर और ग़ालिब की देहली में मसाइल और मशक़्क़त (कठोर परिश्रम) की चक्की में पिसता रहा। साग़र भाई ने ज़बान अपने ख़ानवादे से सीखी, गुफ़्तगू फूलों से, शायरी रंगों की आमेज़िश (मिश्रण) से और चुभन गुलाब के हरे काँटों से। नर्म, नाजुक हरे काँटे चुभन का एहसास तो दिलाते हैं लेकिन चुभते हर्गिज़ नहीं हैं। उड़ती हुई ग़रीबुल वतनी की रेत पलकों को सहराओं (रेगिस्तानों) से गुज़ुरने के आदाब सिखा देती है। जय्यद आलिमे दीन घराने का एक भटका हुआ ग़रीबुल वतन देहली और उसके हंगामों में मुद्दतों कहीं खोया रहा, अपनी उम्र के एक बड़े हिस्से को उसने मसाइल की अन्धी गलियों में गुम कर दिया। एक मुद्दत तक साग़र ख़य्यामी अदबी उफ़ुक़ (क्षितिज) से इस तरह ग़ायब रहे जैसे बरसात के मौसम में चाँद कभी-कभी रात भर निगाहों से ओझल रहता है। एक कमज़ोर शख़्स अपने बेटों के ताक़तवर होने का इन्तिज़ार करता रहा। एक किसान कच्ची फ़स्लों की देखभाल में मसरूफ़ रहा। यह वही ज़माना था जब उनके बिरादरे मोहतरम नाज़िर ख़य्यामी की शोहरत का डंका चारों तरफ़ बज रहा था लेकिन साग़र

भाई अपने घरेलू मसाइल की गुत्थी को सुलझाने में दिलो जान से मसरूफ़ रहे। जे.एन.यू. की एक मामूली नौकरी की चादर से उन्होंने अपनी ज़रूरतों के मसाएल ढाँप रखे थे। शायद इसीलिए उन्होंने कभी अपने बिरादरे मोहतरम की शोहरत को अपना सहारा नहीं बनाया।

फिर अचानक उनकी इल्मी लियाक़त (योग्यता) ने अदब के मंज़रनामे (स्क्रीन) में अपने पर फैलाने शुरू किये। ज़बानो बयान के माहिर, मुहावराबन्दी के असलहों से लैस, अदबी सलाहियतों से मालामाल, शेर की नादिराकारी (बनाव सिंगार) से पूरी तरह वाक़िफ़, अपनी बात को सलीक़े से बयान करने का हुनर जानने वाले साग़र ख़य्यामी ने अपनी सलाहियतों के परों की मदद से सारी दुनिया का चक्कर लगाना शुरू कर दिया। सिर्फ़ दस-पन्द्रह बरस की मुद्दत में तक़रीबन आधी से ज़्यादा दुनिया में अपने कलाम का लोहा मनवा लेना और वह भी एक ग़रीब तरीन ज़बान में शायरी करने के बावजूद!... यक़ीनन अकबर इलाहाबादी के बाद साग़र भाई तन्हा ऐसे शायर थे जिनका मिज़ाह (हास्य) हमेशा संजीदगी का एक क़ीमती दुशाला ओढ़े रहता था। वह हिन्दुस्तानी थे, हिन्दुस्तान के शहरी (नागरिक) थे लेकिन उन्हें दुनिया के कई मुमालिक (मुल्कों) की अदबी शहरियत (नागरिकता) हासिल थी। अगर थोड़ी-सी तिजारती सूझ-बूझ होती तो दुनिया के कई मुल्कों में उनके ख़ूबसूरत फ़्लैट होते, नौकर चाकर होते, चमकीली कारें होतीं। अगर देहली के क़याम के दौरान वज़ीरों के सामने झुकने का हुनर सीख लेते तो देहली के उन इलाक़ों में उनके पास काश्तकारी (खेती) के लिए ज़मीनें मौजूद होतीं जहाँ आज फ़्लैट तक बहुत महँगे फ़रोख़्त होते हैं, लेकिन दुनिया को ख़ुश देखने वाले लोग अपने उतरे हुए चेहरे की तरफ़ कभी नहीं देखते। साग़र भाई दुनिया को हँसाने में इतने मसरूफ़ रहे कि उन्हें अपने फेफड़ों में पलने वाली ख़तरनाक बीमारी का अन्दाज़ा तक नहीं हो सका। सारी दुनिया को लफ़्ज़ों से गुदगुदाने और शेरों से हँसाने वाले साग़र भाई ने आख़िरी दिनों में अपने तमाम चाहने वालों से इतनी किनाराकशी अख़्तियार कर ली कि रोना तो दूर की बात है उन्होंने बहुत-सी आँखों को नम होने का मौक़ा भी नहीं दिया। लखनऊ से ख़ामोशी के साथ देहली चले गये और देहली को आबाद कर लिया। देहली से ऐसे जुड़े कि लोग उन्हें देहली का वासी समझने लगे फिर जैसे ही उनके जिस्म के ख़मीर की मिट्टी ने आवाज़ देना शुरू कर दिया तो वह अपना सामाने सफ़र देहली से बाँधने लगे। फिर अचानक एक दिन उन्होंने भी मीर तक़ी मीर की तरह देहली को ख़ैरबाद (अल्विदा) कहा और लखनऊ के लिए रवाना हो गये लेकिन अब लखनऊ अवध के नवाबों का मक़बरा बन चुका था। रवादारियाँ फ़िरक़ापरस्तों (साम्प्रदायिकों) की बाँदियाँ (सेविकाएँ) हो चुकी थीं। मोहब्बतों के क़िस्से सुनाने वाले तक लखनऊ में नहीं रह गये थे। हर तरफ़ सियासत की धूल उड़ रही थी। ख़ानकाहों पर सियासी तख़्तियाँ लग चुकी थीं। आदाब अर्ज़ को जय श्रीराम के नारों ने मुँह

चिढ़ाना शुरू कर दिया था। एक तरह से लखनऊ अब मुकम्मल तौर पर मुलायम सिंह और मायावती की सियासी खींचातानी और भारतीय जनता पार्टी की निगरानी में आ चुका था। नतीजे के तौर पर साग़र भाई लखनऊ में ऐसे गुम हो गये जैसे गन्ने के खेत में लाठी गुमनाम हो जाती है।

एक दिन अचानक मेरे फ़्लैट पर आये और मुझे अपने साथ चलने के लिए कहा। बालागंज चुंगी के पास एक नवतामीर (नवनिर्मित) बल्कि ज़ेरे तामीर (निर्माणाधीन) कालोनी के चक्कर लगाते रहे। मैंने पूछा, क्या मक़बरा ढूँढ़ रहे हैं? कहने लगे, वाक़ई मैं एक मक़बरा ही ढूँढ़ रहा हूँ सिर्फ़ उसे ताजमहल का Look देने के लिए तुम्हें अपने साथ लाया हूँ। थोड़ी ही देर में वह एक ज़ेरे तामीर मकान के पास रुके और मुझे साथ लेकर उसके अन्दर दाख़िल हुए। पूरा मकान मुझे दिखाने के बाद फ़रमाया कि इसे संगेमरमर से आरास्ता (सजाना) करना है, अन्दाज़न कितना पैसा लगेगा? मैंने पूरा मकान देखने के बाद उनसे कहा कि बेईमानी की हद तक अगर कारोबार में मुरव्वत की जाये तब भी तक़रीबन 45,000/- रुपये के मार्बल की जरूरत पड़ेगी। फ़िक्सिंग के अलग से 20,000/- रुपये जोड़ लें। उन्होंने फ़ौरन जेब में हाथ डाले और मुझे 40,000/- रुपये निकालकर दिये, साथ ही यह भी फ़रमाया कि इस महीने के आख़िर में यानी तक़रीबन 20 दिनों बाद आप संगतराश और मार्बल भिजवा दीजियेगा। मैंने मज़ाक के तौर पर साग़र भाई को मशविरा दिया कि आप मिसरों की तरह संगेमरमर के टुकड़ों को भी जड़ने का काम कर लें तो 20,000/- रुपये आपके बच सकते हैं। साग़र भाई हँसते हुए कहने लगे कि अब मुशायरों में पैसे तो उसी को ज्यादा मिलते हैं जो मिसरे तक बिठाना नहीं जानता।

10-15 दिनों के बाद किसी मुशायरे में मुलाक़ात हुई तो मैंने उनसे कहा कि अगले हफ़्ते तक वहाँ का काम शुरू हो जायेगा, सिर्फ़ पानी का बेहतर इन्तिज़ाम करा दीजिएगा। एक अजीब-सी काफ़ूरी मुस्कुराहट उनके होठों पर नमूदार (ज़ाहिर) हुई, उसी मुस्कुराहट के साथ फ़रमाया कि पानी का इन्तिज़ाम तो हम आले रसूल अपने बच्चों के लिए भी नहीं कर सके थे। इस बलीग़ (भरपूर) जुमले के बाद दोनों तरफ़ ख़ामोशी रही। दो-चार दिनों के बाद उनका फ़ोन आया वह कह रहे थे कि मुनव्वर मियाँ, मैंने अपना फ़ैसला बदल दिया है। क़ब्र कच्ची ही अच्छी होती है क्योंकि कच्ची क़ब्र आँसुओं की पर्दादारी रखती है, लिहाज़ा मैंने फ़ैसला बदल दिया है। दो-तीन दिनों के बाद एक दिन सुबह-सुबह वह मेरे फ़्लैट पर तशरीफ़ लाये और अपने 40,000/- रुपये वापस ले गये।

उनसे आख़िरी मुलाक़ात 07 दिसम्बर, 2007 को मेरे इकलौते बेटे तबरेज़ राना की शादी के मौक़े पर होटल क्लार्क अवध में हुई। तमाम मेहमानों के रुख़सत हो जाने तक वह सचमुच एक सच्चे मेज़बान और बुज़ुर्ग का रोल अदा करते रहे। दावते

वलीमा की हर कमी को अपनी ख़ुशगुफ़्तारी (ख़ूबसूरत गुफ़्तगू) की नक़ाब से ढाँपने के बाद मेरे पास उठकर आये और कहने लगे कि मुनव्वर मियाँ, मैंने बड़े भाई और बुज़ुर्ग का रोल अपने जानते भरपूर ईमानदारी से निभाया, तमाम मेहमान रुख़्सत हो चुके हैं लिहाज़ा अब मुझे भी इजाज़त दीजिए...और यह कहकर वह ऐसे रुख़्सत हुए कि फिर दुनिया से उनके रुख़्सत हो जाने की ख़बर ही आयी :

हँसना न भूल जाये ये दुनिया इसीलिए
मैं बादशाह हो के भी जोकर बना रहा

धूल उतरी नहीं सिर से अभी पिछले सफ़र की

कलकत्ता मेरी निगाह में उस नालायक़ औलाद की तरह है जिसको न छोड़ा ही जा सकता है और न जहाँ आराम से रहा ही जा सकता है। शोर-शराबा, भाग-दौड़, भीड़ भाड़, जल्से, जुलूस, लाकआउट और हड़तालें, दोस्त और मुनाफ़िक़ीन, चमक-दमक और लोड शेडिंग... लेकिन जिस तरह बहुत दिन जेल में रहने वाले को जेल की सलाख़ों से मोहब्बत-सी हो जाती है वैसे ही ज़िन्दगी इन सऊबतों (परेशानियों) से भी प्यार करने लगती है।

बहुत दिनों से पटना जाने का इरादा कर रहा था लेकिन ख़ौफ़े सफ़र रास्ता रोके था। अचानक एक दिन सय्यद अहमद क़ादिरी से मुलाक़ात हो गयी। बेचारे बहुत मेहनती आदमी हैं... सीधे सादे से, जैसे घर दामाद हुआ करते हैं। कहने लगे, पटना चलिए। ज़ाहिर है मुझे क्या एतराज़ हो सकता था। जब दाग़ अज़ीमाबाद (पटना) में कलकत्ता जाने के लिए सावन का इन्तिज़ार कर सकते थे तो मुझे सय्यद अहमद क़ादिरी के साथ इस शहर में आने से क्या गुरेज़ हो सकता था। लिहाज़ा इतवार की शब में पंजाब मेल से पटना के लिए रवाना होना पड़ा। कार स्टेशन के बाहर ही हम लोगों को छोड़कर वापस चली गयी क्योंकि हावड़ा स्टेशन का इलाक़ा गाड़ियों से इस तरह भरा हुआ था जैसे सरकारी अफ़सरों की जेबें रिश्वत की रक़्म से भरी रहती हैं। एक बूढ़ा-सा कमज़ोर कुली हम लोगों का सामान रेल के डिब्बे तक लेकर आया। उसकी कमज़ोर जसामत (डीलडौल) रहबराने वतन से इल्तिजा कर रही थी कि :

तूने सारी बाज़ियाँ जीती हैं मुझ पर बैठकर
अब मैं बूढ़ा हो चुका हूँ अस्तबल भी चाहिए

ठीक आठ बजे पंजाब मेल किसी नाज़नीन (नवयौवना) की तरह बलखाती हुई मुसाफ़िरों की मंज़िल की तरफ़ खिसकने लगी। मुस्कुराहट और उदासी का एक लामुतनाही (ख़त्म न होने वाला) सिलसिला रेलवे स्टेशनों पर सैकड़ों बरस से फैला हुआ है। हज़ारहा उतरे हुए चेहरे अपनी आँखों में आँसुओं का उबलता हुआ समन्दर छुपाये अपने-अपने अज़ीज़ों को खुदा हाफ़िज़ कहने के लिए स्टेशनों पर मौजूद रहते हैं। बेबसी, मजबूरी, जुदाई और अकेलेपन की कितनी ही कहानियाँ रेलगाड़ियाँ जानती हैं।

एक लकीर को मिटाकर डिब्बे को सेकण्ड क्लास कर दिया गया था लेकिन डिब्बे के अन्दर वही ख़ानाजंगी, वही बेतरतीबी, वही टूट-फूट और वही बेतवज्जुही मौजूद थी जो उमूमन सेकण्ड क्लास में मौजूद रहती है। सिर्फ़ एक लकीर के मिटाने ही से तो सेकण्ड क्लास बना है वर्ना यह डिब्बा पहले थर्ड क्लास था। लेवेटरी में मुँह देखने का शीशा ग़ायब था। सिर्फ़ फ्रेम बचा था। फ्रेम के ऊपर लिखा हुआ था, *'रेलवे आपकी सम्पत्ति है'* और इसके बग़ल में लिखा था कि *'मैंने इस सम्पत्ति में से अपना हिस्सा ले लिया है'* नीचे किसी साहब का नाम लिखा हुआ था।

डिब्बे में हम लोगों के अलावा एक बंगाली जोड़ा था। उनके साथ उनका सात आठ बरस का एक बच्चा भी था... ख़ूबसूरत-सा भोला भाला। बंगाली बाबू बहुत शरीफ़ क़िस्म के आदमी थे। पटना में हवाई अड्डे के पास उनकी सुसराल है ये उन्हीं की ज़बानी मालूम हुआ। मैंने उनको मुबारकबाद दी और पूछा कि आपको हवाई जहाज़ का शोर सुनाई देता होगा? वह मुस्कुराने लगे लेकिन उनकी बेगम का मूड कुछ ख़राब हो गया। लिहाज़ा उन्होंने फ़ौरन सो जाने में आफ़ियत (भलाई) समझी। मौसूफ़ बत्ती बुझाने की कोशिश कर रहे थे लेकिन रेलवे के स्विच कलकत्ता के टेलीफ़ोन साबित हुए यानी सिर्फ़ नुमाइश के लिए थे। उनसे कोई काम नहीं लिया जा सका। आख़िर मैंने उनकी मोहब्बत में प्लग से लगे हुए बल्ब अलग कर दिये। वह लोग तो सो गये लेकिन भाई अहमद क़ादिरी अभी शब ख़्वाबी का लिबास पहनने की तैयारी में मसरूफ़ थे। ख़ैर, ख़ुदा-ख़ुदा करके उन्होंने कपड़े तब्दील किये। हालाँकि जितना वक्त उनको कपड़े तब्दील करने में लगा उतने में एक दर्ज़ी कई जोड़े कुर्ते और पाजामे तैयार कर लेता है। क़ादिरी साहब ने मेरी तन्क़ीदी निगाह का एहसास होते ही मौज़ू (विषय) तब्दील करने की ग़रज़ से पूछा कि राना साहब! आपकी कामयाबी की वजह क्या है? मैंने कहा, भई! ग़ालिब की कामयाबी की वजह ख़्वाजा अल्ताफ़ हुसैन हाली थे और मेरी शोहरत की वजह अलीमुल्ला हाली हैं। फिर उन्होंने मुझे मज़ीद (और ज़्यादा) छेड़ने की ग़रज़ से पूछा कि *मीर एवार्ड* आपको भी मिलना चाहिए। मैंने खिसियाये हुए लहजे में कहा कि प्यारे भाई, मीर एवार्ड मुझे उसी वक़्त मिलेगा जब मैं उम्र में मीर के बराबर हो जाऊँगा।

हस्बे मामूल ट्रेन एक घण्टे की ताख़ीर से पटना पहुँची। मालूम हुआ कि जबरदस्त कोहरा था जिसकी वजह से देर हुई। मुमकिन है किसी स्टेशन पर ड्राइवर किसी ज़रूरत के तहत नीचे उतरा हो और फिर जब वह वापस हुआ हो तो उसे इंजन ढूँढ़ने में परेशानी हुई हो। यूँ भी इस मुल्क में हर मौसम हर तरह का कोहरा छाया रहता है। मसलन, ड्राइवर को पटरियाँ नहीं दिखाई देतीं, लीडरों को ग़रीबी नहीं दिखाई देती, अमीरों को ग़रीब नहीं दिखाई देते, भाजपाइयों को उर्दू नहीं दिखाई देती और हुकूमत को मुसलमान नहीं दिखाई देते वैसे जब अँधेरा सामने हो तो कोहरा कहलाता है और जब आँखों में हो तो मोतियाबिन्द।

पटना में ज़बरदस्त सर्दी थी। जज़्बात तक सर्द हो जाने का ख़तरा था। हर आदमी हस्बे हैसियत पहने-ओढ़े हुए था। वैसे सर्दी के मौसम की एक खुसूसियत यह है कि आप कोई भी जुर्म कर डालिए लोग बुरा नहीं मानते। पुलिस वाले भी सिर्फ़ मुँह बनाने की हद तक बुरा मानते हैं, उछल कूद से गुरेज़ करते हैं क्योंकि मुजरिम अगर ज़रा भी आगे निकल गया तो पहचानना दुश्वार हो जाता है। ऐसे में आदमी अपने आपको इतना ढाँप और छुपाये रहता है कि बड़ी नस्ल का कछुआ मालूम होता है। बंगलादेश बनने के फ़ायदे और नुक़सान का तो मुझे अन्दाज़ा नहीं लेकिन इतना इल्म ज़रूर है कि हिन्दुस्तान में तक़रीबन हर जिस्म गर्म कोट की लज़्ज़त से आशना (परिचित) हो गया है। कहाँ एक कोट की क़ीमत सात सौ रुपये और कहाँ सिर्फ़ पचास रुपये। ग़ालिबन ये ग़रीब लोगों की दुवाओं का असर है जो बंगलादेश आज तक न सिर्फ़ ज़िन्दा है बल्कि मुस्कुरा रहा है। बंगलादेश को देखकर खुदा पर बहुत से कम्युनिस्टों को भी यक़ीन आ गया है क्योंकि उन्होंने महसूस कर लिया कि कोई तो है जो इस मुल्क को चला रहा है। दरअस्ल आदमी हर चीज़ को अपने फ़ायदे के मुताबिक़ देखता है, ख़्वाह दूसरे फ़रीक़ (पक्ष) को कितना ही बड़ा नुक़सान क्यों न हो जाये। मसलन, न्यू मार्केट के जल जाने से शौहरों को बहुत खुशी हुई जबकि दुकानदारों से ज़्यादा उन लोगों को दुःख हुआ जिनको पहले सिर्फ़ रिश्वत की रक़्म देनी पड़ती थी और अब फ़ेहरिस्त लेकर सामान तलाश करना होगा और देना होगा।

मेरे एक दोस्त मुझसे कहने लगे कि *'कनिष्क'* जहाज़ गिरने से मुझे एक फ़ायदा हुआ, वो यह कि मेरी बेगम सिंगापुर और बैंकाक की सैर को निकलने वाली थीं लेकिन इस ख़बर को सुनकर इरादा मुल्तवी कर दिया फिर मुस्कुराती हुई मेरे पास आयीं और बोलीं, "आपके लिए एक बुरी ख़बर है यानी मैं अब सिंगापुर नहीं जा रही हूँ। मरूँगी तो साथ, ज़िन्दा रहूँगी तो साथ, अकेले आपको ऐश करने के लिए नहीं छोड़ूँगी।"

स्टेशन से हम लोग सब्ज़ीबाग़ रवाना हुए। डाकख़ाने पर रिक्शा छोड़ दिया गया। चाय और सिगरेट से लुत्फ़ अन्दोज़ होने के बाद अहमद क़ादिरी ने मुझे एक होटल में पहुँचा दिया जिसका नाम तुलसी होटल था। क़ादिरी साहब कहने लगे, भला बताइए! तुलसी होटल, तुलसी ज़र्दा! हालाँकि तुलसीदास बेचारे न तो कभी होटल में ठहरे और न ही ज़र्दा खाते थे। मैंने कहा, भाई! बहुत से लोगों का नाम सत्य प्रकाश होता है लेकिन वह झूठ बोलते हैं तो इसमें नाम रखने वाले का क्या कुसूर है, कुसूर तो नाम का ग़लत फ़ायदा उठाने वाले का है।

क़ादिरी हाज़िरी लगाने सुसराल चले गये और नौ बजे सुबह आने के बजाय ग्यारह बजे वापस आये... बेहतरीन क़िस्म का सूट पहने और ख़ूबसूरत टाई लगाये हुए। ग़ालिबन दर्ज़ी की दुकान देर से खुली होगी जिसकी वजह से उन्हें आने में ताख़ीर हुई होगी।

हम लोग फ़ौरन होटल से अपने काम के सिलसिले में रवाना हो गये। पहली मंज़िल *अज़ीमाबाद एक्सप्रेस* का दफ़्तर था। ख़ूबसूरत से गेट पर निहायत बेमुरव्वत-सा ताला पड़ा हुआ था। गेट के अन्दरूनी हिस्से में एक सुराही रखी हुई थी जिसकी वीरानी और ख़ाली पन उर्दू अख़बारों की ज़ुबूँ हाली (बेचारगी) का नमूना थी। मालूम हुआ कि रिज़वान अहमद *'इम्तियाज़े मीर'* हासिल करने की ग़रज़ से लखनऊ गये हुए थे। ग़ालिबन इसी वजह से ताला मुँह चिढ़ा रहा था। हैरत है कि *यगाना चंगेज़ी* के भयानक अंजाम के बाद अज़ीमाबाद वाले एवार्ड लेने के लिए लखनऊ जाते हैं।

अज़ीमाबाद एक्सप्रेस से मायूस होकर हम लोग फ़रज़न्द भाई से मिलने की कोशिश में मसरूफ़ हो गये। मालूम हुआ कि वह भी नहीं हैं, शायद उड़ीसा गये हुए हैं। उनके खुश अख़लाक़ फ़रज़न्द (सुपत्र) ने फ़ौरन ड्राइंग रूम खोल दिया। अहमद क़ादिरी ने अपने नक़्क़ाद होने के सुबूत में फ़रज़न्द अहमद के टेलीफ़ोन बिल में मज़ीद रक़्म का इज़ाफ़ा कर दिया।

वहाँ से हम लोग मरकज़ी वज़ीर जनाब अब्दुल ग़फ़ूर के बँगले पर गये जहाँ मन्नान साहब से मुलाक़ात हो गयी। एक-एक कप गर्म चाय और डॉक्टर आलम साहब के चन्द मुफ़ीद मशविरों के साथ हम लोग वापस लौटे। रास्ते में रेडियो स्टेशन भी पड़ता था। ये तय हुआ कि जमालुद्दीन साहिल से भी मुलाक़ात ज़रूरी है। ख़ुशक़िस्मती से वह मिल गये लेकिन बीमार-बीमार से, बुझे-बुझे से जमालुद्दीन साहिल को देखकर मुझे वहशत (घबराहट) होने लगी :

सीने पे पाँव रख के गुज़र जाओ बे ख़तर
सूखी हुई नदी में कोई डूबता नहीं

ख़ामोशी के इस माहौल ने हम दोनों को उदास कर दिया था। लिहाज़ा हमने हस्बे रवायत साहिल भाई से छेड़छाड़ शुरू की। बस ज़रा-सी देर में वही पुराने जमालुद्दीन साहिल मौजूद थे। कई घण्टों की ये मुलाक़ात कितने ही पुराने ज़ख़्मों की पपड़ियाँ उधेड़कर चली गयी। वहाँ से हम लोग शफ़ी मशहदी साहब से मिलने उनके आफ़िस गये। अच्छी ख़ासी शक्लो सूरत के मालिक हैं। बिला वजह जमील मंज़र ने शफ़ी मशहदी नम्बर में उनका तस्वीरी कार्टून शाया (प्रकाशित) किया। उन्हें देखकर अन्दाज़ा हुआ कि अब भी बहुत से लोग उन्हें देखकर अपना फ़ैसला बदल सकते हैं। माहनामा *'सुहेल'* में पढ़ा था कि उनकी सुसराल भी लखनऊ में है। शायद पटना वालों को लखनऊ बहुत अच्छा लगता है बल्कि मेरा तो अन्दाज़ा है कि लखनऊ स्टेशन पर अगर पटना के सौ मुसाफ़िर उतरते होंगे तो निन्यानवे लोगों को सुसराल ही जाना होता होगा। बेचारे मुख़लिस आदमी हैं लेकिन हर वक़्त चौकन्ना रहते हैं कि ना जाने कब, कौन तारीफ़ करके उनसे कोई (बेजा) काम करवा ले। इस एहतियात में कभी-कभी वह अच्छे लोगों से भी मिलने से महरूम (वंचित) रह जाते होंगे।

वहाँ से लौटते-लौटते शाम हो गयी लेकिन रहमानिया होटल तो बहरहाल जाना था क्योंकि वहाँ की चाय में एक ख़ास लज़्ज़त और कैफ़ियत है। मालिक की बेकैफ़ (स्वादविहीन) गुफ़्तगू की तल्ख़ियाँ चाय को एक ख़ास क़िस्म की लज़्ज़त बख़्शती है। नवजवान अफ़साना निगार फ़ख़रुद्दीन आरिफ़ी से मुलाक़ात हुई तो उन्होंने अपनी कहानियों का मजमुआ (संग्रह) *'सुलगते ख़ेमों का शह्र'* मुझे दिया। किताब पर मेरा नाम लिखने से पहले उन्होंने मुझसे पूछा, *"क्या आप उर्दू पढ़ लेते हैं?"*

मैं चुप रहा। किताब उलट-पलटकर देखी तो किसी साहब की राय छपी हुई थी जो कई सफ़हों पर मुश्तमिल (आधारित) थी लेकिन पहला ही जुमला ज़बान और बयान की ग़लती से ज़ख़्मी था :

ये दहन ज़ख़्म की सूरत है मेरे चेहरे पर
या मेरे ज़ख़्म को भर या मुझे गोयाई दे

न जाने किस तमन्ना में ये चिड़िया घर बनाती है

शोहरत के चाँद की रौशनी से बहुत-से हक़दार घराने भी महरूम (वंचित) रह जाते हैं। इसमें नसीब से ज़्यादा उन अदबी सुतूनों (खम्भों) का दख़्ल होता है जो हमेशा दीवार बने रहते हैं। क़नाअत (सन्तोष) और सब्र की दौलत से मालामाल शायर और अदीब इसकी परवाह नहीं करते। यूँ भी क़लम की नोक से काग़ज़ के साथ छेड़छाड़ का अपना अनोखा मज़ा होता है तब ही तो क़लम से महरूमी शायर और अदीब को अपनी उँगलियाँ खूने दिल में डुबोने पर मजबूर करती रहती हैं। फिर यूँ भी सिले (प्रतिकार) की शक्ल में फ़ायदे और नुक़सान का हिसाब-किताब दुकानदार करता है। क़लमकारों का ये शेवा (चलन) कभी नहीं रहा। दुनिया में किताबों की क़ीमतें होती हैं, रद्दी भी तराजू की मदद से बेची और ख़रीदी जाती है लेकिन हुनर का तोलने का कोई तराजू अभी तक ईजाद (आविष्कृत) नहीं हो सका। जिस तरह हवा का काम चलते रहना है, दरियाओं का काम बहते रहना है उसी तरह शायर और अदीब की कोई मंज़िल नहीं होती। वह हर मंज़िल को रास्ता समझकर गुज़रता चला जाता है।

लेकिन एक हक़ीक़त से आँखें चुराना भी सरासर बददियानती (बेईमानी) होगी क्योंकि महरूमी का कर्ब (पीड़ा) इतना शदीद (प्रचंड) नहीं होता जितना घातक हक़तल्फ़ी (हक़ मारा जाना) का एहसास होता है। अदब, ख़ासतौर से उर्दू में एहसासे बरतरी (श्रेष्ठता का आभास) और एहसासे कमतरी (न्यूनता का एहसास) के वह मतलब बिल्कुल नहीं निकलते जो फ़लसफ़ियाना अन्दाज़ में लोगों ने निकाल लिए हैं। अदब भी क़िस्से कहानियों की तरह सफ़र करता है। नाक़िदीने अदब बड़े को छोटा और छोटे को बड़ा करने का जादुई हुनर बखूबी जानते हैं। कुछ शख़्सियतें खुदसाख़्ता अदब साज़ (साहित्य सृजक) कहलाती हैं जो ISI की मुहर की तरह हर सामान पर अपनी मोहरे एतराफ़ (स्वीकृति की मोहर) लगा देते हैं। ख़रीदार भी बेचारा ज़्यादा ख़्वारी (परेशानी) से बचने के लिए इसी कलमे (वाक्य) को हर्फ़े आख़िर मान लेता है। ज़ाहिर है कि ये सिलसिला सदियों से चला आ रहा है। मोहरे वही रहती हैं सिर्फ़ मोहर लगाने वाले बदलते रहते हैं। कमोबेश यही सूरते हाल दुनियाये शेरो अदब की भी है जहाँ मुसाहिबी (खुशामद) के तन्दूर के इर्द-गिर्द यही लोग हमेशा विराजमान रहते हैं और वनमश्क़ (नव अभ्यासी) शोअरा के लाये हुए क़ोरमे से अपने पेट का तन्दूर भरते रहते हैं।

दुनिया के दूसरे ज़बानो अदब में नये लोगों के आने पर उन्हें बराबरी का दर्जा ही नहीं दिया जाता है बल्कि ऐसे लोगों को बहुत ज़्यादा एहतराम की निगाह से देखा जाता है लेकिन यह अजीबो ग़रीब बात है कि उर्दू ज़बान की रवादारी, यकजहती, सख़ावत और दरिया दिली के दामन पर हर ज़माने में कुछ लोग दाग़ और धब्बों की तरह नमूदार (प्रकट) हो जाते हैं। महफ़िल में उर्दू को सबकी ज़बान कहा जाता है लेकिन ख़लवतगाह (तन्हाई) में यह मुसलमानों की कनीज़ (सेविका) बनकर रह जाती है। हैरत है कि उर्दू वालों ने संस्कृत को पण्डितों के चूल्हे-चौके तक सिमटते हुए देखने के बावजूद उससे कुछ सबक़ नहीं लिया।

ऐवाने ग़ज़ल में *सरोज व्यास* साहिबा भी नववारिद (नवोदित) की तरह दिखाई देती हैं। हालाँकि वह उम्र और इल्म दोनों के लिहाज़ से पक्की उम्र की ख़ातून हैं। ज़ाहिर है कि लहजे में बुलूग़ियत वयस्कता एक उम्र के तजरुबे के बाद ही नसीब होती है। अव्वल तो वह विदर्भ के इलाक़े से तअल्लुक़ रखती हैं, दूसरे आज के ज़माने में बड़ा शायर होने के लिए सनदयाफ़्ता गहवारे (प्रमाणित घराना) में पैदा होना ज़रूरी है। हालाँकि सरोज व्यास का रिश्ता उस मराठे क़बीले से है जिसने हमेशा फ़ारसी और उर्दू की दिलजोई की। आज भी मराठी ज़बान, तहज़ीब और खान-पान में उर्दू और उर्दू तहज़ीब दोनों कहीं न कहीं मौजूद हैं।

मुश्किल ज़मीनों का इन्तिख़ाब (चयन), रदीफ़ और क़ाफ़िये के साथ बेहतर सुलूक, मज़ामीन तराशने और तलाशने में एहतियात से काम लेना, ग़ज़ल के बुनियादी उसूलों का एहतराम करते हुए आईनये ग़ज़ल में नया चेहरा उभार लेना आसान काम नहीं है। लेकिन फ़िक्र की यह वुसअत (व्यापकता) उनकी अपनी तहरीर का नसीब है, उनकी अपनी बरसों की मश्क़ का नतीजा है। उन्होंने अपनी अदबी उड़ान के लिए किसी से पर नहीं माँगे, किसी से हौसला भी नहीं माँगा, किसी का सहारा भी नहीं लिया। वह अपने मामूली परों से बुलन्दी की तरफ़ परवाज़ (उड़ान) में मशगूल रहीं। न उन्होंने वक़्त से मोहलत की भीख माँगी न गुज़रते हुए पलों ने उनके साथ कोई मुरव्वत की लेकिन उन्होंने अपने कमज़ोर परों से आसमाने शायरी के एक बड़े इलाक़े की सैर कर ली। मैंने सरोज व्यास साहिबा की शायरी का मुतालिआ (अध्ययन) पूरी ईमानदारी के साथ किया है। मुझे बस उनसे एक शिकायत है कि वह शब्दों को चुनते समय फ़ारसी और अरबी से बहुत ज़्यादा रोब खा गयीं। यक़ीनन ये कोई बुरी बात हर्गिज़ नहीं है लेकिन चूँकि हम जिस ज़माने में ज़िन्दा हैं वह ज़माना आसान तलबी का शिकार है। लिहाज़ा हम शायरों और अदीबों की भी ज़िम्मेदारी है कि हम ज़बान के सिलसिले में ज़्यादा कठोर न बनें। सरलता के साथ दुःख-सुख और धूप-छाँव से एक नयी कहानी या नया शेर लिखने वालों का मुस्तक़बिल ज़्यादा महफ़ूज़ है।

मेरा तो दिल चाहता है कि मैं अपने इस मामूली-से मज़मून के मुख़्तसर से

आँचल पर सरोज साहिबा के कई दर्जन शेर टाँक दूँ लेकिन पढ़ने वालों पर अपनी पसन्द थोपना या क़ारिईन को शेर की पसन्दीदगी का तरीक़ा बनाना ग़ैर एख़्लाक़ी तरीक़ा है। यूँ भी ग़ज़ल की एक अच्छी किताब से कुछ अच्छे शेर मज़मून की तज़ईनकारी (निखार) के लिए हासिल करना ख़राब अमल के मानिन्द (समान) है। पिछले दस पन्द्रह बरसों में किसी ख़ातून (ख़ासतौर पर ऐसी ख़ातून जिसकी मादरी ज़बान उर्दू न हो और जिसके खाने कमाने का ज़रिया भी मुशायरा न हो) की इतनी अच्छी, मुकम्मल और प्यारी किताब मेरी नज़र से नहीं गुज़री। मैं उन्हें उनके इस अदबी कारनामे पर दिली मुबारकबाद देता हूँ। उनकी तख़्लीक़ात (रचनाओं) का मुस्तक़बिल ताबनाक (उज्ज्वल) है। उनकी ग़ज़लों को उर्दू के रसाएल में मुस्तक़िल शाया (प्रकाशित) होना चाहिए क्योंकि उनकी शायरी में अब उनका हिस्सा बहुत कम हो चुका है। अब तो वह क़ौमी सरमाया है और क़ौमी सरमाये से हर ज़बान के लोगों को फ़ैज़याब होने का मौक़ा दिया जाना चाहिए। एक पढ़ी-लिखी, घरेलू ख़ातून जब शेर कहती है तो वह घरेलू मसाएल को भी शेर बना लेती है, परेशानी के मौसम से फल-फूल हासिल कर लेती है। उसकी आँखें कैमरे की तरह ज़िन्दगी के अच्छे बुरे मनाज़िर (मंज़रों) की तस्वीरें खींचती रहती हैं। ऐसी ही कुछ शेरी तस्वीरों वाली किताब का नाम है *'मिजराब'...* (सितार बजाने का छल्ला)।

मुझे यक़ीन है कि शायरी से मोहब्बत करने वालों में ये किताब बेइन्तिहा पसन्द की निगाह से देखी जायेगी। उनकी इस अदबी कोशिश की पज़ीराई (सत्कार) से उन्हें एक नया हौसला और तवानाई (ताक़त) मिलेगी जिससे वह नयी ग़ज़ल के आँचल पर और भी नये-नये चाँद-सितारे टाँक सकेंगी। शायरी की एक अच्छी किताब एक नयी दुनिया बसाने में मददगार साबित होती है। सरोज व्यास मुझे अपने भाई की तरह अज़ीज़ रखती हैं लिहाज़ा मेरे लिए यह और भी फ़ख़्र की बात है कि ये किताब मेरे परिवार की किताब जैसी है।

मेरे आँसू भी शायद इस्तिख़ारा देख लेते हैं

रात के तक़रीबन डेढ़ बजे तमाम शहर सन्नाटे की दबीज़ चादर ओढ़े सो रहा था। ख़ामोशी ने शहर के गिर्द अपना हिसार क़ायम कर रखा था। कभी-कभी इक्का-दुक्का ट्रक या कार की रौशनी जंगल में जलायी गयी टार्च मानिन्द दिखाई देती और फिर वही उदास-सी ख़मोशी फ़ज़ा में रक्स करने लगती।

कलकत्ता! फ्रांसीसियों का ख़रीदा हुआ कलकत्ता! नवाबों का बसाया हुआ कलकत्ता! अंग्रेज़ों का छीनकर हासिल किया हुआ कलकत्ता! वहशत और टैगोर के नग़मात से जगमगाता कलकत्ता ! कभी इन्क़लाब ज़िन्दाबाद की लय पर थिरकता हुआ कलकत्ता, नालायक़ औलादों के बीमार बाप की तरह सो रहा था।

मैं अपनी बेख़्वाबी को सज़ा देने के लिए 'जज़्ब' आँवलवी के हमराह कलकत्ता मेडिकल कालेज के सामने फुटपाथ पर आबाद एक चाय ख़ाने के पास खड़ा हूँ। अचानक एक स्कूटर मेरे क़रीब आकर रुकता है। स्कूटर सवार 'भूखा बंगाल रे बाबू भूखा है बंगाल' के बाद की नस्लों वाले अधेड़ उम्र के असग़र भाई हैं जो कि बंगाल में बासमती चावल बेचते हैं और गेसुये बंगाल के असीर हैं। मुझसे पूछा, क्या सक़ुलैन साहब को देखने आये हैं? मैंने फ़ौरन पूछा, क्या सक़ुलैन भाई बीमार हैं? असग़र भाई ने जवाब दिया हाँ, सकुलैन भाई बीमार हैं क्योंकि अभी-अभी मेरे पास शाकिर भाई का फ़ोन आया था, उन्होंने मुझसे पहुँचने को कहा है और खुद भी आ रहे हैं।

कलकत्ता मेडिकल कालेज की पुरशिकोह लेकिन हैबतनाक इमारत जो फ़ीरोज़ाबाद में बनने वाली चूड़ियों से ज़्यादा चूड़ियों को टूटते देख चुकी है, यह इमारत एक ऐसे अजीबो ग़रीब शहर की तरह है जिसके कमरों में दुःख, सुख, धूप, छाँव, अमीरी-ग़रीबी, फ़िरका परस्ती और क़ौमी यकजहती साथ-साथ रहते हैं। सुहाग की मिटती हुई लाली और बेवगी की सियाही ने इस इमारत के लाल रंग को क़त्थई कर दिया है। कभी यह इमारत इब्ने मरियम (ईसा) की कुटिया जैसी हुआ करती थी, डॉक्टरों की इबादत गाह हुआ करती थी। कभी यहाँ की हर नर्स 'मजाज़' की नूरा मालूम होती थी। लेकिन खुदग़रज़ सियासत दानों, लालची चारागरों और अवाम की बेहिसी ने इसे

बीमारों का मक़तल (वधशाला) बनाकर रख दिया है।

अभी हम सकुलैन भाई के वार्ड की तलाश में भटक ही रहे थे कि शाकिर भाई आ गये। मैंने उनसे पूछा, सकुलैन भाई कहाँ हैं, उन्होंने एक बिल्डिंग की तरफ़ इशारा किया और कहा, इसकी पाँचवीं मंज़िल पर । मैंने फिर सवाल किया, हम लोग वहाँ जा सकते हैं? शाकिर भाई बोले, जाने में कोई क़बाहत नहीं है। मैंने पूछा कब DISCHARGE करेंगे? वह बोले, सुबह 6 बजे क्योंकि इससे पहले लाश लवाहिक़ीन (सम्बन्धियों) के हवाले नहीं की जा सकती। यह आख़िरी जुमला सुनते ही ऐसा लगा जैसे दिल उछलकर हलक़ के रास्ते बाहर आ जायेगा। एक लमहे के लिए आँखों के सामने अँधेरा छा गया। मैं ख़ुद बहुत कमज़ोर दिल का आदमी हूँ बल्कि दिल की कमज़ोरी को छुपाने के लिए मुख़्तलिफ़ दवाओं का पर्दा डाले रहता हूँ। कहाँ ज़िन्दा सकुलैन हैदर की बात हो रही थी, कहाँ एक लाश का तज़किरा होने लगा। फिर भी यक़ीन करने को जी नहीं चाह रहा था। हम लोग पाँचवीं मंज़िल पर पहुँचे। मैं डॉक्टर से सकुलैन हैदर के बारे में पूछा रहा था। लकिन वह बेड नं-42 के मरीज़ के जिस्मों जाँ की कैद से आज़ाद होने की ख़बर दे रहा था। कितने अफ़सोस और इबरत का मुक़ाम था कि जिस शख़्स के हवाले से कलकत्ता को पहचाना जाता था आज उस बदनसीब शख़्स को बेड नम्बर से शिनाख़्त किया जा रहा है। कलकत्ता सकुलैन भाई के नाम से इस तरह जुड़ गया था कि नाम का एक हिस्सा मालूम होता था।

अगर सच बोलने की इजाज़त दी जाये तो मैं अर्ज़ करूँ कि सारे हिन्दुस्तान में उर्दू का अवाम से जोड़ने का जितना काम अकेले सकुलैन भाई ने किया है, चार-पाँच उर्दू एकेडमियाँ मिलकर उतना काम नहीं कर सकतीं। जो शख़्स उर्दू के हवाले से किसी भी बड़े से बड़े इनाम का हक़दार था, जो शख़्स लिसानी (भाषायी) यकजह्ती के ताल्लुक़ से किसी भी बड़े ओहदे का दावेदार था,जो शख़्स क़ौम यकजह्ती की जिन्दा तस्वीर था, उसे कलकत्ता मेडिकल कालेज के अरबाबे इक्तिदार (प्रबन्धकों) ने मरीज़ों की बची हुई दवा से बचाना चाहा। उस शख़्स की शिनाख़्त बेड नम्बर से की जा रही थी । उसने कलकत्ता की शिनाख़्त एक ग़रीब परवर, मुहज़्ज़ब और इल्म दोस्त शहर की हैसियत से करायी थी। उसके साथ पूरे हिन्दुस्तान के अदबी माफ़ियाओं ने बददियानती की। अक़लियत नवाज़ी और क़ौमी यकजह्ती का तराना गाने वाले चाहे जाफ़र शरीफ़ हों या उर्दू दोस्ती का दम भरने वाली ममता बनर्जी हों, सब ने तवायफ़ों, साज़िन्दों और गाने वालों को रेलवे टिकट में किफ़ायत दिलवायी, ऐरों-ग़ैरों को रेलवे पास से नवाज़ा, लेकिन हैरत है कि एक ऐसे सूफ़ी पर उनकी निगाहे इल्तिफ़ात नहीं ठहरीं जो अपने अन्दर कई ख़ानक़ाहों का तक़द्दुस छुपाये बस्ती-बस्ती क़रिया-क़रिया मारा-मारा फिरता था। उपने अह्द का कलन्दर फ़सादज़दा शहर में पहुँच जाता था तो एक शब में वहाँ की फ़ज़ा मुहब्बतों के नाग़मों से

मुअत्तर (सुगन्धित) हो जाती थी। शर्म आती है कि मैं ऐसी बेहिस और बेज़बान क़ौम का नुमाइन्दा हूँ जहाँ गूँगों को शोला बयानी और बहरों को हुस्ने समाअत के इनामात से सरफ़राज़ किया जाता है। शर्मिन्दा हूँ यह भी कहते हुए कि हमारे सियासी और अदबी रहनुमा मुर्दों और मुसव्विदों (अप्रकाशित रचना) पर खड़े होकर अपना क़द बुलन्द करते हैं।

तक़रीबन 3 बजे शब में रईस अंसारी को लखनऊ फ़ोन करके यह बुरी ख़बर सुनायी। थोड़ी ही देर में रईस अंसारी का फ़ोन आया कि भाभी (बेगम सकुलैन हैदर) आज कलकत्ता जाने वाली थीं लेकिन भारत बन्द की वजह से तमाम ट्रेनें रद्द कर दी गयी हैं। रईस ने मुझसे कहा कि तुम लखनऊ फ़ोन करके भाभी से बात कर लो, उन्हें इस हादसे का क़तई इल्म नहीं है। और मुझे पहली बार एहसास हुआ कि अगर दुनिया का सबसे आसान काम भाभी से बात करना है तो दुनिया का सबसे मुश्किल काम भी भाभी से बात करना है। एक औरत जो बयक वक़्त भाभी, माँ और बड़ी बहन का रूप धारे हो उससे यह कहना कि आप सुहाग की चूड़ियाँ तोड़ दीजिए और इद्दत की जंजीरों में क़ैद हो जाइए, ऐसी दिल दहला देने वाली ख़बर देते वक़्त आदमी सोचता है कि वह गूँगा क्यों नहीं पैदा हुआ। इस ख़बर ने लखनऊ के एक ख़ुशहाल घराने को मातम कदे में तब्दील कर दिया।

अब मसला सक़ुलैन भाई की आख़िरी आरामगाह के तय करने का था। मैं दिल ही दिल में दुआ कर रहा था कि सकुलैन भाई की मिट्टी यहाँ की मिट्टी में न मिलने पाये क्योंकि जिस शहर में उनकी शिनाख़्त बेड नम्बर से की जा रही हो, उस शहर से क्या रिश्तेदारी और कैसा रिश्ता...।

वो कलकत्ता तो अब सिर्फ़ क़िस्से और कहानियों में बाक़ी रह गया है जहाँ टीपू सुल्तान के बच्चों को पनाह मिल जाती थी। अब तो टीपू सुल्तान का ख़ानदान वहाँ रिक्शे खींचता है। वह कलकत्ता अब ख़्वाब हो गया है जहाँ नवाब वाजिद अली शाह ने एक नया वतन तलाश करके उसे अक्से लखनऊ बना दिया था। अब तो कलकत्ता शतरंज की वह बिसात होकर रह गया है जहाँ पैदल से सवार और वज़ीर से अवाम पिटवाये जाते हैं। कभी कलकत्ता वहशत और टैगोर की अदबी इबादतगाह रहा होगा। आज का कलकत्ता तो अदबी मुसाहिबीन का मुर्दा घर बनकर रह गया है। कभी कलकत्ता मदर टेरेसा की इबादतगाह रहा होगा। आज का कलकत्ता तो बीमार शहूद आलम आफ़ाक़ी का बिस्तर बनकर रह गया है :

दुकानदार तो मेले में लुट गये यारों
तमाशबीन दुकानें लगा के बैठ गये

मैंने शाकिर भाई, रईस अंसारी, ख़ान निसार और सकुलैन भाई के बिरादरे निस्बती (साले) क़मर रिज़वी ने यह फ़ैसला कर लिया कि सकुलैन भाई की मिट्टी को कलकत्ता के हवाले करने के बजाय लख़नऊ रवाना कर दिया जाय। फ़ोन पर

मुसलसल गुफ्तगू करने में वक़्त का अन्दाज़ा नहीं हो रहा था। रात ने भी अपने माथे से चाँद का झूमर और सितारों की अफ्शाँ उतारकर अपनी बेवगी का ऐलान कर दिया। फ़र्ज की अज़ान ने इस्लाम की चौदह सौ बरस की सदाक़त (सच्चाई) की गवाही दी। सुबह होते-होते यह फ़ैसला हो चुका था कि सकुलैन भाई की मय्यत किसी तेज़ रफ्तार ट्रक से लखनऊ रवाना कर दी जाये।

11 मई, 2000 ई. को लगभग 2 बजे दिन में सकुलैन भाई लखनऊ के लिए बज़रिये ट्रक रवाना हो गये। लेकिन यह क्या? सकुलैन भाई तो हर सफ़र से पहले इस्तिख़ारा देखते थे। यह कैसा सफ़र है कि सकुलैन भाई इस्तिख़ारा नहीं देख रहे हैं, बल्कि किसी को नहीं देख रहे हैं, किसी को भी नहीं! यह सकुलैन भाई नहीं हैं, यह तो उनका मुर्दा जिस्म है जो लखनऊ जा रहा है :

परदेस से वतन का सफ़र भी अजीब है
मैं घर पहुँच गया हूँ बदन रहगुज़र में है

कभी आँखें नहीं भीगीं कभी दामन नहीं भीगा

बंगाल के फूल, बंगाल की खुशबू, बंगाल की आँखें, बंगाल की जुल्फ़ें और बंगाल की मिट्टी उबटन की तरह दामने दिल से सारी उम्र छुड़ाये नहीं छुटती। मरकज़ के सूबेदार बंगाल में भेजे जाते थे और वह जुल्फ़े गिराहगीर (उलझे केशों) के असीर (क़ैदी) होकर वहीं के हो जाते थे और कलकत्ता! कलकत्ते को तो बंगाल का जादू कहा जाता था। हिन्दुस्तान के ख़ूबसूरत रुख़सार (गाल) का तिल कहा जाता था। बंगाल का दिल इतना बड़ा कि मुल्क समा जाये, कलकत्ते का रक़्बा (क्षेत्रफल) इतना बड़ा कि बंगाल हर जगह से कलकत्ता दिखाई दे। इसानियत से मोहब्बत करने वालों की निगाह में कलकत्ता देवता है। ग़रीबों और मज़दूरों की बेहतरीन पनाहगाह है। शायरी के एतबार से क़भी ग़ालिब और वहशत की ग़ज़ल है तो कभी तुलसी और कबीर का दोहा, कभी टैगोर और नजरुलइस्लाम की ज़िन्दा नज़्म है। मौसीकी (संगीत) के एतबार से कभी बड़े गुलाम अली ख़ाँ के सुरों का मद भरा प्याला है तो कभी हरे पत्तों से कतरा-कतरा टपकती हुई शबनम की बूँदों की नशीली आवाज़ है। कलकत्ता मज़हबे इश्क़ का दारुस्सलाम (स्वर्ग, शान्ति स्थली) है। कलकत्ता ख़ानक़ाह में बैठा हुआ वह फ़क़ीर है जिसकी दुआओं का दरिया हर वक़्त और हर एक के लिए खाँ रहता है। कलकत्ता की मादरी ज़बान न बंगाली है न हिन्दी, न उर्दू और न ही अंग्रेजी। कलकत्ते की मादरी ज़बान मोहब्बत है....सिर्फ़ मोहब्बत...क्योंकि माँ अपने बेटों को अपनी ही ज़बान सिखाती है और दुनिया की हर माँ की ज़बान मोहब्बत की ज़बान होती है। कलकत्ता अपनी रवायती (परम्परागत) मेहमान नवाज़ी के लिए कल भी मशहूर था और आज भी मशहूर है। कलकत्ता आग है, आग को पसन्द करता है। कलकत्ता शेर है, शेरों को पसन्द करता है। हर जुल्म के ख़िलाफ़ अगर आवाज़ उठाना बग़ावत है तो कलकत्ता बाग़ी है और बाग़ियों से मोहब्बत करता है। कलकत्ता वतन पर जान देने वालों की जन्नत है और जन्नत में ज़िन्दगी गुज़ारने की तमन्ना सबको होती है। कलकत्ता में टीपू सुल्तान के बच्चे आये और फिर इसी सरज़मीन के हो गये। नवाब वाजिद अली शाह ने ज़िन्दगी के आख़िरी दिन कलकत्ता में गुज़ारे और वहीं एक लखनऊ बसा दिया। बंगला ज़बान की शीरीनी में जब लखनवी ज़बान का सोंधापन भी शामिल हो गया तो कलकत्ता के मिज़ाज में टैगोर

की नज़्मों की मिठास और नज़रुलइस्लाम की ज़िन्दगी की सच्चाइयाँ आपस में मुदग़म (विलीन) होकर दरो दीवार पर मोहब्बतों, कुर्बानियों और सच्चाइयों के श्लोक लिखने लगीं:

कलकत्ता जिसने शाहे अवध को पनाह दी
अपना बना के वज़्ए मुरव्वत निबाह दी

हज़रत सालिक लखनवी के वालिद ने भी तक़रीबन एक सदी पहले लखनऊ से हिज़रत (प्रवास) की और कलकत्ता ने उनकी मुक़द्दस आँखों पर मोहब्बत के फूल रख दिये। वह नब मुस्लिम थे लेकिन कलकत्ता की पुरानी मस्जिदें भी *अल्लाहु अकबर, अल्लाहु अकबर* की सदाओं के ज़रिये उन्हें अपने पास बुलाने लगीं। अम्नों आश्ती का पैग़ाम देने वाली दर्सगाहें उन्हें अपने पास बिठाने लगीं। फ़क़ीरों और क़लन्दरों की गोद में खेले हुए सालिक लखनवी बुजुर्गों की ख़िदमत और तरक्क़ी के जज़्बे की लगन से सरशार (मस्त) थे। उन्होंने अपने वालिद के काँधे से इस तरह काँधा जोड़ दिया जैसे कबूतर एक दूसरे को बारिश से बचाने के लिए पर खोल देते हैं। नवाब वाजिद अली शाह को अंग्रेज़ कलकत्ता लेकर आये थे लेकिन सालिक लखनवी को लड़कपन के हालात और ज़रूरत ने लखनऊ छोड़ने पर मजबूर कर दिया। ज़ाहिर है सालिक साहब कुछ दिनों तक खोये-खोये रहे, उदास रहे, बेचैन रहे। रातों को जागते रहे, दिन-दिन भर लखनऊ के शबोरोज़ को याद करके रोते रहे और रोना चाहिए भी था क्योंकि अपना मज़हब और वतन छोड़ना दुनिया का सबसे दुश्वार काम है और दुश्वारियाँ आँखों को बरसते बादल में बदल देती हैं लेकिन आँसू आँख के कितने ही पक्के दोस्त क्यों न हों, ज़्यादा देर तक साथ नहीं देते। कभी ख़ुश्क हो जाते हैं और कभी ख़त्म हो जाते हैं। कलकत्ता सालिक साहब और उनके बुजुर्गों को रास भी आया और रास क्यों न आता जब गले में लख़नवी तहज़ीब का तावीज़ पड़ा हो, हाथ मशक़्क़त के शौक़ में फ़ौलाद बन गये हों तो दुनिया खुद चीख़-चीख़कर कहने लगती है :

इन हाथों की ताज़ीम करो इन हाथों की तकरीम करो

सालिक साहब ने भी अपनी जवानी, अपना लड़कपन मेहनत मज़दूरी की भट्ठी में पकाकर कुन्दन किया। अपने हालात और बच्चों के मुस्तक़बिल को सँवारने के साथ-साथ वह गेसुये उर्दू के ख़म निकालने में भी मसरूफ़ रहे। उर्दू भी बड़ी ज़ालिम ज़बान है। जिस पर आशिक हो गयी उसे दीवाना, कलन्दर और मुजाहिद (योद्धा) बनाकर छोड़ती है। रघुपति सहाय पर आशिक हुई तो फ़िराक़ बनाकर दम लिया। राम प्रसाद की गरवीद (फ़िदा) हुई तो बिस्मिल बनाकर मानी। जगत मोहन लाल पर दिल आ गया तो उनको ख़ाँ कर दिया। पण्डित दया शंकर पसन्द आ गये तो उन्हें नसीम का ख़िताब दिया जिससे आज तक उर्दू का चमन महक रहा है। पण्डित लब्भू राम की दीवानी हुई तो उनको जोश बनाकर छोड़ा। जगन्नाथ से इश्क़ हुआ

तो आज़ाद किये बग़ैर चैन से नहीं बैठी। कालीदास गुप्ता पसन्द आ गये तो उन्हें रज़ा की राह पर लगा दिया। पंजाब का एक दीवान सरदार कुँवर महिन्दर सिंह अच्छा लगा तो उसे सहर के नाम से पुकारने लगी। लखनऊ का एक पण्डित जिसे सारी दुनिया आनन्द नरायन कहती थी, उसे मुल्ला बना दिया। कश्मीर के एक खूबसूरत पण्डित पर दिल आ गया तो उसे गुलज़ार बना दिया। लखनऊ के पंजाबी खन्नी नवजवान पर तबीयत आ गयी तो उसे कपूर से शौक़त रियाज़ सालिक बनाकर गेसुए ग़ज़ल का परस्तार बना दिया। सियासत की काली ज़बान फ़िरका परस्ती के कन्धे पर हाथ रखकर इस दुख़्तरे हिन्द (हिन्दुस्तान की बेटी) उर्दू को गालियाँ देती रही, बोहतान लगाती रही, इल्ज़ाम तराशती रही, जो हिन्दुस्तान और सिर्फ़ हिन्दुस्तान की बेटी थी :

वहशत में तार तार गरेबान कर दिया
तहज़ीब का असासा भी कुर्बान कर दिया
याराने ख़ुश मज़ाक ने अल्लाह की पनाह
उर्दू को बेकुसूर मुसलमान कर दिया

क़लन्दरी और फ़क़ीरी की जन्म दाता उर्दू ज़बान जिस पर भी आशिक़ हो गयी उसे तारीख़ का हिस्सा बना दिया, तहज़ीब का निगहबान और खाक़सारी (विनयशीलता) की मिसाल बना दिया। अपनी शीरीनी से ज़िन्दगी की कड़ुवाहटों को कम करके दीवानगी के उस मुक़ाम तक ले गयी जहाँ नफ़रत ने आदाब अर्ज़ करना सीख लिया और दीवानगी ने ग़ज़ल...ग़ज़ल की रट लगाते हुए क़लन्दरी के शबिस्तानों (शयनागारों) में खुशरंग कन्दीलें रौशन कर दीं। रफ़्ता-रफ़्ता इन क़न्दीलों की रौशनी ने सारे हिन्दुस्तान को तहजीब का उजाला बना दिया।

सालिक साहब आदतन और फ़ितरतन सखी (दानशील) आदमी हैं। उम्र की अट्ठासी सीढ़ियाँ चढ़ने के बावजूद न थके, न रुके और न ही किसी ज़िल्लेइलाही के दरबार में सर ख़म किया। न वो ग़म के क़ायल हैं और न ही कम के। वह जैसी-जैसी मुसीबतों से हँसते खेलते गुज़र गये ये इन्हीं का दिल जिगर था, उन्हीं का कमाल था वर्ना ऐसे हालात में बड़े-बड़े सूरमा खून थूक देते हैं, बिस्तर पकड़ लेते हैं। खुदा का शुक्र है आज भी सालिक साहब का बिस्तर उनकी कुर्सी है, उनका तकिया उनकी मेज़ है। सालिक साहब ने जो किया, दिल खोलकर किया। शराब पी तो इतनी कि अगर एक जगह जमा कर लेते तो छोटी-मोटी झील के मालिक होते। किताबों के शौक़ में जितनी दौलत फूँक दी अगर शेयर ख़रीदते रहते तो पेपर मिल के मालिक बन जाते। मोहब्बत की तो टूटकर, नफ़रत भी की तो टूटकर :

जवाज़े बरहमिये नेको बद नहीं मालूम
खुलूस में भी मुझे अपनी हद नहीं मालूम

लेकिन सालिक साहब की नफ़रत और मुहब्बत दोनों ने उम्र कम पायी। उनकी नफ़रत तो हू-ब-हू कलकत्ता की बारिश की तरह है, कितनी देर रहेगी और कब धूप

निकल आयेगी, कुछ कहा नहीं जा सकता। उनका घर मोहब्बत की दर्सगाह है, उनकी डायनिंग टेबिल मुसलमान का दस्तरख़्वान है और उनकी मोहब्बत पर तोड़कर उतरता हुआ कबूतर है।

सालिक साहब ने यक़ीनन कुछ लोंगो के साथ अच्छा सुलूक नहीं किया लेकिन सालिक साहब के साथ किसी ने भी अच्छा सुलूक नहीं किया। उन्होंने जितनी शराब पी उसका पचास गुना दोस्तों को पिलायी। कई शरीफ़ लोंगों को शराब पीना सिखाया। पीने के होंठ कभी खुश्क नहीं होने दिये। लखनवी होने की वजह से उनका बावर्चीख़ाना सलीक़ेमन्द औरत के ड्रेसिंग टेबिल की तरह था। उनकी बेगम (अल्लाह उन्हें करवट जन्नत नसीब करे) जो शौहर के हुक्म की इतनी मुन्तज़िर रहती थीं कि शायद एक करवट ही सोती रही होंगी, मिसाली ख़ातून थीं। बिल्कुल अल्लाह मियाँ की गाय वर्ना आमतौर पर बीवियाँ तो भा.ज.पा. की गाय होती हैं। शौहर से सच्ची मोहब्बत करने वाली ख़ातून शौहर से मोहब्बत नहीं करती बल्कि इश्क़ करती है। वह इश्क़ जिसके कोड़े के निशान लैला की पीठ पर उभर आते थे, वह इश्क़ जो कच्चे घड़े के सहारे दरिया की तह में तो बैठ सकता है मगर ज़बान पर हर्फ़े शिकायत नहीं ला सकता, वह इश्क़ जिसमें कुछ भी बुरा नहीं लगता यहाँ तक कि शौहर की बुरी आदतें भी, शौहर के ख़राब शेर भी और शौहर के बुरे दोस्त भी :

अब ग़म आयें, खुशियाँ आयें, मौत आये या तू आये
मैंने तो बस आहट पायी और दरवाज़ा खोल दिया

सालिक साहब के पास उर्दू, फारसी और अरबी किताबों का बहुत ही नादिरों नायाब (श्रेष्ठ व अप्राप्य) ज़ख़ीरा है। उनके अदबी ख़ज़ाने में ऐसे अदबी नुस्खे हैं, ऐसे-ऐसे क़लमी जवाहरात हैं कि अगर दरम्याने जेहूल (अज्ञानता के मध्य) रख दिये जायें तो उजाला हो जाये। उनकी इस लाइब्रेरी से बहुत लोग फ़ैज़याब हुए, चूँकि मैं बहुत कम पढ़ा-लिखा हूँ (थोड़ा-सा और होता तो प्रोफ़सर बन जाता) मुझे फ़ैज़याब के माने नहीं मालूम थे लेकिन किसी से पूछना भी उसकी इज्ज़त से खेलना था। मुमकिन है वह भी मेरी ही तरह निकलता लेकिन जब एक दिन मैंने फ़ैज़ अहमद फ़ैज़* को वहाँ वरक़ गरदानी में मसरूफ़ देखा तो फ़ौरन फ़ैज़याब के मानी समझ में आ गये। उनके अदबी ख़ज़ाने पर मेरी भी नज़र थी और मैं इसी चक्कर में बराबर उनके घर के चक्कर भी लगाने लगा लेकिन जब मैंने वहाँ पहले से मौजूद कई बद नज़र देखे तो नियत जवाब दे गयी और बशीर बद्र का शेर भी याद आने लगा :

मर्द उस सम्त देखते भी नहीं
गाय जब गाय का बदन चाटे

सालिक साहब ज़बान के बर्तन को इतना धोते-माँझते हैं कि कभी-कभी ख़ुद ही भूल जाते हैं कि कौन-से बर्तन पाक हैं और कौन-से नापाक। वह अवध की राजधानी लखनऊ के रहने वाले हैं और मैं ठहरा मुज़ाफ़ाती (इलाक़ाई) और मुज़ाफ़ात का इलाक़ा लखनऊ का हो चाहे कलकत्ते का, मुज़ाफ़ाती तो बुरे वक़्त में ही याद

भी आते हैं और अच्छे भी लगते हैं। पानी के ज़माने में गोभी कौन उगाता। बेगम हज़रत महल को भी राना बेनी माधव उसी वक़्त याद आये थे और अच्छे लगे थे जब वह अंग्रेज़ों के चंगुल से निकलकर नेपाल की तरफ़ जाना चाहती थीं।

सालिक साहब ने अपनी सत्तर साला अदबी ज़िन्दगी में कहीं क़याम नहीं किया। अच्छा-बुरा जो भी लिखा, जी भर के लिखा। उनकी एक बयाज़ (कविताओं का हस्तलिखित संग्रह) चोरी हो गयी। आज तक ये पता नहीं चल सका कि आम चोर का काम था या कलाम चोर का। बहुत ज़्यादा लिखने का एक नुक़सान ये भी है कि अपना कलाम पहचानने में भी दुश्वारी होती है जैसे बहुत ज़्यादा औलादें हों तो बाप खुद शुब्हे में रहता है कि ये उसी की औलाद है या वल्दियत के ख़ाने में...? मुमकिन है यह काम किसी परेशान हाल सामे (श्रोता) का हो जो सालिक साहब की शबे हिज्र (विहर की रात) जैसी तवील नज़्मों की ताब न ला सका हो और अपने आपको और ज़्यादा परेशानी से बचाने के लिए यह जुर्म कर बैठा हो। हालाँकि इसकी उम्मीद कम ही है क्योंकि सालिक साहब दूसरी पार्टी के मुशायरों में शरीक़ नहीं होते हैं। सिर्फ़ अपनी पार्टी के मुशायरे पढ़ते हैं और उनकी पार्टी के लोग कुछ भी हो सकते हैं लेकिन चोर नहीं हो सकते। कम्युनिस्ट पार्टी में हज़ार बुराइयाँ हो सकती हैं लेकिन ये ख़ूबी आज तक मौजूद है कि ये पार्टी चोर नहीं पैदा करती। हाँ! काम चोर तो पैदा कर सकती है। सालिक साहब कम्युनिस्ट हैं और कम्युनिस्ट कहलाने में फ़ख्र महसूस करते हैं। कम्युनिस्ट होने का एक फ़ायदा ज़रूर है कि आदमी को नमाज़ नहीं पढ़ना पड़ता, अफ़्तार पार्टी का एहतमाम नहीं करना पड़ता। यूँ भी सियासी अफ़्तार पार्टी में जाने के लिए ग़ैर रोज़ादार होना ज़रूरी है क्योंकि वहाँ अज़ान वक़्त देखकर नहीं, हालात देखकर दी जाती है। पिछले बरस गवर्नर की अफ़्तार पार्टी में अज़ान चार मिनट पहले दे दी गयी लेकिन मौलाना मासूमी ने रोज़ा वक़्त पर ही खोला हालाँकि वह सबको इस ग़लती से आगाह कर सकते थे लेकिन फिर जन्नत में बहुत भीड़ हो जाती है। मौलाना हज़रात तक़रीर में तो भीड़भाड़ के क़ायल हैं लेकिन ऐश के मामले में पूरी तन्हाई चाहते हैं।

सालिक साहब पुरमज़ाक़, हाज़िर जवाब और बज़लासंज (विनोदप्रिय) हैं वर्ना उमूमन कलकत्ता के शायर और अदीब देवदास का मुजस्समा (मूर्ति) मालूम होते हैं। अगर कभी-कभार मुस्कुराते भी हैं तो लगता है किराये पर मुस्कुरा रहे हैं। दरअस्ल मुस्कुराने के लिए रोना बहुत ज़रूरी है, रोने के लिए फुर्सत ज़रूरी होती है और कलकत्ता के शायरों और अदीबों को फुर्सत कहाँ। हर वक़्त कुर्सी और आयतलकुर्सी में मशगूल रहते हैं और उर्दू के सच्चे आशिक़ उसके सिरहाने बैठकर सूरये यासीन पढ़ते रहते हैं।

सालिक साहब कलकत्ता में लखनवी तहज़ीब की डिग्री कॉलेज हैं लेकिन लखनवी रवादारी, पंजाबी यारबाज़ी और ख़ुशामदियों के दबाव में आकर कॉलेज में

ज़्यादातर हाईस्कूल फ़ेल वालों की भर्ती कर ली है बल्कि कुछ को तो क्लास टीचर बना दिया है जैसे हुकूमत अक़्लियती फ़िरक़े के किसी टू-इन वन को वज़ीर बना देती है। उन्होंने पंजाबी होने के बावजूद ज़बान को इतना मीठा कर लिया है कि उनके घर में शक्कर की खपत कम हो गयी है। सालिक साहब को किसी ने गाली बकते नहीं देखा है। हकीम साहब का ख़याल है कि इनको गालियाँ याद नहीं रहतीं क्योंकि उन्हें अपना कलाम तक तो याद नहीं रहता। हमेशा डायरी देखकर ग़ज़ल पढ़ते हैं तो गालियाँ कैसे याद रह सकती हैं और गालियाँ डायरी में तो लिखी नहीं जा सकती हैं। गालियाँ तो सिर्फ़ ट्रेन के टूवायलेट और सरकारी दफ़्तरों के पाख़ानों की दीवारों पर लिखी जाती हैं। सालिक साहब ज़्यादा सफ़र नहीं करते हैं और अगर करते भी हैं तो अपनी कार से। सरकारी दफ़्तरों के चक्कर नहीं लगाते, ये काम तो सेक्रेटरी का होता है। चेयर मैन तो चक्कर लगवाता है और साथ-ही-साथ ये भी कहता जाता है कि *"कोड़ा जमाल खाये पीछे देखे मार खाये।"* यूँ भी सालिक साहब जैसे शरीफ़ आदमी दीवारों पर गालियाँ नहीं लिखते बल्कि अब तो वह कुछ भी नहीं लिखते...अच्छा न बुरा...जो भी लिखना होता है वो कन्धों पर बैठे फ़रिश्ते लिखते हैं। वह भी उन्हीं की उम्र के होंगे, सो अब वह भी नहीं लिखते होंगे। सोचते होंगे कि एक ही बात को रोज़-रोज़ क्या लिखना :

साक़ी, मुझे ग़ज़क के एवज़ भी शराब दे
महशर में कौन लाख तरह का हिसाब दे

सालिक साहब की कमज़ोर याददाश्त कभी-कभी सामने वाले को बहुत बड़े इम्तिहान में डाल देती है। ख़ासतौर पर उस वक़्त जब वह लखनवी तहज़ीब में पंजाब का अक्खड़पन शामिल करके गुफ़्तगू में मिज़ाह (हास्य) पैदा करना चाहते हैं। बहुत से लोग जो उन्हें जुग़राफ़ियाई तफ़्सील और तरीख़ी हवालों के बग़ैर जानते हैं, बुरा मानने की कोशिश करते हैं लेकिन कामयाब इसलिए नहीं हो पाते कि उनकी आँखों की मासूमियत में डूब जाते हैं। जो ज़्यादा हाथ-पाँव मारने की कोशिश करते हैं—वह दुख़्ते ज़र (दौलत की बेटी) की ज़ंजीरों में जकड़ दिये जाते हैं। मेरे जैसे कम ज़र्फ़ (ओछे) तो क़ोरमे की क़ाब में ही दम तोड़ चुके होते हैं। मयकशी की उस मंज़िल तक पहुँचने से पहले ही जहाँ सागर की खनक आवाज़े ख़ुदा मालूम होने लगती है उनका दिमाग़ आलमे रक़्स में होता है। सालिक साहब गिलास को पहचानते हैं। मेरा मतलब है उस गिलास को जिसमें ज़्यादा हो। इस हाव हू में एक ऐसा भी वक़्त आता है जब सालिक साहब किसी को भी नहीं पहचानते, हत्ता कि अपने आपको भी तख़ल्लुस के शेर से पहचानते हैं।

पार्टी के सच्चे वफ़ादार हैं। मुहब्बत भी पार्टी के नज़रिये के मुताबिक़ ही करते हैं। मसलन नयी नवेली दुल्हन से बहुत मुहब्बत करते हैं क्योंकि वह लाल जोड़े में होती है, स्टेशन के हर कुली से मुहब्बत करते हैं, तरबूज़ अगर कटा हुआ हो तो

उससे भी मुहब्बत करते हैं। हकीम फ़ैज़ान से लेकर हकीम हम्माद तक से इसलिए मुहब्बत करते हैं कि रूह अफ़ज़ा का रंग लाल होता है। किसी को सलाम करने से पहले सलाम को रंगते हैं और लाल सलाम पेश करते हैं। कम्युनिस्ट होकर भी पण्डित जवाहर लाल नेहरू और लाल बहादुर शास्त्री से बहुत मुहब्बत करते थे। पार्टी ने एतराज़ किया और इस बेजा मुहब्बत का सबब पूछा तो पार्टी को भी बता दिया कि दोनों प्रधानमन्त्रियों के नाम में लाल भी शामिल है। हलाल हमेशा सिर्फ़ पार्टी के नज़रिये को ध्यान में रखकर खाया कि लफ़्ज़े हलाल में भी लाल शामिल है :

हम ईंट-ईंट को दौलत से लाल कर देते
अगर ज़मीर की चिड़िया हलाल कर देते

सालिक साहब बड़े दिल गुर्दे और मज़बूत आसाब (जिस्म के पट्ठों) के मालिक हैं। उन्होंने हालात, मौसम, हादसात, मुख़ालिफ़ीन और बीमारियों से सारी ज़िन्दगी डट कर मुक़ाबला किया। बढ़ती हुई उम्र भी उनका कुछ नहीं बिगाड़ सकी। रोज़ मर्रा के ग़मों की खरोंच भी उनके चेहरे पर कोई निशान नहीं छोड़ सकती थी। उन्होंने हमेशा अपने आपको ज़िन्दगी के हंगामों में मशगूल रखा। शायरी, सहाफ़त, शराब और शराफ़त को हमेशा उन पर नाज़ रहा। लेकिन नवजवान बेटे शमीम की नावक़्त मौत ने सालिक साहब को बहुत बड़े सदमें से दो-चार कर दिया। अभी वह इस सदमे से सम्भाला भी नहीं ले सके थे कि पचास बरस की *रिफ़ाक़त* यानी पत्नी ने भी साथ छोड़ दिया। ज़िन्दगी के सहरा में हमसफ़र का हाथ छूटने से सालिक साहब टूट-फूट गये हालाँकि अपने तौर तरीक़े से, अपने पुरविक़ार रखरखाव से और अपनी गुफ़्तगू के उतार-चढ़ाव से वह किसी को इसका एहसास भी नहीं होने देते कि यह पेड़ अब अन्दर खोखला हो रहा है। अपना ग़म छुपाने का हुनर सालिक साहब से सीखना चाहिए :

मैं तेरी याद में रोया तो हूँ लेकिन सलीक़े से
कभी आँखें नहीं भीगीं कभी दामन नहीं भीगा

सालिक लखनवी की ख़ुश लिबासी को बड़े-बड़े रश्क (सुखद ईर्ष्या) की निगाह से देखते हैं। ये पता ही नहीं चलता कि कपड़े उन पर अच्छे लगते हैं या वह कपड़ों में अच्छे लगते हैं। कोट पतलून में बहुत जाज़िब नज़र (आकर्षक) लगते हैं। कुर्ते और अलीगढ़ पाजामे में उनकी शख़्सियत में अवध का बाँकपन दर आता है। कभी-कभी शाल भी ओढ़ते हैं लेकिन उमूमन जब बीमार हों। वर्ना कोट पतलून उनका पसन्दीदा लिबास है। कोट के बहुत से फ़ायदे भी हैं, मसलन दस्तानों की ज़रूरत नहीं पड़ती, क़मीज़ चाहे जैसी हो चल जाती है, सूरते हाल ख़राब हो तो हल्के फुल्के बुलेट प्रूफ़ का भी काम दे सकता है। गुलाब का फूल सजाये रखने का एक मुस्तक़िल ठिकाना भी मौजूद रहता है। आलाते मयकशी के लिए महफ़ूज़ और मुनासिब जगह भी होती है। कोट की जेब 'बे सरोपा कलाम' के लिए माकूल तरीन जगह है।

सालिक साहब अपने ज़माने में शहर के बड़े बिजनेस मैन थे। लाखों कमाते थे और लाखों में उड़ाते भी थे लेकिन इनकम टैक्स नहीं देते थे बल्कि एक नज़्म इनकम टैक्स वालों के ख़िलाफ़ और अपनी हमदर्दी में लिख रखी थी। कभी कभार कोई नवमश्क़ इनकम टैक्स अफ़सर अगर उनसे टकरा जाता था तो पहले उसे अपनी बयाज़ (जो तीन बरसों की डायरी को एक साथ सिलवाकर तैयार की जाती थी।) दिखाते वह बयाज़ को बही खाता समझकर ऐसे लपकता जैसे बिल्ली चूहे पर झपटती है, जैसे चील चूज़ों पर झपटती है, जैसे शिकरा बुलबुल पर झपटता है, जैसे बीमारी बुजुर्गों पर झपटती है लेकिन जब वह वरक़ गर्दानी करता और ख़ासतौर से इनकम टैक्स वालों के ख़िलाफ़ लिखी गयी नज़्म तक पहुँचता तो हाथ-पाँव डाल देता था। सालिक साहब उसे चाय पिलाकर होश में लाते जब वह पूरी तरह होश में आ जाता तो फिर से शराब पिलाकर बेहोश कर देते :

मियाँ शकील जमाली बड़े बड़े अक्सर
बस इक शराब की दावत में टूट जाते हैं

तक़रीबन पन्द्रह बरस पहले जब अनीस रफ़ी कलकत्ता रेडियो पर उर्दू प्रोग्राम के प्रोड्यूसर थे, उन्होंने आसनसोल में रेडियो की तरफ़ से एक मुशायरे का एहतमाम किया। ग़ालिबन रिफ़अत सरोश और कमाल अहमद सिद्दीक़ी भी उस मुशायरे में शरीक थे। मग़रिबी बंगाल के अक्सर नुमाइन्दा शोअरा के अलावा केदारनाथ शर्मा और सन्तोष सिंह मासूम भी इस मुशायरे में मौजूद थे। लोड शेडिंग के वजह से मासूम* का एक शेर कलकत्ता वालों में उन दिनों बहुत मशहूर हुआ था :

जहाँ के लोग तरसते हों रोशनी के लिए
वहाँ चराग़ जलाना कोई गुनाह नहीं

मुशायरे की निज़ामत मुझे सौंपी गयी थी। आसनसोल वाले यूँ भी शायरी और मुशायरे के बहुत दिलदाद हैं। अच्छे शेरों पर ख़ुश होते हैं, बुरे शेरों पर फूट-फूटकर रोते हैं। अगर क़याम अनीस भी इन्तिज़ामिया (प्रबन्ध कमेटी) के बेड़े में शामिल रहें तो सब शायर रोते हैं और क़याम से इनकार करके कूचये अनीस की तरफ़ कूच कर जाते हैं। वैसे भी बक़ौल हकीम साहब कोका पण्डित के बताये हुए चौरासी आसन जवान आदमी के लिए होते हैं। बुढ़ापा तो एक ही आध आसन में गुज़रता है बल्कि कभी-कभी तो आसनसोल में ही गुज़र जाता है। ग़रज़ ये कि मुशायरा कामयाब रहा। मुशायरे के बाद तमाम शोअरा वहाँ के रॉयल होटल में खाना खाने के लिए चल दिये। शायर ज़्यादा थे, बैठने की जगह कम भी और यूँ भी इतने शायर अगर एक साथ जन्नत में भी पहुँच जायें तो वहाँ भी पोल्यूशन का ख़तरा पैदा हो सकता है। होटल में जब अहमद रईस, हबीब हाशिमी और ये ख़ाकसार दाख़िल हुआ तो कुर्सियाँ पहले से ही घेरी जा चुकी थीं। हर कुर्सी शायरों से इस तरह घिरी हुई थी जैसे इस्लाम कुफ़्र में घिर जाये, जैसे दुल्हन बारातियों में घिर जाये, जैसे चाँद

सियाह बादलों में घिर जाये, जैसे बुलबुल शिकरों में घिर जाये, जैसे कबूतर उक़ाबों में घिर जाये। जैसे इस्मत (पावनता) ज़ानियों (व्यभिचारियों) में घिर जाये, जैसे शायर हूटरों में घिर जाये, जैसे ग़ुर्बत सरमाया दारों में घिर जाये और जैसे...रज़िया गुण्डों में घिर जाये।

सालिक साहब कई शोअरा के साथ वहाँ पहले से मौजूद थे। मुझे देखते ही फ़रमाया कि मुनव्वर मियाँ इस होटल के बराबर में एक और अच्छा होटल है, उसका नाम भी फ़िरदौस है। मैंने दस्त बस्ता अर्ज़ किया कि जनाब! उस होटल में आपको ज़रूर जाना चाहिए क्योंकि आप कम्युनिस्ट हैं और मैं ठहरा मुसलमान, मुझे तो यहाँ भी फ़िरदौस मिल सकती है। सालिक साहब ने हस्बे दस्तूर ज़िन्दगी से भरपूर क़हक़हा लगाया, मेरी पीठ ठोंकी और मेरे जुम्ले पर दाद दी। हम लोग सर झुकाये हुए फ़िरदौस की तरफ़ चल दिये :

जन्नत मिलेगी कूचये हमदम में जाइए
ये भी न मिल सके तो जहन्नम में जाइए।

सालिक साहब दादो तहसीम के मामले में बेइन्तिहा फ़राख़ दिल (विशाल हृदय) हैं। वह तारीफ़ और तनक़ीद दोनों से ख़ुश होते हैं। तारीफ़ से ज़्यादा ख़ुश होते हैं और तारीफ़ तो सबको अच्छी लगती है। तारीफ़ तो वो आबे हयात है कि अगर पत्थर को मिल जाये तो वह भी अपने आपको भगवान समझने लगता है लेकिन सालिक साहब का मामला ज़रा मुख़्तलिफ़ है। वह पत्थर नहीं हैं इसलिए भगवान नहीं हो सकते, कम्युनिस्ट हैं इसलिए जल्दी से मुसलमान नहीं हो सकते (वैसे मुसलमान नहीं, जैसे हम हैं)। वह अच्छे शेर या अच्छे जुम्ले पर दाद ज़रूर देते हैं, पीठ भी थपथपाते हैं, मुसाफ़ा भी करते हैं बशर्ते कि उनकी समझ में आसानी से आ जाये क्योंकि अगर आसानी से सब कुछ समझ में ही आ जाये तो कम्युनिस्ट होने की क्या ज़रूरत है, मुसलमान होना ही काफ़ी है।

तक़रीबन बीस बरस पहले टीटागढ़ में मौजूदा वज़ीरे मेहनत कॉमरेड मुहम्मद अमीन के एज़ाज़ में एक इस्तक़बालिया (स्वागतोत्सव) था जिसके साथ मुशायरा भी जोड़ दिया गया था जैसे एफ.आई.आर. में बेकूसरों का नाम जोड़ दिया जाता है, जेसे चोरी छुपे बिजली के खम्भे से कोल्ड स्टोरेज का तार जोड़ दिया जाता है, जैसे मुसलमानों के साथ I.S.I. जोड़ दिया जाता है, जैसे पतंग के साथ फुंदना जोड़ दिया जाता है। प्रोफ़ेसर एज़ाज़ अफ़ज़ल और शाहीन बद्र भी सालिक साहब के साथ कार की पिछड़ी सीटों पर तशरीफ़ फ़रमा रहे थे, मुझे ड्राइवर के बराबर में जगह इनायत की गयी जैसे ग़रीब रिश्तेदार को टूटी हुई कुर्सी दी जाती है, जैसे फ़क़ीर को बचा हुआ खाना दिया जाता है। गाड़ी टीटागढ़ की तरफ़ चल पड़ी और साथ में ये बहस भी कि कलकत्ता में उर्दू वाले ज़बान का इस्तेमाल नहीं जानते हैं। बढ़ते-बढ़ते बहस यहाँ तक पहुँच गयी कि इस वक़्त सारे हिन्दुस्तान में अच्छी ज़बान का फिकदान

(कमी) है। मैंने गर्दन घुमायी, पिछली सीटों पर तशरीफ़ फ़रमा हज़रात को देखा और इत्तिलाअन अर्ज़ किया कि जनाब आप सही फ़रमा रहे हैं। हमारे बीच दाग़ नहीं रहे, मीर अनीस भी नहीं रहे, उस्ताद ज़ौक अल्लाह को प्यारे हो गये, आरजू लखनवी तक दुनिया से सिधार गये और मेरी भी तबीयत अब ठीक नहीं रहती है। अफ़ज़ल साहब जो ऐसे मौकों पर मुस्कुराने के लिए मुँह फेर लेते हैं, हस्बे आदत मुँह फेर लिया, शाहीन बद्र ने मुझे इक़बाल के शाहीन की तरह घूरा और मैं मुहाजिर के कबूतर की तरह लरज़ गया। सालिक साहब ने एक लम्हे के लिए कुछ सोचा फिर हँसते हुए मुझे एक चपत रसीद की। मैं आज तक ये नहीं समझ पाया कि यह चपत दाद के कोटे में थी या बेदाद के कोटे में...लेकिन किसी न किसी कोटे में ज़रूर रही होगी क्योंकि पहले तो कोटा सिर्फ़ राजस्थान में हुआ करता था लेकिन अब तो मरकज़ी और सूबाई हुकूमतें हों, सरकारी नौकरियाँ हों या एकेडमियाँ...हर जगह कोटा मौजूद होता है।

पिछले कुछ बरसों में उर्दू ज़बान अपने तमाम बुज़ुर्ग चाहने वालों से महरूम हो गयी है। ख़ुदा देर तक सेहत के साथ सलामत रखे सालिक लखनवी को जिनकी मौजूदगी उनके बाद की नस्ल को बूढ़ा और बुज़ुर्ग नहीं होने दे रही है क्योंकि नब्बे बरस पुराने चराग़ों की मौजूदगी में सत्तर बरस पुराने चराग़ दीवाली की रात मालूम होते हैं। ये पुराने पेड़ फल दें या न दें, यही क्या कम है कि धूप में चादर बने रहते हैं, सफ़र में संगेमील बने रहते हैं :

देर तक क़ायम रहे दाता तेरी ऊँची सराय
सब मुसाफ़िर हैं यहाँ कोई नहीं रह जायेगा।

अभी है वक़्त गुज़र जाओ रोशनी रहते

जिस तरह कबूतर के उजले-उजले परों और उड़ने के लिए बार-बार बाजू तोलने की झुँझलाहट से तजरुबेकार कबूतरबाज़ अपनी आँखों की रौशनी और मज़ीद (और ज्यादा) ज़िन्दा रहने का हौसला हासिल करते हैं। उसी तरह नवउम्र, ताज़ाकार और ज़िन्दगी से भरपूर शायरों की उठान देखकर हम जैसे थकन नसीब अदब के मुसाफ़िरों की उम्र बढ़ जाती है। अपने वंश और नस्ल का फ़रोग़ (प्रसार) कौन नहीं चाहता है, अपने बच्चों के मज़बूत बाजू और मुस्तहकम (सुदृढ़) इरादों को अपनी जीती-जागती आँखों से कौन बुजुर्ग देखना नहीं चाहता है, अपनी फ़सलों पर किस मिट्टी को गुरूर नहीं होता है, खिलते हुए फूलों से कौन-सा मौसम दिल्लगी नहीं करता है, घने जंगलों में जुगनुओं की चमक का एहतराम तो जंगली जानवर भी करते हैं।

जिन नवजवान शायरों और अदीबों से मिलकर मुझे तवानाई (ताक़त) मिलती है, मेरे अन्दर की उदासी का चेहरा उतर जाता है, मेरी मायूसियों का दम घुटने लगता है, मेरे अदबी हौसले को पर लग जाते हैं और उर्दू के मुस्तक़बिल की शाख़ों पर रंग बिरंगे फल-फूल दिखाई देते हैं... उनकी तादाद बहुत मुख़्तसर (संक्षिप्त) है। मुमकिन है ऐसे शायरों अदीबों की तादाद मेरी उँगलियों की तादाद से ज्यादा न निकले और ज़्यादा होनी भी नहीं चाहिए। जिस तरह जंगल में शेरों की तादाद कभी ज्यादा नहीं रही उसी तरह शाहराहे अदब पर दौड़ते हुए हज़ारहा लोगों में मंज़िल तक पहुँचने की तड़प कुछ ही नवजवानों में होती है। बचपन में खिलौने, लड़कपन में साइकिलें और नवजवानी में गेंद-बल्ला तो हर बच्चे के माँ-बाप दिलवा देते हैं। मेले में जाने वाले सभी लोग अपने अपने बच्चों को निशानेबाज़ बनाने के लिए बन्दूक़ के छर्रों से गुब्बारे दग़वाते हैं। द्रोणाचार्य ने भी कमानें तो अपने सब शागिर्दों में तक़सीम कर दी थीं लेकिन निशाने के लिए सिर्फ़ अर्जुन से कमान में तीर जोड़ने के लिए कहा था। मेरे तवस्सुत (माध्यम) से भी काग़ज़ी जहाज़ नहीं है बल्कि ये गुफ़्तगू उस मज़बूत कील की तरह है जो बड़े से बड़े तूफ़ान में भी कश्ती के किसी भी तख़्ते को अलग नहीं होने देती।

हिन्दुस्तान की मर्दुमख़ेज़ (प्रतिभाएँ पैदा करने वाला) और सबसे ज़्यादा सियासी सूझ-बूझ रखने वाले सूबे उत्तर प्रदेश के मग़रिबी हिस्से में एक तारीख़ी (ऐतिहासिक)

शहर कई हज़ार बरसों की हिन्दुस्तानी तारीख़ के क़ीमती वाक़ियात अपनी मिट्टी की छाती में छुपाये, *'सम्भल'* नाम की छोटी-सी तख़्ती लगाये, नये पुराने चेहरों से अपने मोहल्लों को आबाद किये हुए ज़िन्दा है। उम्र की पुख़्तगी के आसार (लक्षण) तो सम्भल के चेहरे पर भी नुमायाँ हैं लेकिन थकन का एहसास बिल्कुल नज़र नहीं आता। इसी तारीख़ी शहर का एक नवजवान अपनी पुश्तैनी (पैतृक) तहज़ीब का मसकता हुआ दोशाला ओढ़े, बाजू पर इमाम ज़ामिन बाँधे, तस्वीर बनी हुई माँ से ढेर सारी दुआएँ लेकर अपनी पुश्त पर घरेलू उलझनों और मसाएल की पोटली रखे, अपने लहजे में ख़ानदानी मिठास की आमेज़िश (मिलावट) और फ़िक्र में नसीमुज़्ज़फ़र जैसे क़लन्दर सिफ़त उस्ताद से ईनाम में मिले हुए लफ़्ज़ों के हीरे-मोती लिए हुए, तारकोल और धूल-मिट्टी से मुँह छुपाये रास्तों पर एक ख़ुद्दार बंजारे की तरह अपने लिए ज़मीन तलाश कर रहा है। दामन में रोज़ो शब के तजरुबों, तजज़ियों (विश्लेषणों), मशविरों और तब्सिरों की सीपियाँ बटोरते हुए कभी साहिल-साहिल कभी दरिया-दरिया कभी गलियों-गलियों कभी क़रिया-क़रिया (बस्ती-बस्ती) भटक रहा है।

कभी बुतख़ानों के बीच में ख़ुदा को याद करता है, कभी मस्जिद के सहन (आँगन) में खड़े होकर कोई सचमुच का अल्लाह वाला तलाश करता है, कभी दावतों और ऐश परस्तों में अपने रोज़े की हिफ़ाज़त में महफ़ूज़ रहता है, कभी लोभी, बदकार और रिश्वतख़ोर दुनिया के बाज़ार से गुज़रते हुए अपने आमाल के दुशाले को नापाक होने से बचाने के लिए परेशान रहता है। नवजवानी में इस एहतियात से बाज़ारों के बीच से गुज़रना आसान नहीं है। लेकिन जब अपने क़स्बे की सदियों पुरानी तहज़ीब का बोझ पुश्त पर हो, अपने ख़ानदान की शराफ़त और नजाबत (भल मनसाहत) का नूर सीने में मौजूद हो और जब अपने उस्ताद की इल्मी आबरू (लाज) का ख़याल पल-पल साथ रहे तो फिर दुनिया फ़क़ीर की कुटिया की तरह मुक़द्दस (पवित्र) और मुकम्मल मालूम होती है।

तारिक़ क़मर अपने बुज़ुर्गों की शराफ़त वाली उजली तस्बीह (जाप करने की माला) का एक भी दाना इधर से उधर नहीं होने देते। लफ़्ज़ों की फ़िज़ूलख़र्ची से परहेज करते हैं, अपने हुस्ने सुलूक के पैरहन (लिबास) को मैला भी नहीं होने देते हैं। इस पुरफ़रेब (धोखेबाज़) और ख़ुदग़रज़ दुनिया में सादगी के साथ ज़िन्दा रहना भी तो तक़वा (संयम, परहेज़गारी) है। एक कम उम्र का नवजवान जब अपनी फ़िक्र के बरतन में इबादत और रियाज़त (तपस्या) का शफ़्फ़ाफ़ (निर्मल) पानी यकजा कर ले तो उसकी तरक़्क़ी, कामयाबी और सुर्ख़रूई (मर्यादा) की ज़मानत पेड़-पौधे भी ले लेते हैं। घरेलू ज़िम्मेदारियों के ज़िन्दा ख़्वाबों से हमेशा आँखों को सजाने वाले लोग सारी दुनिया के लिए रश्क (सुखद ईर्ष्या) का सबब बन जाते हैं। ऐसे लोगों के एहतराम में रास्ते की धूल भी ख़ामोशी से कहीं छुपकर बैठ जाती है। आपने भी देखा होगा कि शफ़्फ़ाफ़ (साथ सुथरे) कपड़े पहने हुए शख़्स पर होली खेलने वाले भी रंग

नहीं डालते हैं। दुनिया कितनी ही बुरी क्यों न हो जाये रोशनी पर कोई भी रंग फेंकने की गलती नहीं करता।

तारिक़ क़मर की शायरी ऐसी ही ज़मीन की मिट्टी को गूँथकर बनाये गये खिलौनों की तरह है। मुमकिन है उनकी कूज़ागरी के मुस्तनद (मान्य) होने में अभी वक़्त लगे लेकिन मिट्टी के इन खिलौनों ने शबाहत (एक रूपता) की गवाही देना शुरू कर दिया है। उनकी शायरी में उनके इर्द-गिर्द बिखरी हुई समाजी नाहमवारियों, टूट-फूट, बिखराव और अपने अन्दर से उठने वाली उदासी की मुँह बोलती तस्वीरें हैं। उनकी मुशाहदे (देखे हुए अनुभवों) से लबरेज़ आँखें उस पतंग को नहीं देखतीं जो आसमान के साथ बोसो कनार (लिपट चिमट) की तैयारी कर रही होती हैं बल्कि उनकी आँखें देर तक उस पतंग में अटकी रहती हैं जो किसी नन्हे बच्चे की आरज़ुओं के हाथ से फिसलकर किसी नीम या पीपल के पेड़ पर अटक जाती हैं। शायरी जज़्बे की शहादत का मर्सिया (शोकगीत) रक़म करना (लिखना) है। पेड़ में अटकी हुई एक पतंग के ज़रिये किसी नन्हे-से बच्चे की नामुरादियों और मायूसियों तक पहुँचने को ही फ़क़ीरी का जुज़ (अंश) कहा जाता है। इंसानियत के चेहरे पर सियासी ख़रोंचों की निशानदेही करना क़लम का क़र्ज़ अदा करना है :

ये देखकर पतंगें भी हैरान हो गयीं
अब तो छतें भी हिन्दू मुसलमान हो गयीं

इस जुरअतमन्दाना (साहसिक) क़लमकारी (लेखन) के लिए तारिक़ क़मर को हमारा अहद मुबारकबाद देता है, उनके सुनहरे मुस्तक़बिल की गवाही देता है और उनको दराज़िये उम्र (दीर्घायु) और सेहते कामिला (पूर्ण स्वास्थ्य) की दुआएँ देता है।

तारिक़ क़मर खुश हो जायें कि ये नाचीज़ मुनव्वर राना उन्हें ये अदबी बशारत (खुशख़बरी) देता है कि मौजूदा अहद का शेरी मंज़रनामा (पटल) अपने मुस्तनद होने के लिए तुम्हारे दस्तख़त का इन्तिज़ार कर रहा है लेकिन बुलन्दी चढ़ाई का मुहज़्ज़ब और पुर फ़रेब नाम है। यहाँ थकन का एहसास दिलाने वाले पियादे (पैदल चलने वाले) अदबी शतरंजों के हर मोड़ पर खड़े दिखाई देते हैं। यहाँ ब्यूटी पार्लरों से निकल कर बेहूदा और बदसूरत शोहरतें रास्ता रोकने के लिए खड़ी रहती हैं लेकिन तुम्हें इस अदबी पुले सिरात से मेकअप ज़दा शोहरतों, एज़ाज़ी रुकावटों और ईनामी भूल भुलैयों को नज़र अन्दाज़ करते हुए आगे बढ़ते रहना है क्योंकि कटी-पिटी पगडण्डियों के बीच किसी मोड़ पर सरबुलन्दी के *बेर* लिए हुई कोई *शबरी* तुम्हारा इन्तिज़ार कर रही है :

अभी है वक़्त गुज़र जाओ रोशनी रहते
चराग़ बन के सरे राह जल रहे हैं हम

अब मिले हम तो कई लोग बिछड़ जाएँगे

संगम हिन्दी का एक आम-सा लफ़्ज़ है लेकिन इसकी गहराई में उतरने के लिए प्रयाग से गुज़रती हुई ऐसी दो नदियों की आग़ोशी को देखना पड़ता है जिसके दीदार के लिए सरस्वती भी बार-बार दो धाराओं के बीच से सिर उठाती रहती हैं। कुम्भ मेला दुनिया के क़दीम तरीन मेलों में से एक है, मेला दुनिया के किसी भी मुल्क में लगाया जा सकता है लेकिन दुनिया का हर मुल्क अपने आपको उस वक़्त बहुत गरीब महसूस करता है जब उसको यह एहसास होता है कि प्राचीन काल से भारत के पास दो ऐसी नदियाँ हैं जो हिमालय से बल खाती हुई उतरती हैं और इलाहाबाद में दाख़िल होते ही एक दूसरे के गले लग जाती हैं। यह नदियाँ हैं गंगा और जमुना जो सदियों से अपने चाहने वालों के लिए स्नान और वज़ू का एहतमाम करती चली आ रही हैं।

इसी गंगा के तट पर धूप की मीठी हिद्दत (गर्मी) में तक़द्दुस (पवित्रता) और फ़रमाँबरदारी से चमकते हुए एक ऐसे शख़्स से मुलाक़ात होती है जो अपनी माँ के हमराह देहरादून से चलकर माँ गंगा के चरणों में फ़रमाँबरदारी के साथ यूँ आकर बैठ गया है जैसे माँ और मौसी की मोहब्बतों के साये में कोई बच्चा दुबककर बैठ जाता है। दो मुख़्तलिफ़ मज़हबी विचारधाराओं के लोग जब गंगा मैया के किनारे मिले तो दोनों की विचार धाराएँ और धार्मिक उसूलों की सोच ऐसे बैठ गयी जैसे ओस की बूँदों से धूल बैठ जाती है।

यह तरुण विजय से मेरी पहली मुलाक़ात थी जिसके सूत्रधार और गवाह बने प्रताप सोमवंशी जो मेरे छोटे भाई जैसे हैं। आजकल वह हिन्दुस्तान अख़बार के दिल्ली एडीशन के एडीटर हैं, उन दिनों वह अमर उजाला इलाहाबाद में हुआ करते थे। जिस तरह छोटी-छोटी नदियाँ समन्दर तक पहुँचते-पहुँचते आपस में मिल जाती हैं उसी तरह हमारी और तरुण विजय जी की सोच की उल्टी सीधी धाराएँ भी माँ के क़दमों तक आते-आते एक हो जाती हैं। ज़ाहिर है कि जन्नत जब माँ के पैर के नीचे है तो फिर ऐसा होना भी चाहिए।

इसके बाद उनसे अक्सर मुलाक़तों का सिलसिला चल निकला। ज़्यादातर फ़ोन पर हाय हैलो होती, हालचाल पूछे जाते, माँ और ममता के हवाले से कहे गये नये

पुराने शेर सुने सुनाये जाते, कभी कभार मेरा दिल्ली जाना होता और इत्तिफ़ाक़ से तरुण विजय अगर दिल्ली में मौजूद होते उनके दफ़्तर में भी यादों की छतरी के नीचे बैठक ज़्यादातर झण्डेवालान में स्थापित आर.एस.एस. के हेड क्वार्टर केशव कुंज में होती। शुरू-शुरू में वहाँ के लोग मुझे हैरत से देखते थे फिर रफ़्ता-रफ़्ता यही सारे लोग तरुण विजय को हैरत से देखने लगे :

जो मुझको देखते थे तुझे देखने लगे
बस इतनी बात है कि तेरा हो गया हूँ मैं

शहर के बँगलों में रखे हुए मुरादाबादी गमलों में लिखने वाले गुलाब क्या जानें कि तालाब कीचड़ में खिले हुए कँवल की ताज़गी और तक़द्दुस (पवित्रता) पर कुदरत भी हैरान रह जाती है लेकिन इश्क़ और दोस्ती के मज़हब में किताबें नहीं, चेहरे पढ़े जाते हैं, यहाँ रौशनाई को दख़्ल अन्दाज़ी की बिल्कुल इजाज़त नहीं होती। यहाँ रौशनाई के नाम पर हमेशा आँसुओं की हुक्मरानी रही है, वहीं आँसू जो जन्नत से रूये ज़मीन पर आते हुए आदम की आँखों में थे, वहीं आँसू जो हाबील (आदम के पुत्र) की आँखों में क़ाबील (आदम के दूसरे पुत्र) को क़त्ल करने के फौरन बाद नज़र आये थे।

दोस्ती गाँव की पगडण्डी की तरह होती है, जब तक जी चाहे चलते रहिए। कभी ख़त्म नहीं होती, यहाँ कोई भी संगेमील याददाश्त से छेड़छाड नहीं करता, कोई सरकारी बैरियर रुकावट नहीं बनता, धूल और कच्ची मिट्टी का सुलूक सबके साथ यकसाँ होता है। जूतों के निशानात को नंगे पाँव रौंदते हुए गुज़र जाते हैं। कभी पगडण्डी से मिले हुए ख़ेत गुज़रने वालों को अपनी तरफ़ खींचते हैं, कभी पास पड़ोस की झाड़ियाँ उनका दामन पकड़ती हुई महसूस होती हैं। शायद इसीलिए कच्ची कब्रें हमेशा नयी मालूम होती हैं। मेरी और तरुण विजय की दोस्ती भी किसी हिन्दुस्तानी गाँव की पगडण्डी की तरह है जो हमेशा नयी और मज़बूत मालूम होती है।

तक़रीबन दस बरस पहले मैं किसी काम से दिल्ली गया। आदत के मुताबिक़ मैंने तरुण जी को फ़ोन किया, मेरी आवाज़ सुनते ही खिल उठे, ख़ैरियत पूछने के साथ-ही-साथ यह भी पूछा कि कब मुलाक़ात होगी। मैंने कहा आप जब फुर्सत में हों। बच्चों की तरह चहककर बोले कि साढ़े तीन बजे प्रमोद महाजन के साथ एक मीटिंग है, लिहाज़ा आप साढ़े पाँच बजे तक मेरे आफ़िस आ जाइए, थोड़ी देर बैठेंगे, बातें होंगी और आपके नये शेर भी सुनने को मिल जायेंगे। मैंने शाम को साढ़े पाँच बजे पहुँचने का वादा कर लिया। मैं तरुण जी से तयशुदा वक़्त के मुताबिक़ उनके आफ़िस पहुँच गया। उनकी सेक्रेटरी ने मुझे देखते ही नमस्ते किया और तरुण जी के ख़ूबसूरत चेम्बर में जाकर उन्हें ख़बर की। मेरा ख़याल है कि मिनट के दसवें हिस्से में वह अपने चेम्बर से बाहर निकल आये और सरापा शर्मिन्दगी बने हुए हाथ जोड़े मेरे सामने खड़े थे। मैं कुछ कहता कि इससे पहले तरुण जी ने बहुत अफ़सुरदा (मुर्झाये हुए) लहजे में कहना शुरू किया कि मुनव्वर भाई! मैं आपसे बेहद शर्मिन्दा

हूँ, मैंने आप से पाँच बजे आने के लिए कह दिया था लेकिन फ़ोन रखते ही याद आया कि रमज़ान का महीना है और आपके रोज़ा खोलने का वक़्त भी यही होगा। चूँकि मुझे आपका लोकल फ़ोन नम्बर नहीं मालूम था और यह भी पता नहीं था कि आप किस होटल में ठहरे हुए हैं, लिहाज़ा मैं उस वक्त से दिल ही दिल में परेशान भी हूँ और आपसे शर्मिन्दा भी। मैं प्रमोद महाजन जी से थोड़ा पहले ही इजाजत लेकर उनके आफ़िस से निकल पड़ा। वहाँ से मैं सीधे .खान मार्केट आया, वहाँ एक टेलरिंग शॉप है जहाँ मैं कपड़े सिलवाता हूँ। मैं उनके पास पहुँचा और उनसे पूछकर आपके लिए अफ़तारी का सामान ख़रीदा। इतना कहकर वह मुझे अपने आफ़िस के कमरे में ले गये, आफ़िस की सेंटर टेबल पर अफ़तार का सामान क़रीने से सजा हुआ था। मुझे वह सेंटर टेबिल किसी क़लन्दर का दस्तरख़्वान लग रही थी । इराक़ी खजूर का एक बहुत महँगा डिब्बा भी मौजूद था। मेरे साथ मेरे फुफीज़ाद भाई ज़ुबैर भी थे। तरुण जी ने हम लोगों को वज़ू का पानी फ़राहम करवाया और विनम्रता व आजिज़ी की तस्वीर बने हम लोगों के पास ही ख़ड़े रहे। अफ़तारी के दौरान उन्होंने निहायत ख़लीक़ लहजे में कहा कि मुनव्वर भाई, ख़ान मार्केट से मैंने एक जायेनमाज़ भी आपके लिए ख़रीद ली थी, अगर आप अच्छा समझें तो यहीं नमाज़ पढ़ लें और मुझे भी दुआओं में शामिल कर लें, तब तक मैं आपके लिए चाय का इन्तिज़ाम करवाता हूँ। उन्होंने हम लोगों के साथ अफ़तार किया और बार-बार माफ़ी माँगने वाली नज़रों से मुझे देखते रहे। वह मुनव्वर राना जो अपने आपको बहुत बेबाक और निडर समझता था, वह गुनहगार और बुज़दिल मुनव्वर राना तरुण विजय के सामने इतना सा सच भी नहीं बोल सका कि मैं आज रोज़े से नहीं हूँ । हाँ, मैंने इतना ज़रूर किया कि आफ़िस में मग़रिब की नमाज़ पढ़ने के बाद यह दुआ ज़रूर माँगी कि अल्लाह मैं दूसरे जनम का क़ायल नहीं हूँ लेकिन तेरी कारसाज़िये क़ुदरत को सिर्फ तू ही जानता है, लिहाज़ा अगर पुनर्जन्म की कहानी में थोड़ी-सी भी सच्चाई हो तो मेरे मौला! मुझे हर जनम में हिन्दुस्तान में ही पैदा करना।

तरुण जी बुनियादी तौर पर देहरादून के रहने वाले हैं। उन दिनों प्रताप सोमवंशी अमर उजाला देहरादून के एडिटर थे। एक दिन प्रताप भाई का फ़ोन आया कि तरुण विजय जी ने यहाँ Information & Technology से मुताल्लिक़ एक कालेज बनाया है जिसका नाम वनवासी आश्रम है। उसके इफ़्तताह (उद्‌घाटन) के लिए वज़ीरे आज़म अटल बिहारी वाजपेयी तशरीफ़ ला रहे हैं, तरुण विजय जी की ख़्वाहिश है कि आप भी इस इफ़्तताही तक़रीब में तशरीफ़ लाये तो इस फंक्शन की ख़ूबसूरती में शायराना इज़ाफ़ा भी हो जायेगा। मैंने प्रताप जी से वादा कर लिया कि मैं मुक़र्रर तारीख़ पर देहरादून हाज़िर हो जाऊँगा।

लिहाज़ा मैं प्रोग्राम वाले दिन सवेरे की ट्रेन से देहरादून पहुँच गया। वहाँ मेरे ठहरने का इन्तिज़ाम दून क्लब में था जो अपनी नफ़ासत, सादगी और पुर तकल्लुफ़

मेहमान नवाज़ी के डेढ़ सौ बरस पूरे कर चुका है। दोपहर में वज़ीरे आज़म अटल बिहारी वाजपेयी के साथ शहर की अहम् शख़्सियतों के लंच का प्रोग्राम था। प्रताप भाई बज़िद थे कि आप दावत में शरीक हो जाइए लेकिन मैं दोस्तों को छोड़कर लंच पर जाने के हक़ में नहीं था। मेरा जवाज़ (दलील) ग़ालिबन ज़्यादा मज़बूत और मुस्तनद था। मेरा कहना था कि अगर मोहतरम वज़ीरे आज़म मेरे दस्तरख़्वान पर आयें तो यह एक ख़बर बनती है वर्ना वहाँ अगर पचास जी विक़ार (गौरवशाली) मेहमान मौजूद होंगे तो सिर्फ़ इतना होगा कि मेहमानों की तादाद पचास की जगह इक्यावन हो जायेगी। इसलिए बेहतर यही होगा कि हम लोग यहीं अपने कमरे में खाना मँगाकर खाते हैं।

शाम को नये तामीर शुदा वनवासी कालेज में मुझे टीचरों और बच्चों के सामने तक़रीबन एक घण्टे तक अपने शेर सुनाने थे और गुफ़्तगू करनी थी। कालेज की इमारत वैसी ही थी जैसी आमतौर पर कालेजों की होती है लेकिन दिलचस्प बात यह थी कि पढ़ने वाले बच्चों में तक़रीबन सभी बच्चे हिन्दुस्तान के मुख़्तलिफ़ पहाड़ी इलाकों से ताल्लुक़ रखते थे। कालेज की तामीर में यह Concept भी शामिल था कि जब पहाड़ों का एक जाना अंजाना रिश्ता होता है तो पहाड़ पर बसने वालों को भी आपस में रिश्तेदार होना चाहिए। तरुण जी ने तमाम मेहमानों और बच्चों से मेरा तआरुफ़ कराते हुए कहा कि आज सुबह के प्रोग्राम में आप हिन्दुस्तान के प्रधान मन्त्री अटल बिहरी वाजपेयी से मिले थे, इस वक़्त आप शायरी और कविता के महाराजा मुनव्वर राना से रू-ब-रू होंगे। ज़ाहिर है कि इस जुमले से मैं बड़ा शायर तो हर्गिज़ नहीं हो सकता था लेकिन तरुण विजय ने अपनी दोस्ती के ज़रिये मुझे सुदामा नसीब तो बना ही दिया था।

बरस डेढ़ बरस पहले की बात है, एक दिन रईना (मेरी पत्नी) कुरआन शरीफ़ हाथों में लिए इधर-उधर परेशानी के आलम में टहल रही थीं, मेरे पूछने पर वह झुंझलाते हुए बोलीं कि कोई साफ़ सुथरा तकिया ढूँढ़ रहीं हूँ, कुरआन रखकर पढ़ने के लिए, सब तकिये ग़लीज़ लगते हैं। आप इधर-उधर डगर-डगर फिरते रहते हैं, कभी आपको इतनी तौफ़ीक़ भी नहीं होती कि एक रेहल ही मेरे लिए ले आते। मैंने निहायत ख़ादिमाना लहजे में कहा कि आप हुक्म तो फ़रमायें, कई दर्जन रेह्ल आपकी ख़िदमत में हाज़िर कर दूँगा। मजाज़ी ख़ुदा (पति) को इतना मेहरबान देखकर मुस्कुराते हुए वह हक़ीक़त ख़ुदा की इबादत में मशग़ूल हो गयीं। मैंने अपने नवजवान दोस्त और सहारनपुर के एक्सपोर्ट अनवार अहमद को फ़ोन करके उनसे कहा कि मियाँ! आप जैसे मुहब्बत करने वाले छोटे भाइयों की मौजूदगी में मुझे आपकी भाभी के सामने ज़लील होना पड़ रहा है, वह एक अदद रेह्ल के लिए परेशान हैं और आप लोग जंगल का जंगल काटे डाल रहे हैं। अनवार मियाँ ने हँसते हुए उधर से कहा कि भाभी साहिबा ने कभी हुक्म नहीं किया वर्ना मैं ख़ुद रेह्ल लेकर लखनऊ हाजिर हो जाता।

रात की ट्रेन से मैं किसी काम के पेशेनज़र देहली रवाना हो गया। देहली पहुँचते ही आदतन मैंने तरुण जी को फ़ोन किया, मेरी आवाज़ सुनते ही हस्बे आदत वह खिल उठे, फ़िर फ़ौरन ही यह भी पूछा कि मुलाक़ात कब होगी। मेरे यह कहने पर कि आप अपनी मसरूफ़ियात बताइए, वह बोले, तीन बजे तक आइए क्योंकि शाम को मैं अम्मा से मिलने देहरादून जा रहा हूँ लिहाज़ा मैं मुक़र्रा वक़्त पर उनके दफ़्तर पहुँच गया। सेक्रेटरी ने उन्हें फ़ोन करके जैसे ही मेरे बारे में बताया वह खुद बाहर निकलकर आये और मुझे अपने साथ अपने चेम्बर में ले गये। उनके चेम्बर के ही एक गोशे में एक छोटा-सा ड्राइंगरूम नुमा हिस्सा है। वह मेरे साथ आकर वहीं बैठ गये। इधर-उधर की बातें होती रहीं। चाय और हल्के-फुल्के नाश्ते से भी हम लोग लुत्फ़ लेते रहे फिर वह उठकर अपनी मेज़ तक गये, वहाँ से वापस आये तो उनके हाथ में एक बहुत खूबसूरत-सा पैकेट था। मेरी तरफ़ पैकेट बढ़ाते हुए वह बहुत ही शर्मीले लहजे में कहने लगे कि मुनव्वर भाई! मैं पिछले दिनों पाकिस्तान के दौरे पर गया था। एक दिन मैं महमूद शाम साहब, चीफ़ एडीटर 'जंग' के साथ वहाँ के एक बाज़ार में घूम रहा था, किसी दुकान पर बहुत ख़ूबसूरत रेह्लें सजी हुई थीं। मैंने वहाँ से न जाने क्यों एक रेह्ल ख़रीद ली। इधर काफ़ी दिनों से लखनऊ का प्रोग्राम बना रहा था लेकिन काम की ज़्यादती की वजह से कहीं निकल नहीं पाया। यह रेह्ल इतनी नाज़ुक है और शीशे की बनी हुई है कि इसे कोरियर से भेजा भी नहीं जा सकता, अगर आप इसे अपने साथ लखनऊ ले जायें और भाभी साहिबा तक पहुँचा दें तो आपकी बहुत मेहरबानी होगी। मैंने गुफ़्तगू के दौरान ही अहलिया का मोबाइल नम्बर मिलाया और यह कहते हुए मोबाइल तरुण विजय को दे दिया कि तरुण विजय जी तुमसे बात करेंगे। तरुण विजय जी लक्ष्मण स्वभाव के साथ मेरी बेग़म से कहने लगे कि भाभी मैं कराची से एक बहुत मामूली-सा तोहफ़ा, जो रेह्ल की शक्ल में है, आपके लिए ख़रीदकर लाया हूँ। तरुण जी के मुँह से यह बात सुनते ही मेरी अहलिया ने उधर से कहा कि भाई साहब लगता है आप लोग पिछले जनम में सगे भाई रहे होंगे, कल ही तो आपके भाई से रेह्ल के लिए मेरी लड़ाई हो रही थी। तरुण विजय जी ने निहायत अफ़सुर्दा (बुझे हुए) लहजे में मेरी अहलिया से कहा, भाभी ! पिछले ही जनम का हिसाब किताब रखियेगा क्योंकि इस जनम में रिश्ते को हमारा और मुनव्वर भाई का समाज कुबूलियत का दर्जा नहीं दे पायेगा, हम दोनों ही को हमारे मज़हब के लोग शक की निगाह से देखेंगे। यह कहकर वह अपनी आँखों में आये हुए आँसुओं को छलकने से बचाने के लिए इधर-उधर देखने लगे और मैं भी कमरे में लगे हुए मुत्तहिदा(अविभाजित) हिन्दुस्तान के नक्शे को एक सच्चे हिन्दुस्तानी की तरह देखने लगा :

अब मिले हम तो कई लोग बिछड़ जाएँगे
इन्तिज़ार और करो अगले जनम तक मेरा

मेरे आदाब पे कहते हैं कि जीते रहिए

बड़े बूढ़ों से सुनता आया हूँ कि फूल खुशबू से, हीरे-मोती अपनी चमक से, परिन्दे अपनी बोलियों से, जानवर अपने चारे से और इंसान अपने भाईचारे से पहचाना जाता है। यह गुफ़्तगू का सलीक़ा, यह तहज़ीबी रख-रखाव, ये बड़े-छोटों का लिहाज़, ये इंसानियत से लबरेज़ दिलों के जाम, ये सब भाई-चारे की ही शाख़ें हैं बल्कि फल-फूल हैं। ये फल-फूल जिन दामनों को ज़्यादा मयस्सर हो जाते हैं वह वली, सूफ़ी, सन्त, साधु और दुर्वेश हो जाते हैं और जिनके दामन में इतनी गुंजाइश नहीं होती वह शायर और कवि हो जाते हैं।

मोहतरम उदय प्रताप सिंह की जादुई शख़्सियत भी इंसानियत, उसके दुःख-दर्द और तहज़ीबो अदब की दौलत से मालामाल है। वह हमेशा शर्बते एख़्लाक़ से सरशार रहते हैं, रवादारी और इंसानियत की शम्अ की तरह रौशन रहते हैं, शराफ़त और तहज़ीबी रख रखाव की फ़स्ल बोया करते हैं। उनकी चाहतों से एक ज़माना फ़ैज़याब होता रहता है। इसीलिए वह कभी अपने चाहने वालों का शुमार ही नहीं करते हैं। उन्होंने शायरी की नहीं है, शायरी जी है। उनकी आँखें दुःख-दर्द की वह कहानियाँ भी पढ़ लेती हैं जो चेहरों पर लिखी [illegible] हैं। उनकी शायरी वह सब बयान कर देती है जो उनकी आँखों ने देखा होता है। यह हुनर फ़क़ीराना और दुर्वेशाना ज़िन्दगी गुज़ारने वालों को क़ुदरत की तरफ़ से वरदान के तौर पर मिलता है। उदय प्रताप जी से मिलते ही एक ऐसी हवेली का एहसास होता है जिसमें नये ज़माने की आसाइशों का साज़ो सामान तो मौजूद होता है लेकिन उसके दरों दीवार से संस्कारों की ख़शुबू भी आती रहती है। उनसे मिलते ही गंगा जमुनी तहज़ीब का मतलब फ़ौरन समझ में आ जाता है। उनसे मिलकर हिन्दुस्तान की जम्हूरियत और यकजहती (एकता) की शबाहतें (आकृतियाँ) उभरने लगती हैं। वह जब भी मिलते हैं, जहाँ भी मिलते हैं और जिससे भी मिलते हैं उनसे रिश्तेदारी का एहसास होने लगता है।

यादों की डोर खुलती है तो फिर खुलती ही चली जाती है। कुछ ख़ास चेहरे पतंग की तरह ज़ेहन के आसमान पर डोलने लगते हैं। पतंग और तसव्वुर में उभरते चेहरों में बड़ी यकसानियत (समानता) होती है। जिस तरह कभी-कभी कोई पतंग किसी

क़द्दावर दरख़्त की ख़ुशनुमा शाख़ से लिपट जाती है और अपने ख़ुशनुमा रंगों को शोख़ की सरसब्ज़ और शादाब (तरोताज़ा) कहानी का नसीब बना लेती है उसी तरह अच्छे लोगों के चेहरे भी तावीज़ बनकर यादों की गर्दन से लिपट जाते हैं।

ऐसी ही समन्दराना पुरसुकूत (समन्दरों जैसी ख़ामोश) शख़्सियत का नाम उदय प्रताप सिंह है। बुज़ुर्गाना शफ़क़तों (स्नेहों) से लबरेज़ सोचती हुई आँखें, फ़लसफ़े की किताब जैसी भारी भरकम गुफ़्तगू होंठों पर हमेशा एक दिलकश लेकिन संजीदा और मासूम-सी मुस्कुराहट, ख़ानये दिल के हर गोशे में इंसानियत और मोहब्बत को सलीक़े से बसाये हुए और हर ज़ुल्मो जब्र के ख़िलाफ़ एहतिजाज (विरोध) की आवाज़ उठाने वाली शख़्सियत को सिर्फ़ और सिर्फ़ उदय प्रताप सिंह ही कहा जा सकता है। सियासत से बहुत दूर, आवाज़ में बला का सोज़ (ताप), लहजे में बेपनाह अपनाइयत, छोटों से ख़ुलूस का जज़्बा... जैसे झील को छूती हुई किसी पेड़ की ऊँची शाख़, खद्दर का कुर्ता-पायजामा, आँखों पर प्रोफ़ेसर वाले मोटे फ्रेम का चश्मा, कुर्ते पर एक मटमैली-सी वास्केट जो उनके ख़ाकसारी (विनम्रता) और क़लन्दरी की गवाही देती रहती है।

तक़रीबन पच्चीस बरस पहले अल्लामा *अब्र* अहसनी गुन्नौरी के लायक़ तरीन शार्गिद *योगेन्द्र पाल साबिर* के दौलतख़ाने पर मरहूम शहूद आलम आफ़ाक़ी के तवस्सुत (माध्यम) से मुझे उदय प्रताप सिंह साहब को सलाम करने का शरफ़ (गौरव) हासिल हुआ था। इस खुसूसी नशिस्त (मुलाक़ात) में उदय प्रताप सिंह जी से कई ग़ज़लें सुनने की सआदत (ख़ुशनसीबी) भी नसीब हुई थी। मुझे हमेशा से शेर सुनने का ज़्यादा शौक़ रहा है और ये शौक़ अभी तक बरक़रार है। इस नशिस्त (गोष्ठी) में सबसे कम उम्र शायर ग़ालिबन मैं ही था लिहाज़ा मेरे लिए यह महफ़िल इसलिए भी एक स्कूल की हैसियत रखती थी कि मैं अपने बड़ों को सुनने की सआदत हासिल कर रहा हूँ। योगेन्द्र पाल साबिर साहब कालेज में अपनी ज़रूरतों की भरपाई करने के लिए अंग्रेज़ी पढ़ाते थे। जैसे फ़िराक़ गोरखपुरी इलाहाबाद यूनिवर्सिटी में अंग्रेज़ी पढ़ाते थे और उर्दू में ज़िन्दगी के दुःख-सुख और तजरुबे बयान करते थे। योगेन्द्र पाल साबिर भी कालेज में अंग्रेज़ी पढ़ाते थे। शागिर्दों की क़तार में उनके चहेते शागिर्द उदय प्रताप सिंह जी भी बैठे रहते थे लेकिन साबिर साहब भी फ़िराक़ साहब की तरह ज़िन्दगी के दुःख-सुख की कहानी सुनाने के लिए उर्दू ज़बान और उदय प्रताप सिंह जी को तलाश करते थे।

बसने और फिर उजड़ जाने का दरम्यानी फ़ासला कितना कम हो सकता है इसका अन्दाज़ा इस शहरे कम नसीब को देखने के बाद ही होता है और शायद मुग़लिया सल्तनत के ज़वाल (पतन) का पहला ज़ीना भी इसी शहर शिकोहाबाद से शुरू होता है। मुग़लिया सल्तनत के सबसे बड़े ताजदार जलालुद्दीन मोहम्मद अकबर जैसी मज़हबी फ़राख़दिली रखने वाला उनकी चौथी नस्ल का शाहज़ादा

दाराशिकोह, जिसकी हर दिलअज़ीज़ी पर आज भी तारीख़ फ़ख़्र करती है, शिकोहाबाद शहर उसी दाराशिकोह की ख़ूबसूरत आँखों का ज़िन्दा ख़्वाब था। कुछ ही बरसों के लिए सही लेकिन शिकोहाबाद दानिश्वरों (बुद्धिजीवियों), मुफ़क्किरों (चिन्तकों), सूफ़ियों और सन्तों की करामतों के सबब सारे हिन्दुस्तान में शोहरत का बाएस (कारण) था लेकिन शायद कुदरत को कुछ और ही मंजूर था लिहाज़ा शाहजहाँ के चहेते शाहज़ादे दाराशिकोह की बसायी हुई दुनिया की पहली एकता कालोनी को खुद दाराशिकोह के सगे भाई शाहज़ादा औरंगजेब आलमगीर ने इस तरह नेस्तोनाबूद किया कि उसकी तबाही में इल्मी और अदबी दर्सगाहें (पाठशालाएँ), दानिशकदे (ज्ञानपीठ) और तारीख़ी लाइब्रेरियाँ तक जलकर राख हो गयीं। शायद हिन्दुस्तानी जम्हूरियत की बुनियाद में दाराशिकोह का ख़ून इतनी ज़्यादा मिक़दार में है कि आज तक नफ़रत के हज़ारहा (हज़ारों) ज़लज़ले भी उसका कुछ नहीं बिगाड़ पाते। मुनीर शिकोहाबादी से लेकर उदय प्रताप सिंह तक क़ौमी यकजहती के इतने बहुत से चराग़ रौशन हैं कि शिकोहाबाद हिन्दुस्तानी शहरों में उस चाँद की हैसियत रखता है जिसकी रौशनी से उर्दू, फ़ारसी, हिन्दी के अलावा संस्कृत अदब के बोसीदा (जीर्ण शीर्ण) अवराक़ भी इतने जगमगाते रहते हैं कि नफ़रत के अँधेरे मुँह छुपा लेते हैं :

फूल पर बाग़ की मिट्टी का असर आता है

उस पर एक मुख़्तसर लेकिन यादगार मुलाक़ात के बाद अक्सर मुशायरों और कवि सम्मेलनों में मुझे उनको आदाब करने का मौक़ा नसीब होता रहा। दर्जनों मुलाक़ातों और हमसफ़री के नसीब की वजह से जहाँ आज तक हिन्दी वाले उन्हें अपने परिवार का कवि समझते हैं लेकिन मैं हमेशा उन्हें अपने ख़ानदान का एक ज़िम्मेदार बुजुर्ग समझता हूँ। इस अपनाइयत या अपनेपन की वजह से कभी-कभी उनकी शख़्सियत पर कबीरदास होने का धोखा भी होता है। शायद किसी भी शख़्सियत की खुशनसीबी का इससे बड़ा दूसरा सबूत नहीं हो सकता कि हर क़बीले का आदमी उसे अपना मोहतरम बुजुर्ग और क़ाएद (लीडर) समझता हो।

हिन्दुस्तानी क़यादत (नेतृत्व) के सबसे दबंग, दियानतदार और सेकुलर रहनुमा को भी ये फ़ख़्र हासिल रहा है कि वह कालेज में उनके शागिर्द रहे हैं और ज़िन्दगी को मजबूत इरादों के बल पर गुज़ारने का हुनर भी उन्हीं से सीखा है। उदय प्रताप जी को एहतराम और अक़ीदत का ये रुत्बा भी हासिल रहा है कि इलेक्शन में उनके पर्चे की नामज़दगी (नामांकन) के बाद कांग्रेस के तेज़ तर्रार लीडर और भूतपूर्व मरक़जी वज़ीर श्री बलराम सिंह यादव ने अपना नाम इलेक्शन की उम्मीदवारी से वापस ले लिया था। अपनी सख़्त मिज़ाजी और दो टूक फ़ैसला लेने वाले श्री मुलायम सिंह यादव उनके सामने इस तरह खड़े रहते हैं जैसे एक मासूम तालिब इल्म क्लास रूम में टीचर के आते ही फ़रमाँ बरदारी के साथ खड़ा हो जाता है। यही एहतराम श्री राम गोपाल यादव (सांसद) की आँखों से भी उस घड़ी झलकने लगता है जब

उनके सामने उदय प्रताप जी आ जाते हैं। यह उरूज (ऊँचाई), ये इज़्ज़तें और ये अज़मतें इंसान को इल्म और ख़ाकसारी की बदौलत ही हासिल होती हैं।

उदय प्रताप जी रायबरेली के किसी कवि सम्मेलन में तशरीफ़ लाये तो मेरे जैसे मामूली शायर का तज़किरा इतनी अपनायत और ख़ुलूस से किया कि मैं अपने वतन में भी उनकी बदौलत मोहतरम हो गया। इत्तिफ़ाक़ से मैं उन दिनों रायबरेली से बाहर था। मेरे छोटे भाई राफ़े राना की गुज़ारिश पर मौसूफ़ मेरे ग़रीब ख़ाने पर तशरीफ़ ले गये और मुझे देर तक याद करते रहे।

मैं हमेशा ये गुज़ारिश करता रहा हूँ कि उर्दू एकेडमी और हिन्दी एकेडमी में इतनी कुर्बत और ऐसा ख़ुशगवार राब्ता (सम्पर्क) बरक़रार रहना चाहिए कि हम लोग एक दूसरे के अच्छे अदब से फ़ैज़याब होते रहें बल्कि दोनों ज़बानें तर्जुमे के ज़रिये ही सही, हिन्दुस्तानी अवाम के दीदओ दिल तक पहुँचें। सिर्फ़ *'हिन्दी उर्दू सगी बहनें हैं'* के नारे से काम नहीं चलेगा, अमली तौर पर भी हमें कुछ न कुछ करना होगा। दुष्यन्त कुमार हों या गोपाल दास नीरज, उदय प्रताप सिंह हों या बाल स्वरूप राही, अशोक रावत हों या कुँवर बेचैन, अशोक चक्रधर हों या सुरेन्द्र शर्मा इन तमाम हज़रात की किताबें उर्दू और हिन्दी दोनों ज़बानों में शाया (प्रकाशित) होनी चाहिए। पहल उर्दू एकेडमी भी कर सकती है और हिन्दी एकेडमी भी। उर्दू और हिन्दी के मौजूदा अदब में सुतून (खम्भा) की हैसियत रखने वाले शायरों, कवियों, अदीबों और गद्यकारों की किताबें दोनों तरफ़ से मंज़रे आम पर आनी चाहिए।

मुमकिन है ये सिर्फ़ मेरा ख़्वाब हो लेकिन हर ख़्वाब एक न एक दिन ताबीर की मंज़िल तक पहुँच जाता है और एक दिन मेरा ये ख़्वाब भी सुनहरी ताबीरों के महल में उदय प्रताप सिंह की तहरीरों का अक्स (छवि) हाथों में लिए हिन्दी और उर्दू ज़बान के दरम्यान मौजूद होगा।

हमारे बाद हमेशा ग़ज़ल उदास रही

बाराबंकी उत्तर प्रदेश का वह मरदुमख़ेज ख़ित्ता (क़ाबिल और बहादुर लोग पैदा करने वाला क्षेत्र) है जो अदबी, मज़हबी और सियासी हैसियत से हमेशा लोगों की अक़ीदत (श्रद्धा) और एहतराम का मरकज़ बना रहा है। लखनऊ को फ़ैज़ाबाद से मिलाने वाली सड़क हमेशा लोगों की पसन्दीदगी और दिलचस्पी का मरकज़ बनी रही। हज़रत वारिस अली शाह की ख़ानक़ाह से उठती हुई ईमान, इंसानियत और अगरबत्ती की ख़ुशबू को महसूस करने वाले लोग सारी दुनिया में इस तरह बिखरे हुए हैं जैसे आसमान पर सितारे। फ़िरक़ा परस्ती की ज़िद का धनुष हज़रत वारिस अली शाह की क़दम बोसी करते ही ऐसे टूट जाता है जैसे अमीर आदमी का गुरूर टूटता है। फ़क़ीरी अपने अन्दर कई बादशाहतों का जलाल रखती है लेकिन जिस तरह मिट्टी का एक नन्हा-सा दीया आग के एक मुस्तक़िल शोले को रात भर में उस काजल में तबदील कर देता है जो माएँ अपने बच्चों की आँखों में लगाती भी हैं और बच्चे को नज़रेबद (बुरी नज़र) से बचाने के लिए टीके के तौर भी इस्तेमाल करती हैं। हज़रत वारिस अली शाह के आस्ताने का एहतराम और भी बढ़ जाता है जब हिन्दुस्तान के मुख़्तलिफ़ मज़हबों को मानने वाले एक साथ खड़े होकर दुआएँ माँगते हैं।

हिन्दुस्तानी सियासत की तारीख़ को जब कभी अपने अवराक़ (पन्नों) के लिए किसी ऐसे शख़्स की ज़रूरत पड़ेगी जिसने सियासत की कीचड़ में कमल के फूल की तरह पाक साफ़ ज़िन्दगी गुज़ारी हो तो रफ़ी अहमद क़िदवई के तज़किरे के बग़ैर सियासी तारीख़ की किताब बिना मंगलसूत्र की दुल्हन जैसी दिखाई देगी। हर अह्द में वही लोग बड़े और अज़ीम कहलाये हैं जिनके महफ़िल से उठते ही हर आँख आँसू छलकाने पर मजबूर हो जाती हो। हिन्दुस्तानी सियासत के लिए इससे बड़ा एज़ाज़ और क्या हो सकता है कि उसके मरकज़ी वज़ीरे ख़ूराक (केन्द्रीय खाद्य मन्त्री) ने मुख़्तलिफ़ सवारियों से भरे ताँगे पर दो आने में लखनऊ स्टेशन से क़ैसरबाग़ बस अड्डे का सफ़र किया हो। उसकी ईमानदारी का इससे बड़ा सुबूत क्या हो सकता है कि उसका बेजान बदन अपने गाँव के एक टूटे-से छप्पर के नीचे रखा गया हो। उसकी हरदिल अज़ीज़ी (जनप्रियता) का इससे बड़ा क्या सुबूत होगा कि ज़िन्दगी

भर मुख़ालिफ़ सफ़ (विरोधी ख़ेमा) में रहने के बावजूद उनकी मौत पर जिला बस्ती के जनसंघ के लीडर श्री पं॰ माधव प्रसाद त्रिपाठी ने रफ़ी साहब के बारे में जो कहा उसका इज़हार यहाँ ज़रूरी है। उन्होंने कहा, "ऐ भारत माता के सपूत! तेरी मैं बिन देखे पूजा करता हूँ कि तूने मुश्किल हालात में अनाज का मसला हल किया, तेरी मैं बिन देखे पूजा करता हूँ कि तूने सबसे पहले भारत की एकता के लिए पटना में गावकशी (गोवध) बन्द करने का एलान किया, मैं बिन देखे तेरी पूजा करता हूँ क्योंकि हमारी पार्टी के महान् नेता श्री श्यामा प्रसाद मुखर्जी ने अपनी ज़िन्दगी के आख़िरी लम्हों में हम सबको बुलाकर कहा था कि मैं अब संसार से जा रहा हूँ लेकिन तुमको एक ऐसे आदमी के हवाले करके जाता हूँ जो तुम्हारी हर मुश्किल में मदद करेगा। नाम सुनकर घबराना मत। उसका नाम है रफ़ी अहमद क़िदवई।" इसके बावजूद मज़हब रवादारियों के फ़ासलों को कभी कम नहीं कर पाता। अपने दुश्मनों के दिल में सम्मान के चिराग़ रौशन करके भी सियासत मुख़ालिफ़ीन (विरोधियों) की तादाद कम नहीं कर पाती।

लेकिन शायरी तो गुलाब की उस पत्ती की तरह होती है, जो चाहे होंठों को चूमे, पलकों पर जगह बना ले या पेशानी पर फूल की तरह खिल जाए, अपनी नाजुकी का एहसास दिलाती रहती है। जिस तरह ज़्यादा मिठास के बावजूद शहद में कीड़े नहीं पड़ सकते उसी तरह शायरी कभी नफ़रत की नर्सरी को पनपने नहीं देती क्योंकि शायरी तो वह औरत है जो हर रोते हुए बच्चे की ज़ात पूछे बग़ैर उसे अपनी गोद में उठा लेती है। शायरी तो वह माँ है जो अपने बेटे को तलाश करती हुई पहाड़ों, रेगिस्तानों और मुँहज़ोर दरियाओं को पार करती हुई चंगेज़ ख़ान के दरबार में भी पहुँच जाती है और भरे दरबार में दुनिया के ज़ालिम तरीन बादशाह से अपना बेटा माँगती है। चंगेज़ ख़ान ने जब उससे पूछा कि तू यहाँ पहुँची कैसे? क्या तुझे पहाड़ों ने रोका नहीं, दरियाओं के शोर ने तुझे डराया नहीं, रेगिस्तानों ने तुझे निगला नहीं तो उसी औरत ने चंगेज़ ख़ान के दरबार में चंगेज़ से ज़्यादा तमकनत के साथ जवाब दिया कि पहाड़ों ने मुझे रास्ता दिया, दरिया की मुँहज़ोर लहरों ने मेरी उँगली थामकर मुझे साहिल पर पहुँचाया, रेगिस्तान ने मेरे एहतराम में अपनी धूल भरी साँसों को उस वक़्त तक रोके रखा जब तक मैं उनके दस्तरस (पहुँच) में थी क्योंकि मैं कोई मुसाफ़िर नहीं थी। मैं माँ हूँ और दुनिया की कोई भी ताक़त माँ के रास्ते की दीवार नहीं बन सकती। काश तूने कभी यह सोचा होता कि माँ की छाती से उबलता हुआ दूध मीठा क्यों होता है? माँ के दूध की इसी मिठास को शायरी कहते हैं। यही वजह है कि दुनिया में शायरी से मोहब्बत करने वालों की गिनती की ही नहीं जा सकती। क़यास और गुमान की सीढ़ियों पर चढ़कर सिर्फ़ अन्दाज़ा लगाया जा सकता है। साइंस कितनी ही तरक़्क़ी की मंज़िलें तय करके कम्प्यूटर और दुनियावी मोअजिज़ों (चमत्कारों) की नुमाइश करती रहे, लेकिन किसी माँ की आँखों से टपके हुए आँसू

के एक क़तरे में भरी आग का अन्दाज़ा भी नहीं लगा सकती। शायरी माँ की लोरी है, बहन का आँचल है। दुनिया की हर ज़बान का अदब शायरी को अपनी ज़बान की आबरू समझता है। दुनिया की हर तनक़ीद का क़सीदा पढ़कर अपने लहजे को मोअतबर (विश्वसनीय) करती है। दुनिया की हर क़ौम शायरी को अपने हुस्न का सिंगार समझती है। ज़बान कभी शायरी की राह में दीवार नहीं बनती है। दुनिया में जब लफ़्ज़ों के चेहरों से पर्दा भी नहीं हटा था तब भी लोग चिड़ियों की चहचहाहट में शायरी के गुल बूटे ढूँढ़ लेते थे। दुखे दिल फ़ाख़्ताओं की कूक सुनते थे और खुशी से झूमने वाले बुलबुल के तरानों में गुम रहते थे और उर्दू शायरी के उरूज (उठान) की तारीख़ का पता लगाना तो बहुत दुश्वार है लेकिन उर्दू शायरी के ज़वाल (पतन) का सबसे बड़ा सबब मुल्क की तक़सीम था। तक़सीम की उठा पटक और हिजरत के तमाशों ने उर्दू अदब को पहले तरक़्क़ी पसन्दी के भेड़ियों के हवाले किया और फ़िर मौक़ा देखकर जदीदियत भी इस अदबी अखाड़े में टूट पड़ी।

ग़ज़ल की शाख़े आरज़ू जो आज तक हरी है, जिसकी खेती हर अह्द में लहलहाती रही है, जिसके क़द्रदानों की तादाद में रोज़ बरोज़ इज़ाफ़ा होता रहा है... इसकी सबसे बड़ी वजह इसकी बुनियादों में बुजुर्गों की रखी हुई लफ़्ज़ों की वह खूबसूरत तरतीब (क्रम) है जिसे आम ज़बान में बुनियाद की ईंटें कहा जाता है। हालाँकि हमारे नाम निहाद (तथाकथित) नक़्क़ादों ने हमेशा उन्हीं ईंटों का तज़क़िरा किया जो अदब में उँगलियों पर शुमार किये जाने वाले शायरों ने रखी थीं लेकिन बुनियाद सिर्फ़ ईंटों को तरतीब से रख दिये जाने का नाम नहीं है बल्कि वह ज़र्रा भी अहम् (ख़ास) होता है जिसके वजूद को शुमार भी नहीं किया जा सकता। वह हाथ भी ताज़ीम (सम्मान) और सताइश (प्रशंसा) के क़ाबिल हाते हैं जो ईंटों को छूकर उन्हें इमारत का बोझ उठाने के क़ाबिल बना देते हैं। उर्दू की क्लासिकी शायरी की दीवारों पर तरक़्क़ी पसन्दिमयत और जदीदियत के तुग़रे टाँग दिये। हर नया अह्द अपने साथ कुछ ऐसे नक़्क़दों की टोली लेकर चलता है जो अपने आप को मोहतरम और मुस्तनद बनाने दे के लिए रौशनाई को काग़ज़ पर उँड़ेलने के बजाय क़लम के ज़रिये काग़ज़ पर मुन्तक़िल (हस्तान्तरित) करने में मसरूफ़ रहता है। जिस तरह रूये ज़मीन पर हज़रते आदम के अलावा हर इंसान की वल्दियत के ख़ाने में एक नाम होता है उसी तरह हर अह्द में लिखी गयी ग़ज़लों के ख़दोख़ाल (चेहरे की बनावट) क्लासिकी ग़ज़ल के चेहरे से मिलते-जुलते हैं।

क्लासिकी ग़ज़ल कहने वालों की तवील फ़ेहरिस्त में यक़ीनन सबसे आख़िरी नाम हज़रत खुमार बाराबंकवी का था जिनकी ग़ज़ल के जिस्म से बयक वक़्त (एक ही समय में) क्लासिकी ग़ज़ल की तहज़ीब, ग़िनाइयत (सुर लहरी), सादगी और धड़कन की खुशबू आती थी। जिस तरह अच्छी तलवार म्यान के बग़ैर पन्नी की बनी तलवार मालूम होती है बिल्कुल उसी तरह खूबसूरत ग़ज़ल पुरसोज़ तरन्नुम के बग़ैर

बिना छाती की औरत मालूम होती है। हज़रत खुमार का सबसे बड़ा कारनामा तो यही था कि उन्होंने क्लासिकी ग़ज़ल की शम्एँ उन महफ़िलों में भी रौशन की थीं जो दुनिया के दूसरे बर्रे आज़मों (महाद्वीपों) में आबाद थीं। जिगर के बाद जिस एतमाद (विश्वास) और यक़ीन के साथ उन्होंने पुरानी ग़ज़ल को पुरानी शराब की तरह बचाये रखा यही उनका सबसे बड़ा कमाल था। दुनिया में बिखरे हुए गेसुए ग़ज़ल के गिरफ्तारों में जिस तरह उन्होंने क्लासिकी ग़ज़ल के नशे को बरक़रार रखा यह उनका अपना हुनर था जो उनके साथ ही ख़त्म हो गया। मुशायरों में तक़रीरी लीपा पोती और नाज़ोअन्दाज़ के नकली हीरे-मोती लुटाये बग़ैर ग़ज़ल को बाविक़र रखना कोई आसान काम नहीं था? लेकिन ख़ुमार साहब अपनी महारत और नेकियों के तुफ़ैल हर अदबी पुल से इस तरह हँसते हुए गुज़र गये जैसे बहादुर लोग दारोरसन (फाँसी और फन्दा) से गुज़र जाते हैं।

ग़ालिब ने ऐसे कहारों को देखा था जिन्हें उनका महबूब काँधे बदलने की मोहलत भी नहीं देता था और मुझे ये फ़ख़्र हासिल है कि मैंने किसी भी मसनदे एज़ाज़ (सम्मान की मसनद) पर ख़ुमार साहब को पहलू बदलते नहीं देखा। अल्लाह-अल्लाह! क्या सच्चे भोले भाले लोग थे। दोस्तों का लिहाज़ करना, छोटों से मोहब्बत और उनका ख़याल करने का जो सबक़ हज़रत ख़ुमार बाराबंकवी को याद था अब शायद उर्दू स्टेज को कभी नसीब न हो।

उनकी गुफ़्तगू में इतनी मासूमियत और शाइस्तगी कि जैसे बातें न कर रहे हों बल्कि दूध में मैदा घोल रहे हों। शेरवानी हमेशा ऐसे पहनी जैसे सिपाही ज़िरह बक़्तर पहने रहता है। किसी भी अहले इल्म के सामने बच्चों की तरह बैठ जाते, उसकी बातें सुनते और सिर धुनते थे। अच्छे शेर पर माहिये बेआब (जल बिन मछली) की तरह तड़पने, फ़िर होंठों पर फूल भरी मुस्कान बिखेरकर जब यह कहते थे कि, "जीते रहो" तो लगता था यह स्टेज नहीं किसी मस्जिद की सीढ़ी है, जहाँ खड़े होकर हज़रते ख़ुमार बच्चों पर फूँक डाल रहे हों।

जंज़ीर खींचकर वो मुसाफ़िर उतर गया

रेल की खिड़कियाँ कितनी ही खूबसूरत क्यों न हों, घर के दरीचों का बदल नहीं हो सकतीं। स्टेशन कितना ही खूबसूरत क्यों न हो घर का आँगन नहीं बन सकता। पटरियाँ कितनी ही चमकदार क्यों न हों, चिराग़ नहीं बन सकतीं। डिब्बे कितने ही आरामदेह हों, कमरे नहीं बन सकते लेकिन वहीद अर्शी बरसों इन्हीं खिड़कियों से झाँकते रहे, डिब्बों में सफ़र करते रहे और पटरियों की चमक से रौशनी हासिल करते रहे। उन्होंने सारी ज़िन्दगी रेल की पटरियाँ पार करने का अमल जारी रखा। सुबह सवेरे जब नींद माँओं की तरह सुलाना चाहती है, वहीद अर्शी जूट मिल के मज़दूरों की तरह स्टेशन के प्लेटफार्म पर रेल का इन्तिज़ार करते हुए दिखाई देते थे। फिर ज़रा ही देर में रेल गाड़ी वहीद अर्शी को अपने सीने से लगाकर कलकत्ता ले आती थी और उधर बच्चे जब जागते और बाप को न देखते तो उदास हो जाते लेकिन माँ उम्मीद के खिलौने बच्चों के सामने रख देती थी। (अब तो सबसे अच्छा खिलौना भी टूट गया)। रेल से उतरकर बस और बस के सफ़र के बाद काफ़ी दूर तक पैदल चलकर वहीद अर्शी कालेज की किताबों में डूब जाते थे। शाम को जब वो घर वापस पहुँचते तो ट्रेन की भीड़, सफ़र की थकान और ज़ेह्नी परेशानियों के दुःख को चाय की प्याली में घोलकर पी जाते थे, मुस्कुराते हुए अपने बच्चों की तरफ़ देखते और फ़िर घर के बराबर वाली पान की दुकान की तरफ़ रवाना हो जाते थे जहाँ 'वफ़ा' सिकन्दरपुरी उनके मुन्तज़िर होते। वक़्त गुज़ारी के लिए यह लोग घंटों अपने दुःखों की किताब एक दूसरे को दे देते थे। हालाँकि वहीद अर्शी की किताबें ज़िन्दगी बहुत कम सफ़हों की थी लेकिन उसको पढ़ने के लिए सभी बेक़रार रहते थे। उन्होंने अपनी ज़िन्दगी की किताब पर लफ़्ज़ 'मुस्कुराहट' आँसुओं से तहरीर किया था। अंगारों पर शबनम की बूँदों को सजाया था, वह क़लम को तलवार नहीं बनाते थे, बाँसुरी बना लेते थे। वह मुजीबुलहक़ के बच्चों को भतीजा नहीं, बेटा समझते थे।

प्रतापगढ़ के वासी थे लेकिन उन्होंने जलील मानिकपुरी की तरह दरबारों के चक्कर नहीं लगाये। भीख तो बड़ी चीज़ है, उस शख़्स ने तो कभी अपना हक़ भी

नहीं माँगा। अगर उसने हक़ माँग लिया होता तो एक टूटे से घर के मैले बिस्तर पर उसकी मौत कभी नहीं होती। ऑक्सीजन सिलिण्डर के लिए उसके घर वाले मारे-मारे नहीं फिरते, डॉ. अब्दुर्रऊफ़ को किसी से बच्चों का ख़याल रखने को न कहना पड़ता। उसकी भतीजियों को कानों में सोने की बालियों की जगह बरसों पुरानी नीम के तिनके न डालने पड़ते । उसके घर में ईंटों का बेतरतीब फ़र्श न होता, क़ालीन होते। घर की दालानों में फटी हुई चादरें न पड़ी होतीं, रेशमी पर्दे लहरा रहे होते। लेकिन वहीद अर्शी तो एक पेड़ था। साया दार पेड़, मीठे पानी का चश्मा था वो, एक खूबसूरत झील था जिसमें परिन्दे नहाते थे, नमाज़ी वजू करते थे और बच्चे अपनी लिखी हुई तख़्ती धोते थे । भला झील किसी से अपना हक़ माँगती है! वह तो लोगों को उनका अक्स अपने आईने में दिखाती रहती है।

वहीद अर्शी की मुस्कुराहट में घने पेड़ की छाँव का सुकून, चाँदनी का रसीलापन, ग़ज़ल की सुगुफ़्तगी (ताज़गी) और ख़ुश इल्हान (सुरीले) परिन्दों का भोलापन शामिल था लेकिन उनका जिस्म मुख़्तलिफ़ क़िस्म की बीमारियों का शोरूम था। उनके खोखले जिस्म में कई बीमारियाँ साँपों की तरह पनप रही थीं। इन बीमारियों में एक ख़तरनाक बीमारी ख़ुद्दारी और आना (EGO) की थी जो उनके जिस्म के क़ीमती ख़ून का क़तरा-क़तरा चाट रही थी। एक रोते हुए आदमी का खिलखिलाकर हँसना कितना दुश्वार काम है, यह उनकी मौत के बाद अन्दाज़ा हुआ।

3 फरवरी, 1986 से ही इस ख़ुद्दार शायर ने मुस्तक़िल तौर पर चारपाई पकड़ ली थी। ज़िन्दगी उससे मुँह मोड़ लेना चाहती थी। साँसों की रेत जिस्म की मुट्ठी से निकल जाना चाहती थी (और यूँ भी अगर बाँध कमज़ोर हो जायें तो नाले दरिया बन जाते हैं)। अपने साथ ज़िन्दगी की दानिस्ता बेवफ़ाई से वह दिल बर्दाश्ता थे लेकिन नाराज़ क़तई नहीं थे, नाराज़ होना तो वह जानते ही नहीं थे और ज़िन्दगी से नाराज़ होना चाहते भी नहीं थे क्योंकि अभी तो उन्हें माँ जैसी भाभी की ख़िदमत करनी थी, फूल जैसे भतीजे-भतीजियों की परवरिश करना थी, किसी की माँग के सिन्दूर का क़र्ज़ अदा करना था, रूई के गालों जैसे बच्चों की हिफ़ाज़त करनी थी :

अपने लिए तो हार है अपनी न जीत है
हम सब हैं दूसरों की लड़ाई लड़े हुए

बीमारियाँ तो ग़रीब घरों को बर्बाद करने की क़सम खाकर निकलती हैं। मुख़्तसर-सी मज़दूरी वह भी रोज़ाना की थका देने वाली मसाफ़त (दूरी) तय करने के बाद...भवानीपुर कालेज का फ़ासला चालीस किलोमीटर...वहीद अर्शी की उम्र भी तक़रीबन इतनी ही, यानी एक किलोमीटर सालाना के हिसाब से इस शख़्स ने ज़िन्दगी ख़र्च की थी। रेल की खिड़कियों की फ़ौलादी सलाख़ों पर सिर रखे-रखे सो

जाने वाले इस शायर ने कभी ख़्वाब नहीं देखे थे। वह तो सारी ज़िन्दगी जागता रहा और क्यों न जागता, घर में दुपट्टा सँभालकर ओढ़ती हुई भतीजियाँ, सफ़ेद चादर से बिखरे हुए बाल और सूनी (तेज़) हवाओं से खेलता हुआ प्रो. मुजीब का छोड़ा हुआ बाग! वह तो उन बच्चों के भी बाप जैसे थे। आँगन में लहलहाता हुआ नीम का पेड़ मौसम-मौसम फलता-फूलता था लेकिन उनके मासूम होंठों पर मुस्कुराहट हर फ़स्ल में खिली रहती थी, कितनी कड़वी मुस्कुराहट रही होगी वहीद अर्शी की। शायद इसीलिए वह मुँह का मज़ा बदलने के लिए हर वक़्त पान खाते रहते थे।

जिस दिन सयानी होती हुई भतीजियों ने शौक़ में नीम के तिनके अपने कान में डाले उसी दिन से वह और ज़्यादा परेशान रहने लगे फिर भला वह नर्सिंग होम कैसे जाते, जिसे बेटियों के हाथ पीले करने हों वह अपने पीले होते हुए चेहरे को कभी नहीं देखता बल्कि वह तो आईना ही नहीं देखता...आईना तो हुस्न देखने के लिए होता है, आईने में बीमारी नहीं देखी जाती :

आलामें रोज़गार से फ़ुर्सत नहीं मिली
आईने से भी हम को मोहब्बत नहीं मिली

वह बेज़बानी की ज़बान से कहते रहे 'मुझे बेमौत मरने से बचा लो' लेकिन मज़दूरों की बस्ती में अस्पताल कहाँ, अस्पताल हों तो दवाएँ कहाँ, दवाएँ हों तो डॉक्टर कहाँ, एम्ब्यूलेंस हो तो ड्राइवर कहाँ। एक ख़ुद्दार शायर की साँसें ऑक्सीजन की मोहताज हो गयीं लेकिन इस शख़्स ने मोहताज बनकर तो जीना सीखा ही नहीं था। वह तो प्लास्टिक के बेमसरफ़ टुकड़ों से बटन बना लेता था, पाँव में चुभने वाले काँटों से ख़िलाल का काम लेता था, लकड़ी के फ़िज़ूल टूकडों से ग़ालिब की तस्वीर बना डालता था, रौंदी हुई मुलायम मिट्टी से मीर और इक़बाली के मुजस्सिमें ढाल लेता था, तल्ख़ियों और हादसों को तराशकर ग़ज़ल तख़्लीक़ करता था, शीशों के टूटे हुए टुकड़ों से दिल बना लेता था :

जिधर मिट्टी उड़ा दूँ आफ़ताबे ताज़ा पैदा हो
अभी बच्चों में हूँ साबुन के गुब्बारे बनाता हूँ

आख़िरी सफ़र पर रवाना होने से कुछ दिनों पहले एक शाम वह एलबम से अपनी तस्वीरें नोच रहे थे। ज़ाहिर है कि एलबम से तस्वीरों को अलग करने में गोश्त से नाख़ुन जुदा करने वाली तकलीफ़ हो रही होगी लेकिन वह तो दुःख-दर्द की बन्दिशों से बहुत पहले ही रिहा हो चुके थे। 'मासूम' शर्क़ी का ख़याल था कि वह अपनी निशानियाँ मिटा रहे थे लेकिन निशानियाँ कहाँ मिटती हैं, ज़ख़्म अगर भर भी जाये तो उसका निशान बाक़ी रहता है। वहीद अर्शी की निशानी पानी पर लिखी हुई तहरीर नहीं है। उनकी क़ीमती तस्वीरें हमेशा महफ़ूज़ रहेंगी। फूल से बच्चों की

शक्ल में, ख़ूबसूरत ग़ज़लों की शक्ल में और न भूलने वाली यादों की शक्ल में। वहीद अर्शी मरे नहीं हैं वह उस वक़्त तक नहीं मर सकते जब तक इस दुनिया में मुस्कुराहट मौजूद है। तमाम मुस्कुराते हुए होंठ वहीद अर्शी की याद दिलायेंगे।

हर बरस कानकी नारा से मुशायरे वाले या मिलने वाले वहीद अर्शी का पैग़ाम लेकर आते थे लेकिन इस बार कोई साहब उनकी मौत की ख़बर लेकर आये थे। वही साहब यह भी बता गये कि मिट्टी अर्स की नमाज़ के बाद होगी। लिहाज़ा रईस आँवलवी और हबीब हाशिमी के हमराह मैं भी कानकी नारा के लिए रवाना हो गया। यक़ीनन यह लोकल ट्रेन भी वहीद अर्शी को पहचानती होगी क्योंकि इसकी रफ़्तार से भी थकावट और बेज़ारी का एहसास हो रहा था। स्टेशन पर हर चेहरा वहीद अर्शी का मालूम होता था। हम लोगों ने रेलवे लाईन पार की और उनके घर की तरफ़ चलने लगे।

मैं कानकी नारा कई बार जा चुका हूँ लेकिन शब के अँधेरे में। दिन की रौशनी में वहीद अर्शी का घर, वहीद अर्शी के बच्चे और वहीद अर्शी का चेहरा देखा तो मैं पछताने लगा कि काश मैं इधर कभी दिन की रौशनी में आया होता।

घर के आँगन में नीम का पुराना पेड़, मकान की कमज़ोर दीवारों पर बेतरतीब बेलें, दरवाज़े पर एक मैला-सा पर्दा और उस पर्दे से झाँकती हुई एक तस्वीर जिस पर 'अल्लाह' लिखा हुआ था। तस्वीर के नीचे वहीद अर्शी और मरहूम मुजीब के बिलखते हुए यतीम बच्चे, अन्दर से उभरती हुई दो मुतवातिर चीखें, एक भाभी की चीख़ जिसमें माँ का दर्द भी शामिल था, एक और निस्वानी चीख़ जिसमें प्रोफ़ेसर अब्दुर्रऊफ़ की बूढ़ी सिसकियाँ भी लरज़ रही थीं। लेकिन प्रोफ़ेसर अब्दुर्रऊफ़ के चेहरे पर एक सुकूत (ख़ामोशी) था जो समन्दरों में हुआ करता है।

घर के सामने एक स्कूल और स्कूल से बिल्कुल मिली हुई एक ख़ूबसूरत मस्जिद जिसके ऊँचे-ऊँचे मीनार चौदह सौ बरस की कहानियाँ सुनाते हुए। सद्र दरवाजे के पास रखा हुआ जनाज़ा, इमामे मस्जिद नमाज़े जनाज़ा पढ़ाते हुए लेकिन तो इमाम साहब वहीद अर्शी के पीछे खड़े हैं।

घर के दरवाज़े से झाँकते हुए वहीद अर्शी के नन्हे-नन्हे बच्चे, जैसे मासूम फ़रिश्तों की टोली, जैसे थाली में रखे हुए फूल, जैसे पर जोड़कर बैठे हुए कबूतर, जैसे रेह्ल में रखी हुई मुक़द्दस किताबें, जैसे ताक़ पर रखे हुए नाज़ुक खिलौने, जैसे मुसिव्वर की नामुकम्मल तस्वीरें, जैसे अधखिली बेले की कलियाँ, जैसे हँसी के लिए खिलते हुए होंठ, जैसे आधी लिखी हुई कहानी, जैसे नामुकम्मल ग़ज़ल :

हवा का रुख़ बदलना सारे वादों का बिखर जाना
किसी का दर से तकना और किसी का दार पर जाना

बिलखते हुए चेहरों और चीख़ती हुई आँखों को उम्र भर का ज़ख़्म कर वहीद

अर्शी का जनाज़ा अपनी आख़िरी मंज़िल की तरफ़ रवाना होने लगा लेकिन यह क्या! वहीद अर्शी तो हमेशा अपना सफ़र सुबह सवेरे करते थे, आज सरेशाम ही घरवालों को अपनी बुझी हुई आँखों से खुदा हाफ़िज़ कहते हुए चल पड़े। आज उन्होंने मुड़कर देखा भी नहीं, हज़ारहा सोगवारों का एक तवील क़फ़िला जिसमें अदीब व शायर भी, डॉक्टर व मरीज़ भी, प्रोफ़ेसर और तलबा भी...एक मरीज़ पीसमेकर के सहारे अपनी धड़कनों को गिनता हुआ, जिसे कुछ दिनों पहले वहीद अर्शी ने तसल्लियाँ दी थीं, हौसला दिया था और मुस्कुराते हुए ज़िन्दा रहने का दर्स दिया था :

वक़्त .ख़ुश-.ख़ुश काटने का मश्विरा देते हुए
रो पड़ा वो आप मुझको हौसला देते हुए

रेल की पटरियों से वहीद अर्शी का बहुत पुराना रिश्ता था लेकिन रेल पटरियाँ हमेशा उन्होंने अकेले पार की थी। आज रेल की पटरियाँ पार करते हुए एक पुल भी पड़ा लेकिन वह चार आदमियों के काँधे पर सवार थे। क़ब्रिस्तान में मातमी ख़मोशी, नारियल के पेड़ और एक घनेरे दरख़्त के बीच क़ब्र में लेटे हुए वहीद अर्शी के वालिदे मोहतरम! बाप की क़ब्र के पास आराम करते हुए प्रोफ़ेसर मुजीब! फ़रमाँ बरदार भाई भी ख़ामोशी से बड़े भाई के बाज़ू में लेटकर सो गया :

ज़मीं खा गयी आसमाँ कैसे-कैसे

क़ब्रिस्तान से वापसी में वहीद अर्शी के बचपन के दोस्त मुनव्वर हुसैन मिले। मैंने उनसे मालूमात की ग़रज़ से पूछा कि इस क़ब्रिस्तान में क़ब्रें बहुत कम हैं। वह मुस्कुराते हुए बोले कि राना साहब, यहाँ के लोग मरना नहीं चाहते लेकिन दवाओं और तिब्बी (मेडिकल) सहूलियतों के न होने की वजह से मर जाते हैं। मैंने दिल में सोचा कि वहीद अर्शी तो आम आदमी नहीं थे, वह तो उर्दू के ख़ामोश मुजाहिद थे, उर्दू उनका ओढ़ना-बिछौना थी। यह उर्दू की मोहब्बत ही तो थी कि वह हिमायतुलगुरबा हाईस्कूल की पन्द्रह सौ रुपये की नौकरी करने के बजाय भवानीपुर कॉलेज में छः सौ रुपये की गुलामी कर रहे थे। दरअसल वह इस गैर मुस्लिम इलाके में जलती हुई शम्ए उर्दू को बुझते नहीं देखना चाहते थे, वह चालीस किलोमीटर का फ़ासला तय करते थे। वह उर्दू के सच्चे ख़ादिम थे। उन्होंने कभी कोई नुमाईशी दोशाला नहीं ओढ़ा, कोई अदबी दुकान नहीं सजायी, किसी एकेडमी के आगे दस्ते तलब नहीं फैलाये। उनकी तहरीरों ने किताबत या तबाअत (प्रकाशन) की भीख नहीं माँगी, उन्होंने कभी कोई .ख़ुशामदी डुगडुगी नहीं बजायी। वह तो बाँसुरी की एक धनु थे। उस दिलचस्प किताब का एक हिस्सा थे जिसको अन्दर-अन्दर दीमक लग रही थी

और जिसकी दफ़्ती से जिल्द उखड़ने लगी थी :

घुटी घुटी हुई चीखें गलों में छोड़ गया
वो उम्र भर की रिफ़ाक़त पलों में छोड़ गया

वकील अख़्तर और मुज़्तर हैदरी के बाद वहीद अर्शी की मौत तीसरी दर्दनाक मौत है। हज़ार पाँच सौ रुपयों की इनामी भीख देकर टरख़ाने वाली एकेडमियों को चाहिए कि इन शहीदों के बच्चों के मुस्तक़बिल को बर्बाद होने से बचा लें। इन चिरागों की हिफ़ाजत बहुत ज़रूरी है वर्ना अदब की आँखें बेनूर हो जायेंगी। बाहर के लोगों को इनाम की रिश्वत देकर ख़ुश करने के बजाय वही रक़म ऐसे फ़नकारों के वारिसों को मिलती रहे तो उन लोगों की रूहें क़ब्रों में बेचैन नहीं रहेंगी। फ़ैज़ और फ़िराक़ के मजमुए (संग्रह) तो बराबर ही छपते रहते हैं, ज़रूरत इस बात की है कि वकील अख़्तर की आँखों से टपके हुए आँसुओं को किताबी शक्ल में लाया जाये, मुज़्तर हैदरी के बँधे हुए हाथ पैरों की बेबसी को काग़जी पैरहन (लिबास) अता किया जाये, इलाज की सहूलियत के बग़ैर मर जाने वाले वहीद अर्शी को इम्दादी और तहरीरी ख़िराजे अक़ीदत पेश किया जाय। इब्राहिम होश और नवाब देहलवी के कमज़ोर बुढ़ापे को हमदर्दी की बैसाखियाँ दी जायें—

ऐ ख़ुदा, फूल से बच्चों की हिफ़ाजत करना
मुफ़लिसी चाह रही है मेरे घर में रहना

चलो अब उठ लिया जाए तमाशा ख़त्म होता है

बचपन में एक अंग्रेज़ी नज़्म पढ़ी थी जो मफ़हूम (Subject) के एतबार से कुछ इस तरह थी कि एक साहब किसी मेज़बान के ड्राइंगरूम में बैठे हुए घरवालों से गुफ़्तगू में मह्व (व्यस्त) थे कि एक पाँच बरस की बच्ची आकर उनकी गोद में बैठ गयी। उन्होंने बच्ची को प्यार किया, उसका नाम पूछा और यह भी पूछा कि तुम कितने भाई-बहन हो? बच्ची ने बताया कि हम लोग चार भाई और एक बहन हैं। यह कह कर उस बच्ची ने उन साहब की उँगली पकड़ी और उन्हें एक कमरे में ले गयी जहाँ दो बच्चे स्कूल की किताबें ओर यूनिफ़ार्म ठीक कर रहे थे, फिर उन्हें एक दूसरे कमरे में ले गयी जहाँ एक बच्चा अकेले कैरम खेल रहा था। बच्ची कुछ देर खड़ी कुछ सोचती रही फिर उन साहब का हाथ पकड़कर लॉन के एक वीरान हिस्से में ले गयी जहाँ एक छोटी-सी क़ब्र बनी हुई थी। बच्ची ने कब्र की तरफ़ इशारा करके कहा, मेरा एक भाई यहाँ सो रहा है।

रायबरेली में घर से ईदगाह जाते हुए हमारा आबाई (पैतृक) क़ब्रिस्तान पड़ता है। कभी-कभी सोचता हूँ कि शायद बुजुर्गों ने ईदगाह के रास्ते पर क़ब्रिस्तान इसलिए आबाद किया होगा कि ज़िन्दगी हमेशा अपने अंजाम से वाक़िफ़ रहे या फिर ईदगाह के रास्ते में क़ब्रिस्तान की आबादकारी की वजह यह रही होगी कि कम से कम साल में दो मर्तबा हमें अपने पुरखों की क़ब्र के पास खड़े होकर फ़ातिहा पढ़ने का वक़्त दस्तयाब (प्राप्त) रहे। मुझे दूसरी बात ज़्यादा मुनासिब और माकूल लगती है क्योंकि हम लोग ईद की नमाज़ पढ़कर घर लौटते हुए अपने आबाई क़ब्रिस्तान में थोड़ी देर के लिए रुकते हैं, फ़ातिहा पढ़ते हैं, थोड़ी देर उदास खड़े रहते हैं फिर अपने घर की तरफ़ चल देते हैं। इस आबाई क़ब्रिस्तान में सबसे जवान शख़्स की जो क़ब्र है वह मेरे छोटे भाई यहिया राना की है जो सिर्फ़ तीस बरस की उम्र में एक जीप हादसे में मालिके हक़ीक़ी से जा मिला। मेरे वालिद जब तक ज़िन्दा थे, मेरी छोटी बेटी हिबा राना (अप्पो) जो तक़रीबन पाँच बरस की रही होगी, वह भी दादा के साथ ईदगाह जाती थी। वापसी में वह भी क़ब्रिस्तान में हम लोगों की तरह हाथ

उठाकर दुआ माँगती रहती। एक बार कोई लड़का ज़ोर-ज़ोर से क़ब्रिस्तान में बातें करने लगा तो अप्पो ने उसको डाँटा "दुआ माँगो बात मत करो, यहिया चचा का गुस्सा बहुत ख़राब है।" इस बात को तक़रीबन तीन बरस हो गये, उसी वक़्त से उस अंग्रेज़ी नज़्म की बच्ची मेरे पास आ गयी।

यहिया हमारे भाइयों में तीसरे नम्बर पर थे लेकिन अपनी ज़िहानत (बुद्धिमानी), सख़ावत (दानी प्रकृति), हिम्मत और हुस्ने एख़लाक में हमेशा एक नम्बर पर रहे। ग़रीबों की मदद, दुःख-दर्द बाँटने का शौक़, सबसे ख़ुश मिज़ाजी से मिलना, अम्मी के चेहरे से उनकी घरेलू ज़रूरतों को महसूस कर लेना, उन्हीं का हिस्सा था। शेरफ़हमी (शेर समझना), खुशमिज़ाजी और हाज़िर जवाबी का सलीक़ा उनका अपना हुनर था जो उनके साथ ही हमारे घर से ख़त्म हो गया। जब यहिया से कोई पूछता कि आप भी शायर हैं तो हँसते हुए कहता, नहीं! बिल्कुल नहीं! शायरी तो दिल के मरीज़ों की दवा है क्योंकि पतंग से जहाज़ नहीं गिराया जा सकता, शायरी बम को आटे का गोला बना देती है।

एक दिन वह अपनी भाभी (मेरी अहलिया) से कहने लगे कि भाभी मेरी तरफ़ से मुबारकबाद कुबूल कीजिए और मिठाई मँगाइए। मेरी अहलिया जो डेढ़ लतीफ़ों की क़ातिला मशहूर हैं, (यानी एक लतीफ़े को सुनकर हँसने का पहलू तलाश करती हैं लेकिन तब तक इतनी देर हो चुकी होती है कि लतीफ़ा सुनाने वाला दूसरे लतीफ़े के क्लाइमेक्स पर पहुँच चुका होता है तब तक वह अचानक पहले लतीफ़े पर हँसती हैं, नतीजे के तौर पर दोनों लतीफ़े क़त्ल हो जाते हैं) उन्होंने पूछा किस बात की मुबारक बाद और कैसी मिठाई। यहिया बोले, भाई ने नौ सौ ग्राम लोहा ख़रीदा है। वह कुछ सोचती रहीं फिर पूछा कि नौ सौ ग्राम लोहा ख़रीदा है!...फिर खुद ही बोलीं उन्होंने लोहा नहीं ख़रीदा है, रिवाल्वर ख़रीदा है। यहिया ने बड़े इत्मीनान के साथ अपनी भाभी को समझाया कि शायर के हाथ में रिवाल्वर की हैसियत नौ सौ ग्राम लोहे के बराबर होती है और हम लोगों के हाथ में नौ सौ ग्राम लोहा भी रिवाल्वर हो जाता है। यहिया धुन के बहुत पक्के थे, जिस काम में लग जाते उस काम में जी जान लगा देते थे। ट्रांसपोर्ट के काम से जी उचाट हो गया तो ठेकेदारी करने लगे। किसी दोस्त ने पूछा, आज कल क्या हो रहा है, कहने लगे, शेरशाह सूरी के अधूरे काम पूरे कर रहा हूँ यानी सड़कें बनवा रहा हूँ। किसी ने पूछा कि आम कौन-सा पसन्द है, हँसते हुए बोले, जिसे तोड़ते हुए चौकीदार की गाली न खाना पड़े।

आख़िरी दिनों में वह पानी की टंकियाँ बनवाने का ठेका लेने लगे, मैं जब कलकत्ता से रायबरेली जाता तो मुझे अपनी कारकर्दगी (कारगुज़ारी) दिखाने साइट पर ले जाते और अपनी ज़िहानत और हाज़िर जवाबी के दिलचस्प क़िस्से सुनाते।

पानी की टंकी की तामीर से पहले मिट्टी का सैम्पिल इलाहाबाद में टेस्टिंग के लिए ले जाना पड़ता था जहाँ एक्सपर्ट उस मिट्टी के अच्छे या ख़राब होने की तस्दीक़ (पुष्टि) करते थे। इस रिपोर्ट को जल निगम में जमा करना पड़ता था। एक बार किसी टंकी की बुनियाद के सिलसिले में उन्हें इलाहाबाद जाना था, रमज़ान के दिन थे, यहिया इंजीनियर के पास गये और उससे बोले कि मिट्टी बिल्कुल ठीक है लेकिन रिपोर्ट लाने में दो दिन लग जायेंगे और मेरे मज़दूर बैठे रहेंगे लिहाज़ा अगर आप इजाज़त दें तो मैं खुदाई का काम शुरू करवा के इलाहाबाद निकल जाऊँ लेकिन इंजीनियर ने अपनी दफ़्तरी मजबूरी बतायी और कहा कि पहले रिपोर्ट लाना ज़रूरी है। यहिया मिट्टी का नमूना लेकर इलाहाबाद चले गये, वहाँ से लौटकर सर्टिफ़िकेट इंजीनियर के सामने रख दिया। इंजीनियर ख़िफ़्फ़त (शर्मिन्दगी) की ख़लीज (खाड़ी) को पाटने की ग़रज़ से कहने लगा, राना साहब आपको मिट्टी की बहुत पहचान है। यहिया बोले, साहब इस कारोबार में बिल्कुल नया हूँ, मुझे मिट्टी की कोई पहचान नहीं है। हाँ! पानी हमें ज़रूर पहचानता है क्योंकि हम आले रसूल (रसूल के वंशज) हैं और रोज़ादार भी!

यहिया मरहूम की ज़िहानत का एक दिलचस्प वाक़िया यह भी है कि एक बार मुझे लखनऊ से अवध एक्सप्रेस के ज़रिये कोटा (राजस्थान) जाना था, गर्मियों के दिन थे, स्लीपर में मेरी किनारे की ऊपर वाली बर्थ थी, मैं तो गर्मी के ख़ौफ़ से लरज़ गया। मेरे चेहरे की परेशानी पढ़ते हुए यहिया ने इत्मीनान से कहा कि आपको नीचे वाली बर्थ चाहिए? मैंने कहा, अगर ऐसा हो जाये तो बहुत अच्छा होगा। यहिया बोले, आप परेशान न हों, यह बर्थ अब सिर्फ़ आपकी है। मैंने सोचा शायद एख़लाक़न मुझे तसल्ली दे रहे हैं। इतने में ट्रेन रेंगने लगी। यहिया भी ख़ुदा हाफ़िज कहकर चले गये। मैं ख़ामोशी से अपनी सीट पर बैठ गया। थोड़ी देर बाद ऊपर वाली बर्थ पर बिस्तर लगाने लगा। अचानक वह साहब जिनकी बर्थ निचे थी, खड़े हो गये और मुझसे बोले, आपने नीचे की बर्थ ले लीजिए, मैं ऊपर सो जाऊँगा। मैंने उनकी खुश एख़लाक़ी का शुक्रिया अदा किया और अपने काम में मसरूफ़ रहा। वह साहब जब बहुत ज़िद करने लगे तो मैंने वजह पूछी। उन्होंने इधर-उधर देखकर मुझसे राज़दाराना तरीक़े से पूछा, यह जो साहब आपको पहुँचाने आये थे आपके बड़े भाई साहब ने मुझे बताया है, आपको सोते में पेशाब निकल जाता है, ज़ाहिर है अब ऐसे में कौन शरीफ़ आदमी नीचे की बर्थ पर लेटने का ख़तरा मोल ले सकता था।

यूँ तो यहिया के इन्तिक़ाल को बाइस बरस हो रहे हैं लेकिन ईद और बक़रीद आते ही पुरानें ज़ख़्मों की पपड़ी उखड़ने लगती है। कोई किसी से कुछ नहीं कहता लेकिन अन्दर-अन्दर हर फ़र्द (व्यक्ति) टूटने-बिखरने लगता है। घर के सब लोग

अन्दर-अन्दर रोते हैं। आँसुओं की इमदाद कोई नहीं लेता । हर शख़्स उधड़े हुए ज़ख़्मों पर नये सिले हुए कपड़े पहन लेता है कि सुन्नते रसूल भी अदा करना फ़र्ज़ है। अब्बू जब तक ज़िन्दा थे ईद के दिन उनसे मैं आँखें नहीं मिलाता था। अब छोटे भाइयों से आँखे मिलाते हुए डर लगता है। कच्ची मिट्टी धोखे से भी आग में चली जाये तो पत्थर बन जाती है। अब्बू के इन्तिक़ाल के बाद मुझे जिस ख़ामोश कर्ब (पीड़ा) से गुज़रना पड़ता है मैं उसको बता भी सकता हूँ और तहरीर भी कर सकता हूँ लेकिन यहिया का बेटा जो उस वक़्त तक़रीबन पाँच बरस का रहा होगा उसने अपना बचपन, वह भी ईद या बक़रीद के दिन नमाज़ से वापसी के बाद कैसे गुज़ारा होगा? इसका अन्दाज़ा भी नहीं लगाया जा सकता कि मेरी भतीजी ने कैसे पाक़ीजा और बेकुसूर आँसू बाप की क़ब्र पर उँडेल दिये होंगे। यहिया की बेवा जो मेरे अहलिया की ख़ालाज़ाद बहन भी है, बेवा होने से कुछ महीने पहले माँ की आग़ोश (गोद) से भी महरूम (वंचित) हो गयी थी, जब वह बिलख-बिलखकर यह कहती है कि मेरा तो मायका भी छूट गया और ससुराल भी...तो शायद मौत का फ़रिश्ता भी लरज़ जाता होगा :

हमने इसी दुनिया में हैं दुःख इतने उठाये
अब तो हमें अन्देशये महशर भी नहीं है

मेरे अब्बू और अम्मी ने बहुत कोशिश की कि उसकी दूसरी शादी हो जाये, रिश्ते भी तलाश किये गये लेकिन उसने हमेशा यह कहकर इनकार कर दिया कि नसीब अच्छा होता तो यही छोड़कर क्यों जाते? शौहर का दुःख शौहर का दुःख होता है, उसका कोई बदल नहीं हो सकता लेकिन अब्बू और अम्मी ने यहिया की मौत के बाद शायद उसे बेटी ही मान लिया था, यूँ भी मेरी सिर्फ़ एक बहन है और वह ब्याह कर पाकिस्तान चली गयी तो अम्मी और अब्बू का सारा प्यार यहिया की बेवा और उसके बच्चों से लिपट गया। अब्बू की बीमारी के दिनों में नाहीद ने जितनी अकेले ख़िदमत की है हम सब भाई मिलकर नहीं कर सके होंगे। अगर ख़िदमत और तीमारदारी के एवज़ में जन्नत मिल सकती है तो उसके पास जन्नत में बँगला होना चाहिए।

यहिया का सबसे बड़ा शौक़ मुशायरे कराना था। जब तक ज़िन्दा रहे रायबरेली में हर बरस मुशायरे का एहतराम करते थे, दस पन्द्रह हज़ार रुपये उनकी जेब से भी चले जाते थे लेकिन किसी से भी इस बात का ज़िक्र नहीं करते थे कि कितनी रक़म घर से लगानी पड़ी है। मशहूर शायरा अंजुम रहबर ने यहिया की शाइस्तगी का एक वाक़िया उनके इन्तिक़ाल के बाद सुनाया। हुआ यूँ था कि मुशायरे की फ़ेहरिस्त बनाते वक़्त जो नज़राना अंजुम रहबर को लिखा गया था, मुशायरा ख़त्म

होते ही उतनी रक़म का लिफ़ाफ़ा अंजुम रहबर के हवाले कर दिया गया, अंजुम ने यहिया को एक मख़सूस रक़म के इज़ाफ़े का ख़त लिखा था जो मुशायरे की फ़ेहरिस्त में दर्ज नहीं थी। रक़म गिनने के बाद अंजुम ने दबे लफ़्ज़ों में यहिया से इसका तज़किरा किया। यहिया वहाँ से ग़ायब हो गये और दस मिनट बाद मुस्कुराते हुए आये और अंजुम रहबर से कहने लगे कि आज तो अंजुम बाजी आपने कमाल कर दिया, पूरा मुशायरा लूट लिया। यह कहकर उन्होंने अंजुम रहबर से हाथ मिलाया और पण्डाल के बाहर चले गये, अंजुम रहबर की मुट्ठी में वह रक़म दबी हुई थी जिसका तज़किरा उन्होंने यहिया मरहूम से किया था।

जिस रात उनकी जीप हादसे का शिकार हुई वह वाली भाई और रईस अंसारी से मुशायरे की फ़ेहरिस्त बनवाकर लौट रहे थे। लखनऊ शहर से बाहर निकलते ही उनकी जीप एक ट्रक से टकराकर तक़रीबन दो सौ गज़ तक गयी और फिर तवाज़ुन (Balance) खोकर बाईं तरफ़ उतरकर इस तरह एक पेड़ से लिपट गयी जैसे पेड़ ने जीप को पहन लिया हो। पप्पू (ड्राइवर) वहीं ख़त्म हो गया, यहिया और उनका दोस्त ख़ुर्शीद बेहद ज़ख़्मी हालत में बलरामपुर अस्पताल लाये गये। हिम्मत का यह आलम था कि इस हालत में भी उन्होंने डॉक्टर से खुर्शीद और पप्पू का हाल पूछा, फिर जख़्मी हाथों से पर्स निकाला और डॉक्टर से बोले कि इन लोगों के इलाज में कोई कमी मत कीजिएगा, इस पर्स में रुपये और मेरा विजिटिंग कार्ड है जितने भी रुपये ख़र्च हों मँगवा लीजिए और मेरे ऑफ़िस में ख़बर करवा दीजिए। डॉक्टर ने उन्हें तसल्ली दी और उनके इलाज में मसरूफ़ हो गया।

कोशिश के बावजूद जब घर का फ़ोन नहीं मिल सका तो मेरे लखनऊ ऑफ़िस के नवजवान मैनेजर विजय ने ज़िहानत से काम लेते हुए रायबरेली का कोई अजनबी फ़ोन नम्बर डायल किया और उठाने वाने को पूरी ख़बर बताते हुए मेरे वालिद तक यह बुरी ख़बर पहुँचाने की गुज़ारिश की। उस अल्लाह के बन्दे ने फ़ौरन स्कूटर निकाली और मेरे घर पहुँचकर काल बेल पर उँगली रख दी। अब्बू जो रात में यूँ भी बहुत खटके की नींद सोते थे, फिर यहिया अभी तक वापस नहीं आये थे, इसलिए बजाय जीप की आवाज़ के काल बेल की आवाज़ सुनकर लरज़ गये। उठने से पहले ही उन्होंने अम्मी को आवाज़ दी, वह शायद जाग रही थीं :

वह तो लिखा के लायी है क़िस्मत में जागना
माँ कैसे सो सकेगी कि बेटा सफ़र में है

अब्बू ने फ़ौरन ही अम्मी को तैयार होने के लिए कहा, छोटे भाई राफ़े राना को जगाया, खुद स्टेयरिंग पर बैठे और आँधी तूफ़ान की तरह लखनऊ की सम्त चल दिये। हादसे की जगह पर गाड़ी रोकी, शेरशाह सूरी की बनवायी हुई सड़क पर चौंसठ

साला तजरुबेकार, बुजुर्ग ड्राइवर ने गाड़ी से उतरकर एक्सीडेंटेड जीप को हर ज़ाविये (कोण) से देखा और राफ़े से बोले कि बेटा गाड़ी तुम चलाओ, अब यह हमसे नहीं चल सकेगी। बलरामपुर अस्पताल में यहिया ज़ख़्मी हालत में एक बिस्तर पर लेटे थे। अब्बू को देखते ही मुस्कुराये और बोले, अब्बू आप परेशान न हों, हम बिल्कुल ठीक हैं। मुझे देहली में यह ख़बर मिली, मैं वहाँ से भागकर लखनऊ पहुँचा। यहिया की हालत देखकर मुझे रोना आने लगा तो यहिया ने किसी से कहा कि भाई को यहाँ से बाहर ले जाओ, यह शायर हैं, इन लोगों का दिल बहुत कमज़ोर होता है। यह लोग तो आम हालत में भी ज़ख़्मी होते हैं। डॉक्टर अपनी पूरी कोशिश में लगे हुए थे लेकिन यहिया को अन्दुरूनी चोट ज़्यादा थी। उनकी kidny काम नहीं कर रही थी, डॉक्टर इस कोशिश में लगे हुए थे कि अगर पेशाब हो जाये तो जान बच जायेगी। पेशाब की थैली लगी हुई थी, सुबह डॉक्टरों की टीम उन्हें देखने आयी, एक डॉक्टर ने झुककर पेशाब की थैली चेक की फिर यहिया से बोले, मिस्टर राना! हिम्मत से काम लीजिए, आप अच्छे हो जायेंगे, आज तो आपको पेशाब भी हुआ है, थैली में काफ़ी पेशाब मौजूद है। यहिया जो शायद शेर का दिल रखते थे, हँसकर बोले, "डॉक्टर साहब, मैंने तो पेशाब किया नहीं है। कहीं कोई और तो थैली में पेशाब नहीं कर जाता है?" यह जुमला सुनते ही मेरी आँखों के सामने यहिया का बचपन आकर खड़ा हो गया। बचपन में वह रोज़ इसलिए पिटते थे कि सोते में पेशाब निकल जाता था। आज उनकी ज़िन्दगी का मोहरा सिर्फ़ इसलिए पिट रहा था कि उनको पेशाब नहीं हो रहा था। हादसे के चौथे दिन यानी 28 अक्टूबर को सुबह तक़रीबन साढ़े नौ बजे अब्बू और राफ़े उनके पास खड़े थे, अचानक यहिया बोले, अब्बू जी! मैं चाय पियूँगा। अब्बू की नज़रें ज़रा-सी देर के लिए यहिया की तरफ़ से हटी थीं कि यहिया ने राफ़े को अपने क़रीब बुलाया और बहुत आराम से बोले, "आज जुमा है, रायबरेली चलो।" राफ़े बोले, डॉक्टर अभी आपको नही जाने देंगे। यहिया ख़फ़ीफ़ (थोड़ा)-सा मुस्कुराये और बोले, अब यहाँ से निकल लो, मेरा खेल ख़त्म हो चुका है। अब्बू किसी को चाय के लिए कहकर पलटे तब कुछ उलट-पुलट हो चुका था। कहानी अधूरी थी मगर ख़त्म हो चुकी थी। छोटे भाई की बीवी बेवा हो चुकी थी और कबूतरों के बच्चों जैसे दो छोटे-छोटे बच्चे यतीम हो चुके थे।

यहिया के आख़िरी मुशायरे में मैं कुछ कारोबारी परेशानियों की वजह से नहीं पहुँच सका था। वह सारी रात मुशायरे में मेरा इन्तिज़ार करते रहे, जब भी कोई पूछता कि मुनव्वर अभी नहीं पहुँचे तो वह चुप हो जाते और इधर-उधर देखने

लगते। मुशायरा ख़त्म हुआ तो शायरों के दरम्यान बैठे हुए बातें कर रहे थे। अचानक कहने लगे कि भाई ने इस बार मुझे गोली दे दी, ख़ैर कोई बात नहीं, मैं उन्हें ऐसी गोली दूँगा कि सारी ज़िन्दगी याद रखेंगे।

लेकिन प्यारे तुमने गोली कहाँ दी, तुमने तो मुझे धोखा दे दिया। मेरी सज़ा तुमने अब्बू के कमज़ोर काँधों को दे दी । वह सारी ज़िन्दगी तुम्हारी आमद के मुन्तज़िर रहें। खुदा किसी को भी इन्तिज़ार के इस कर्ब (पीड़ा) से आशना न करे। वह खुशी के मौक़े पर तुम्हारे बच्चों को देखकर घुटी-घुटी आवाज़ में रोने लगते थे। वह तुम्हारी बेवा की सूनी कलाइयाँ देखकर काँपने लगते थे लेकिन मेरे भाई मैं अभी सज़ा के मराहिल (पड़ावों) से गुज़र रहा हूँ। तुम्हें तो मुझे भी काँधा देना था। मैं तो यह सोच कर लरज़ जाता हूँ कि मुझे काँधा देते हुए जब तुम्हारे चारों भाई थक जायेंगे तो उन्हें कौन सहारा देगा, उनकी मदद कौन करेगा? काश तुम मुझे माफ़ कर देते, गोली न देते। तुमको अम्मी पर भी तरस न आया। तुम जिनके चेहरे पर उदासी और फ़िक्र की लकीर तक नहीं देख सकते थे, तुमको इकलौती बहन का भी ख़याल नहीं आया जो हफ्तों इस उम्मीद पर नहीं रोयी कि मेरा भाई ज़िन्दा है और किसी तरफ़ से अचानक हँसता हुआ लौट आयेगा और मेरी डोली को काँधा देकर रुख़्सत करेगा और फिर देर तक फूटकर रोयेगा। काश...।

रायबरेली के नेशनल इण्टर कालेज का सब्ज़ाज़ार (हरी भरी जगह) जहाँ कुछ दिनों पहले ही राफ़े के वलीमे के इन्तिज़ाम में यहिया इधर-उधर दौड़ रहे थे, जहाँ चन्द बरसों पहले वह खुद दूल्हा बने हुए मुबारकबाद कुबूल कर रहे थे, जहाँ हर बरस वह एक ऐसे कुल्ल हिन्द मुशायरे का एहतमाम (आयोजन) करते थे जिसमें हिन्दुस्तान के तक़रीबन सभी सफे अव्वल के शोअरा शरीक होते थे, आज उसी सब्ज़ाज़ार पर उनकी मय्यत रखी हुई थी और हज़ारहा लोग मज़हब और मसलक और (पन्थ) की ज़ंजीरों को तोड़कर यहिया के आख़िरी दीदार के लिए बेक़रार थे। अचानक हज़ारहा लोगों की मोजूदगी के बावजूद इतीनी ख़ामोशी दर *आयी* (दाख़िल हो गयी) कि दिल टूटने तक की आवाज़ सुनी जा सकती थी। हर शख़्स बाअदब खड़ा है, साँसें भी तहज़ीब के साथ आने जाने का अमल जारी रख रही हैं। लफ़्ज़ एहतराम अपनी मानवीयत (अर्थ) की सदाक़त का सुबूत दे रहा है। नमाज़े जनाजा पढ़ाने के लिए 'किलीदे बरदारे काबा' (काबा शरीफ की चाभी से गौरवान्वित) हज़रत मौलाना सैय्यद अबुल हसन अली नदवी तशरीफ़ ला रहे हैं और वक़्त के मुअर्रिख़ (इतिहासकार) ने इत्तिफ़ाक़ात की तारीख़ के वरक़ पर इस अंजीबो ग़रीब वाक़ये को क़लम बन्द करना (लिखना) शुरू कर दिया कि जिस यहिया

राना का नाम तीस बरस पहले मोहतरम मौलाना ने रखा, जिस यहिया का निकाह छः बरस पहले हज़रत मौलाना ने पढ़ाया, आज उसी यहिया की नमाज़े जनाज़ा की इमामत भी हजरत मौलना सय्यद अबुल हसन अली नदवी फ़रमा रहे हैं :

बहुत दिन रह लिए दुनिया के सर्कस में तुम ये राना
चलो अब उठ लिया जाए तमाशा .ख़त्म होता है

❑❑